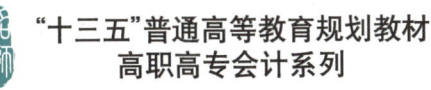
"十三五"普通高等教育规划教材
高职高专会计系列

会计学基础

（非财务会计类专业使用）

陈　强　主编

立信会计 出版社
LIXIN ACCOUNTING PUBLISHING HOUSE

图书在版编目(CIP)数据

会计学基础：非财务会计类专业使用 / 陈强主编
. —上海：立信会计出版社，2021.1(2023.8 重印)
ISBN 978 - 7 - 5429 - 6703 - 9

Ⅰ. ①会… Ⅱ. ①陈… Ⅲ. ①会计学 Ⅳ. ①F230

中国版本图书馆 CIP 数据核字(2021)第 023895 号

策划编辑　　方士华
责任编辑　　赵志梅
封面设计　　南房间

会计学基础(非财务会计类专业使用)
Kuaijixue Jichu

出版发行	立信会计出版社		
地　　址	上海市中山西路 2230 号	邮政编码	200235
电　　话	(021)64411389	传　　真	(021)64411325
网　　址	www.lixinaph.com	电子邮箱	lixinaph2019@126.com
网上书店	http://lixin.jd.com		http://lxkjcbs.tmall.com
经　　销	各地新华书店		
印　　刷	上海万卷印刷股份有限公司		
开　　本	787 毫米×1092 毫米　　1/16		
印　　张	19.5		
字　　数	462 千字		
版　　次	2021 年 1 月第 1 版		
印　　次	2023 年 8 月第 2 次		
书　　号	ISBN 978 - 7 - 5429 - 6703 - 9/F		
定　　价	48.00 元		

如有印订差错,请与本社联系调换

前言

内容框架

本书分五大篇十六个项目,具体如下:第一篇为外行如何看会计——会计入门,学生通过这部分内容的学习,可以初步了解会计到底做什么,并认识财务报表;第二篇为懂点理论很有必要——理论基础,学生通过这部分内容的学习,可以初步了解会计基本假设和会计信息质量要求、会计要素和会计等式、账户与复式记账;第三篇为做账那些事——会计工作方法,学生通过这部分内容的学习,可以了解企业如何建账、记账和算账;第四篇为外行也要懂业务——会计实务,学生通过这部分内容的学习,可以了解各会计要素的确认、计量与记录,可以掌握资产负债表各要素和利润表各要素的会计处理程序与方法;第五篇为零基础读懂报表——报表及分析,学生通过这部分内容的学习,能够了解资产负债表、利润表的编制原理,掌握资产、负债、损益各相关项目的财务分析思路和技巧,在诠释财务数据的基础上,准确发现财务数据背后所隐含的问题及原因。

编写目标

随着我国经济的快速发展,越来越多的人在实践活动中清晰地认识到,经济越发展,会计越重要。对于非财务会计类专业的学生来说,在实际经济活动中会广泛运用到会计所提供的信息,这就需要先初步了解这些信息是如何形成的,再选择有用的相关的信息,然后对这些信息进行分析、汇总、整理,使之为经济发展服务。因此,立足于通过"懂会计"达到为您专业服务的目的,本书可以:

助您理解和掌握会计的基本技能、基本理论和基本知识!!!

助您提升财经素养,实现以立德树人为核心,职业素养、创新创业与专业教育深度融合!!!

助您轻松学习会计!!!

编写特色

本书本着立德树人的教育目的,坚持德技并修、工学结合,坚持产教融合、校企双元开发。按职业教育"工作过程导向"和"工作任务引领"的项目课程为教材建设的基础,本书以"李小康"作为引领者,从实际工作入手,由实际到理论,再由理论到实际,循序渐进,模拟企业真实的职场工作氛围,通俗易懂地将生活情境与会计职业精神及会计职业判断等专业内容融为一体。这个过程就好像由"李小康"带领着学员参观会计科室一样,在第一篇从最直观的会计机构及岗位设置、岗位职责、工作道具、财务报告开始;会计工作最后的成果就是向利益相关者提供以会计报表为主的财务报告,以报表为载体列示会计信息,并采用一些指标进行初步分析。在这个过程中,会计人员必须严格按照《会计法》《会计基本工作规范》《企业会计准则》等相关财经法规做出合理的选择和判断,进行会计核算,实施会计监督,准确地描绘一个企业。因此,会计人员必须执业谨慎,依法办事,实事求是,不偏不倚,保持应有的独立性。

为引导非财务会计类专业学生学习,本书设置了"温馨提示""知识拓展""知识链接""拓展任务""小思考""案例回顾""课中练"等小栏目,意图培养学生对经济事项分析的兴趣,并激发其思考研究的内动力,以此完成各专业之间、理论实践之间联通联系的扩展与延伸。

本书配套开发有 PPT、参考答案等数字化教学资源,为初学者提供通俗易懂、方便自学与自我训练的教学用书,助其轻松学习会计,提升财经素养!!!

编写团队

主编:

　　浙江商业职业技术学院　陈强(浙江商业职业技术学院教授、中国会计学会会计教育专业委员会委员、教育部财政职业教育教学指导委员会高职财经类专业教学指导委员会委员、教育部职业院校文化素质教育指导委员会工匠精神培育分委会委员、教育部金融职业教育教学指导委员会金融管理专业教学指导委员会委员)

副主编:

　　杨凌职业技术学院　吴灵辉

　　山西财贸职业技术学院　吴　征

参编人员:

　　内蒙古北方重工业集团有限公司培训中心　王颖毅

　　浙江商业职业技术学院　张丹丹

　　泉州轻工职业学院　陈嘉凤

　　泉州职业技术大学　吴丽明

　　河南交通职业技术学院　屈　杨

主审:

　　杭氧集团股份有限公司　马菁

作者致谢

本书在编写过程中参考了不少专著和教材,得到了有关专家学者、院级领导以及立信会计出版社的大力支持,在此一并表示感谢。由于编者学识水平有限,编写时间仓促,不足之处恳请广大读者批评指正,以便再版时修订。

编　者

目录 *Contents*

第五篇　零基础读懂报表——报表及分析

CHAPTER 1

第一篇

外行如何看会计——会计入门

项目一　会计到底做什么

【学习目标】

了解会计工作的流程,思考会计部门在经济管理中的作用

了解会计部门的岗位设置,思考如何分工,如何实现有效管理

了解会计工作道具,思考这些道具的作用及其使用要求

掌握主要会计岗位的工作职责

【工作任务】

正确分析会计工作流程

理解会计岗位设置的原则

了解会计工作道具在业务处理过程中的作用

【思政引导】

　　李小康是某职业技术学院会计专业的应届毕业生,20×1年8月,到德正实业有限公司应聘会计岗位。该公司是一家高新技术公司,公司里某会计离职,需要一名新的合适的会计接任。面试时,公司领导给李小康提了一个问题:"如果现在让你去一家新设子公司做财务部负责人,你能不能向我简明扼要地介绍下会计工作开展的流程,需要用到什么专业工具以及会计主要岗位的职责等。"作为会计专业的毕业生,李小康深知爱岗敬业是会计职业道德的首要职业准则,会计人员应该安心本职岗位,忠于职守,尽心尽力。他很从容地点点头:"这些都是会计的基础,也是通往会计宫殿的第一扇大门。"接下来就让我们随着李小康的介绍开启了解会计的旅程吧。

任务1　会计工作的流程

　　要了解会计工作,必须先了解单位的会计机构中会计岗位是如何设置的。不同会计岗位的工作流程也是不一样的。

　　会计工作岗位是指一个单位会计机构内部根据业务分工而设置的职能岗位。会计工作岗位可以**一人一岗、一人多岗或者一岗多人**。尤其是小型企业和微型企业,会计岗位一人多岗的现象更普遍,但是不管怎么缩减会计人员,两名会计人员是不能少的,一名是出纳,另一名是财务会计。出纳人员不得兼管稽核、会计档案保管和收入、费用、债权债务账目的登记工作。

　　如果以最全面的会计岗位去设置的话,会计工作岗位可分为总会计师,会计机构负责人或者会计主管人员,出纳,财产物资收发、增减核算,工资核算,成本费用核

算,财务成果核算,资本、基金核算,固定资产核算,涉税业务核算,债权债务核算,往来结算,总账,对外财务会计报告(又称财务报告)编制,会计电算化,稽核,会计档案管理等岗位。

【温馨提示】

　　会计档案管理岗位,在会计档案正式移交之前,属于会计岗位;在会计档案正式移交之后,不再属于会计岗位。收银员、单位内部审计、社会审计、政府审计工作也不属于会计岗位。

这里就以最主要的财务会计岗位来说说工作流程。总的来说,财务会计工作的流程如下:

(1)根据原始凭证或原始凭证汇总表填制记账凭证。

(2)根据记账凭证登记现金日记账和银行存款日记账。

(3)根据记账凭证登记明细分类账。

(4)根据记账凭证汇总、编制科目汇总表。

(5)根据科目汇总表登记总分类账。

(6)日记账、明细分类账、总分类账之间进行核对。

(7)期末,根据总分类账和明细分类账编制资产负债、利润表等财务报表。

如果用图形表示的话,财务会计工作流程如图1-1所示。

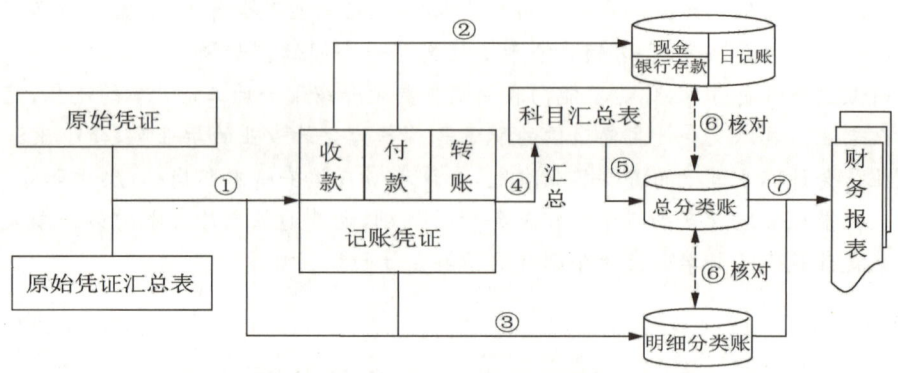

图1-1　财务会计工作流程图

【小思考】

　　图1-1中所列的工作并不能由一个人或一个岗位来完成。请思考哪些会计岗位的工作可以由一位会计人员承担;在进行岗位设置时要考虑的因素和遵循的原则。

　　一般企业会计实务要求,会计人员每发生一笔业务就要登记入明细分类账中,而总分类账中的数额可以直接将科目汇总表的数额抄过去。企业可以根据业务量每隔5天、10天、15天,或是1个月编制一次科目汇总表;如果业务相当大,也可以1天一编。如果企业的规模小,业务量不多,可以不设置明细分类账,直接将业务逐笔登记总账。当然现在很多企业都采用财务软件进行做账,属于会计电算化的内容,在此不作出说明。

【知识拓展】

会计机构是单位办理会计事务的职能部门,承担的主要工作就是进行会计核算、实行会计监督,为企业价值管理活动提供真实有效的会计信息。我国《会计法》明确规定:各单位应当根据会计业务的需要,设置会计机构,或者在有关机构中设置会计人员并指定会计主管人员;不具备条件设置的,应当委托经批准设立从事会计代理记账业务的中介机构代理记账。

按照现代企业管理要求,会计机构所提供的会计信息还要进行进一步的加工分析整理汇总,用来对经济活动实现管理控制,以提高经济效益。因此,一些大中型企业还会再设置财务机构,主要负责预算、控制、分析等信息管理工作。当然,财务机构与会计机构是分别设置还是合并设置,取决于企业的经营规模、业务处理程序、财务管理目标、人员配置等因素。

【拓展任务】

请查阅相关资料,了解会计发展过程,理解会计机构与财务机构分设的必要性。假定自己是某单位负责人,结合单位经营目标、业务繁简、规模大小等因素,思考这两个部门是分设还是合并。

任务 2　会计工作的道具

会计工作接触到的单据很多,采用的道具也丰富多彩。暂时撇开那些外来的单据不说,公司内部的会计常用道具主要分为两种:一种是常用凭证类,另一种是常用器材类。

一、常用凭证类道具

会计工作会用到各种单据,如原始凭证、记账凭证、票据等。这部分内容会在第三篇中详细说明,这里只举部分例子让读者对内部凭证有个直观认识。

(一)原始凭证

一般来说,企业用的比较多的原始凭证主要集中在采购验收、仓储保管和费用报销环节。下面以采购仓管系统的原始凭证为例说明。

1. 出库单

出库单是商家之间互相调货的凭证,是为了方便对账和结算,减少现金支付的一种手段。出库单一式多联,一般为买家、卖家、存根、交易支付联,用不同颜色区分。上面填有货品名、数量、单价、交易额以及买卖方、经手人、日期等。出库单一般可以根据公司的实际需要设置不同的联次,也可以根据公司的实际情况设置表内的内容。图 1-2 就是较为常见的一种。

2. 入库单

入库单是对采购实物入库数量的确认,也是对采购人员和供应商的一种监控,如果

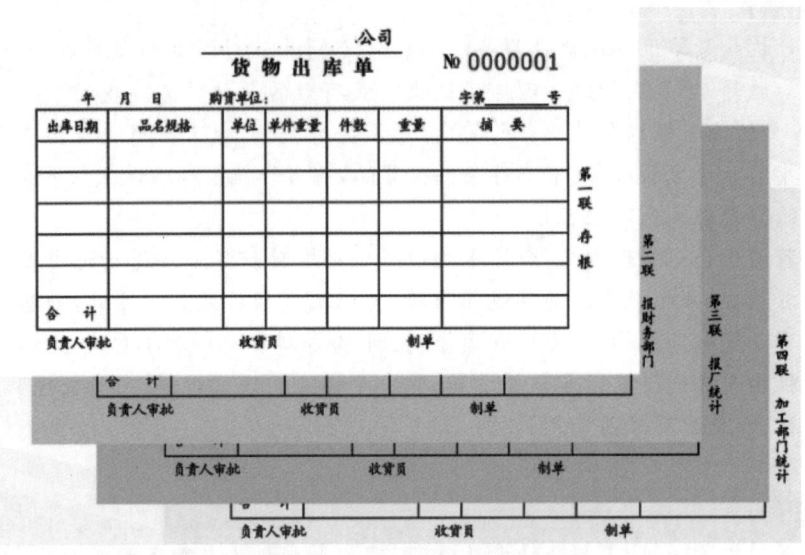

图1-2　出库单样式(四联式)

缺乏实物入库的控制,不能防止采购人员与供应商串通舞弊,虚报采购量、实物短少的风险。它是企业内部管理和控制的重要凭证。一般来说,一个单位的入库单和出库单的样式基本一致,只需要修改抬头即可。

3. 采购订单

采购订单是企业根据产品的用料计划和实际能力以及相关的因素,制订切实可行的采购订单计划,并下达至供应商执行的单据。在执行的过程中,企业要注意对订单进行跟踪,以保证企业能从采购环境中购买到企业所需的商品,为生产部门和需求部门输送合格的原材料和配件。采购订单的样式如图1-3所示。

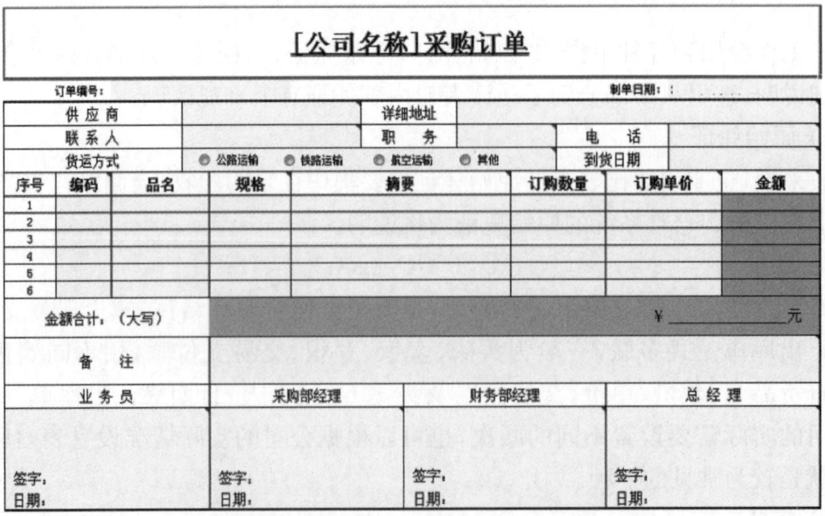

图1-3　采购订单样式(Excel版)

4. 请购单

请购单是指某部门或者某人员根据生产需要确定一种或几种物料,并按照规定的格式填写的,递交至公司的采购部以获得这些物料的单据。请购单的样式如图 1-4 所示。

请 购 单

申购部门: 年   月   日

序号	名称	规格型号	单位	请购数量	单价	总价	要求到货日期	用途

请购人: 部门主管确认: 采购经办人: 财务: 核准:

说明:

1. 流程:使用部门请购(填写品名、规格、单位、请购数量、要求到货日期、用途等)—部门主管确认—主管副总核准—采购。

2. 采购经办人必须凭核批的请购单及时采购,报账时请购单后需附发票和入库单。

图 1-4　请购单样式

【拓展任务】

搜集身边的原始凭证,观察它们的要素,寻找共同之处、不同之处,以典型业务为例发现并说明它们的运动轨迹。

(二) 记账凭证

随着电算化的普及,大多数公司都采用财务软件记账,除了用友、金蝶等财务软件外,还有不少从凭证到账簿再到报表一站式服务的信息化软件。对于没有采用财务软件记账的企业来说,纸质版的记账凭证需要外购,常用的通用记账凭证的样式如图 1-5所示。不管是纸质的还是电子的,到了月末都需要打印出来并装订成册,还需要封面、会计档案(凭证)盒等配套的道具。

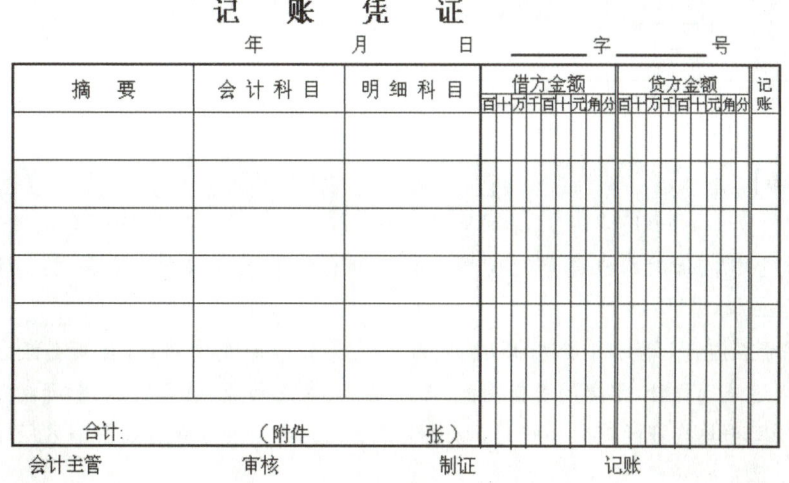

图 1-5　记账凭证样式(纸质版)

【小思考】

记账凭证记载的项目内容与原始凭证的项目内容有何关联?

(三) 票据

公司常见的票据有现金支票和转账支票,必须到银行去购买。现金支票是指存款人用来向银行提取或支付给收款人现金的一种支票。现金支票不可用于转账。已签发的现金支票遗失,公司可向银行申请挂失。现金支票的样式如图1-6所示。

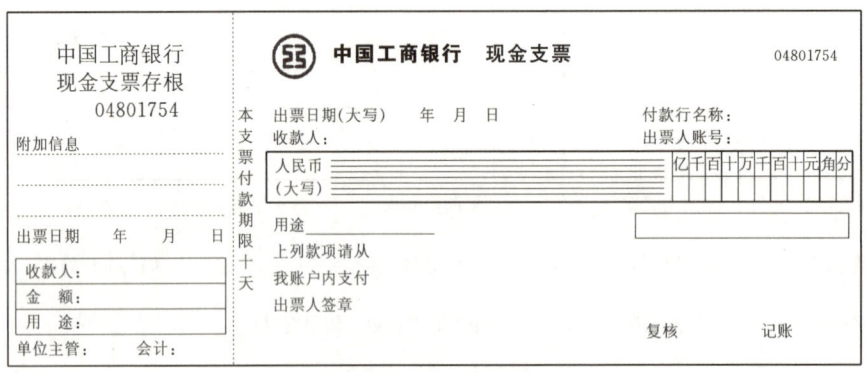

图1-6 现金支票样式

转账支票是由单位签发的,通知银行从其账户上支取款项的凭证。转账支票只能用于转账,不能提取现金。转账支票的样式如图1-7所示。

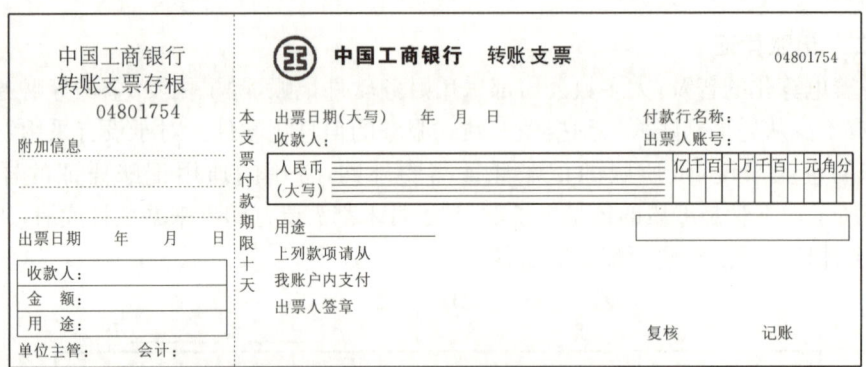

图1-7 转账支票样式

【知识拓展】

我国《票据法》中规定的"票据"包括汇票、本票和支票,是指由出票人签发的,约定自己或者委托付款人在见票时或指定的日期向收款人或持票人无条件支付一定金额的有价证券。

票据贵在流通,票据所记载的权利可以通过背书行为直接转让,具有灵活方便的特点,只有通过流通转让,票据的支付功能、汇兑功能、信用功能、结算功能、融资功能才能得到充分发挥,衔接企业的产供销行为,畅通经济金融运行。票据分类如图1-8所示。

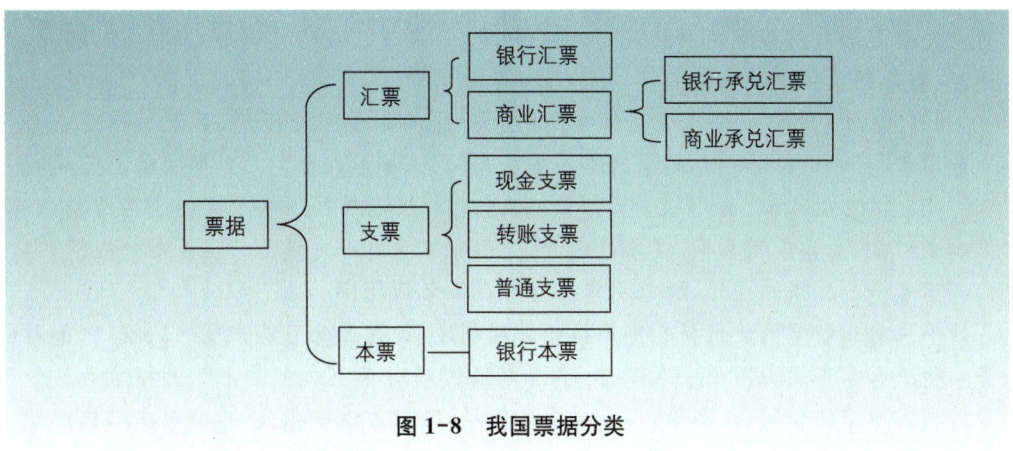

图1-8　我国票据分类

【拓展任务】

观察经济活动中的凭证单据在业务部门与会计机构以及在会计机构内部各岗位之间是如何传递的？思考这些凭证在传递过程中要遵循哪些具体要求？

二、常用器材类道具

一般来说，财务部门必备的一些专业道具主要有财务专用章，会计凭证盒，红、蓝印泥，复写纸，文件柜，保险柜，点钞机，装订机，计算器等。其中财务专用章是单位或集团用于内部现金、银行收付业务（内部借款、往来结算），对外现金、银行收付业务（预留银行印鉴、支票、汇票、业务委托书等）以及其他外部业务（如工商部门备案等用途）等必备的道具。

【知识拓展】

印章在企业的日常经营活动中具有重要的作用，其形式包括单位公章、法人代表人章、财务专用章、发票专用章、合同专用章、部门专用章等，每个印章都有其使用范围，如果印章使用错误，会导致盖章文书的效力存在问题。那么这些印章的使用范围是怎样的，在使用中又要注意哪些事项呢？

（1）公章。公章是所有印章中权力最大的一枚印章，是单位最高权力的象征。公章除了特别规定以外（比如财务中有些规定只能加盖财务章和法人章），可以用于单位内外一切事务上，只要加盖了公章，就代表单位对盖章内容的认可以及单位要承担相应的法律责任。

（2）法人代表人章。法人代表章简称法人章，在特定用途中使用的情况较多，比如法人章一般和财务章一同用于银行预留印鉴，出具票据时一般也需要加盖法人章。

（3）财务专用章。财务专用章一般与法人章一同作为银行预留印鉴，主要用于办理单位会计核算和银行结算业务。

（4）发票专用章。发票专用章是企业、单位和个体工商业户购买和开具发票时使用的印章。2011年2月1日起正式施行的《中华人民共和国发票管理办法》取消了可在发票上加盖财务专用章的规定,明确规定"开具发票应当按照规定的时限、顺序、逐栏、全部联次一次性如实开具,并加盖发票专用章"。

(5)合同专用章。合同专用章专门用于对外签订合同时使用,如果单位没有合同专用章,可以用公章。合同章只能加盖在合同上,加盖在合同之外的文件上无效。

(6)部门专用章。除了上述印章之外,有的单位还刻制了很多部门专用章,比如采购专用章、业务专用章等,在单位内部,这些印章具有一定效力。但是对外来讲,部门并不是一个独立的主体,所以印章效力存在很大问题。

单位对于印章的使用要制定严格的管理制度,防范因此可能出现的风险,比如财务章和法人章不能由同一个人保管,不得以任何事由在空白书面上加盖印章等。如果持加盖印章的合同、文书等,以公司名义活动,给对方造成损失的,公司要承担赔偿责任。印章的样式如图1-9所示。

图1-9　印章样式

任务3　会计岗位介绍

前面我们已经提到了会计岗位的分类,每个岗位有自己的工作职责,这里介绍两个主要岗位的工作职责。

一、出纳岗位职责

(1)根据审核签章的记账凭证办理现金、银行存款的收付结算业务。

(2)及时登记现金、银行存款日记账,做到日清月结,账实相符。

(3)每日盘点库存现金,做到日清月结,账实相符。库存现金不得超过规定数额。

(4)严格支票使用管理,办理对外结算业务,不签发空头支票和空白支票,不外借账户,不坐支现金。

(5)及时与银行总账、银行对账单对账,月末编制银行存款余额调节表,做到账单相符。

(6)负责与所属内部各单位往来款项的划转、核算,做到每笔往来款项数据准确,依据充分。

(7)按照日常费用报销规定,办理现金收付业务,做到手续完备、单证齐全。

(8)负责与银行、税务、社保等部门的业务联系,及时解交款项并接受其业务指导。

(9)保管好现金、各种印章、空白支票、空白单据及其他证券。

【小思考】

出纳岗位能否由一位工作人员长期担任？

二、会计岗位职责

（1）认真做好会计核算和监督，保证会计账务处理及时，会计科目运用准确，会计核算信息真实完整。

（2）对原始凭证的合法性、金额的正确性和手续的完备性等进行审核，对银行结算票据的印鉴、日期和背书内容是否正确进行审核。

（3）录入（编制）记账凭证，负责会计凭证汇总、账簿登记，打印输出记账凭证和账簿。

（4）正确、及时编制单位会计报表，并根据工作需要，适时提供有关会计信息。

（5）对会计凭证、账簿、报表、磁盘和有关文件制度等会计资料，定期分类装订立卷，妥善保管，按规定移交档案管理部门。

（6）会同人力资源管理部门，严格按照规定执行工资、津贴、奖金的发放。

（7）协助编制预算，做好财务分析，增强服务意识，处理好服务与监督的关系。

（8）完成领导交办的其他工作。

【温馨提示】

财政部发布的《内部会计控制规范》提出了"不相容职务分离"的要求。一般情况下，单位的经济业务活动可以划分为授权、签发、核准、执行和记录五个步骤。如果这些工作由一个人担任，就有可能发生错误和舞弊行为；而如果每一步都有相对独立的人员或部门分别实施或执行，就能够保证不相容职务的分离，从而便于内部控制作用的发挥。不相容职务分离的核心是"内部牵制"，内容包括：①对每一项业务不能完全由一人经办；②钱、账、物分管，如仓库保管员负责原材料的收、发、存和管理工作，并负责登记原材料的数量，而相关的账务处理则由会计人员负责；③有健全严格的凭证管理制度。

【拓展任务】

请查阅相关资料，了解单位内部主要不相容职务。

项目小结

序号	知识点	小结内容
任务1 会计工作 的流程	会计岗位设置	
	财务会计工作流程	

(续表)

序号	知识点	小结内容
任务2 会计工作 的道具	常用凭证类道具	
	常用器材类道具	
任务3 会计岗位 介绍	出纳岗位职责	
	会计岗位职责	

项目训练

【训练资料】 恒文机械加工有限公司专业从事五金精密零配件的生产,现有员工60人,设置行政部、设计部、供应部、生产部、销售部、会计部等部门。其中会计部负责日常会计事项处理,现有工作人员4人,分别是会计主管、财务会计、成本会计和出纳。

根据客户要求及设计参数,生产部请购一批钢管。经批准,供应部向同城的A公司采购符合条件的钢管,并取得对方开具的增值税专用发票、出库单等单据,钢管经验收全部入库,以转账支票结算该业务的款项。

【训练要求】

1. 遵循内部牵制原则,思考各会计岗位的工作职责。

2. 根据设置的岗位职责,画出会计部门处理该业务的流程图。

项目二 认识财务报表

【学习目标】

初步了解财务报表种类及其结构,思考财务报表中各项目的数据来源
理解财务报表各项目之间的勾稽关系,思考这些数据对企业决策的影响

【工作任务】

搜集上市公司报表,观察主要财务报表项目
结合报表填列的格式要求,思考报表内或报表间的关系
查阅相关资料,寻找并验证报表之间的关系

【思政引导】

李小康顺利通过了公司的面试进入了财务部工作。这一天财务部张经理布置给李小康一个任务,让他准备一份关于非财会人员如何快速了解主要财务报表的内容,以及财务报表数据之间联系的报告,目的是给公司的业务部门主管做一次培训,让他们也能够简单看懂报表,方便参与公司决策。李小康思索着,"打铁先要自身硬",作为一名给他人培训的会计人,如果缺乏专业知识、技能,就会让领导不放心、同事不信任,他暗暗发誓要勤学苦练,刻苦钻研,不断进取,提高业务水平。他在接到任务后,认真地把所学的报表知识梳理了一遍,让我们也跟着他学一学相关知识吧。

任务 1 定期财务报告

对于大多数"外行"来说,会计工作就是对经济业务进行记账、算账,将所生成的数据信息以"报账"的形式对外提供。这里最后的"报账"就是指企业定期报送的财务报告。

财务报告(financial report)是指企业对外提供的反映企业某一特定日期的财务状况和某一会计期间的经营成果、现金流量等会计信息的文件。它是根据日常的会计核算资料归集、加工和汇总后形成的,反映企业管理层受托责任履行情况的结构性表述,是企业会计核算的最终成果,包括财务报表和其他应当在财务报告中披露的相关信息和资料。其中,财务报表既包括数字的会计报表,也包括文字的报表附注。

【小思考】

企业定期会向"谁"报送财务报告?他们会关注哪个报告或报表?会对比分析哪些信息内容?

通过编制财务报告,尤其是对会计报表中数字所呈现的对比与勾稽关系进行分析

整理,可以为企业投资人提供企业盈利能力、资本结构和利润分配政策等信息;可以为企业债权人提供企业偿债能力的信息;可以为政府及相关管理机构提供国家资源的分配和运用情况,为进行宏观经济决策提供必要信息;可以为企业经营管理者提供相关管理信息,以便其进行经营管理决策。根据提供的信息不同,主要的会计报表有三大类,一是资产负债表,二是利润表,三是现金流量表。

【温馨提示】
　　勾稽关系是会计在编制财务报表时常用的一个术语,它是指某个财务报表和另一个财务报表之间以及本报表项目的内在逻辑对应和数量对应关系,如果不相等或不对应,说明财务报表编制的有问题。

一、资产负债表及其内部勾稽关系

资产负债表(balance sheet)是反映企业在某一特定日期(如月末、季末、年末)财务状况的会计报表。它是根据"资产＝负债＋所有者权益"这一会计恒等式设计的,依据一定的分类标准和顺序,将企业在一定日期的资产、负债和所有者权益项目进行分类、汇总后编制的,属于静态报表。我们通用的资产负债表的格式一般是左右账户式结构,左侧为资产,右侧为负债和所有者权益。资产负债表的格式如表2-1所示。

表 2-1　　　　　　　　　　　资产负债表　　　　　　　　会企01表
编制单位:　　　　　　　　　　年　月　日　　　　　　　　单位:元

资产	期末余额	上年年末余额	负债和所有者权益(或股东权益)	期末余额	上年年末余额
流动资产:			流动负债:		
货币资金			短期借款		
交易性金融资产			交易性金融负债		
衍生金融资产			衍生金融负债		
应收票据			应付票据		
应收账款			应付账款		
应收款项融资			预收款项		
预付款项			合同负债		
其他应收款			应付职工薪酬		
存货			应交税费		
合同资产			其他应付款		
持有待售资产			持有待售负债		
一年内到期的非流动资产			一年内到期的非流动负债		
其他流动资产			其他流动负债		

（续表）

资产	期末余额	上年年末余额	负债和所有者权益（或股东权益）	期末余额	上年年末余额
流动资产合计			流动负债合计		
非流动资产：			非流动负债：		
债权投资			长期借款		
其他债权投资			应付债券		
长期应收款			其中:优先股		
长期股权投资			永续债		
其他权益工具投资			租赁负债		
其他非金融流动资产			长期应付款		
投资性房地产			预计负债		
固定资产			递延收益		
在建工程			递延所得税负债		
生产性生物资产			其他非流动负债		
油气资产			非流动负债合计		
使用权资产			负债合计		
无形资产			所有者权益(或股东权益)：		
开发支出			实收资本(或股本)		
商誉			其他权益工具		
长期待摊费用			其中:优先股		
递延所得税资产			永续债		
其他非流动资产			资本公积		
非流动资产合计			减：库存股		
			其他综合收益		
			专项储备		
			盈余公积		
			未分配利润		
			所有者权益（或股东权益）合计		
资产总计			负债和所有者权益（或股东权益）总计		

法定代表人：　　　　　　主管会计工作的负责人：　　　　　　会计机构负责人：

通俗地说,表2-1的左侧列示的项目被分为了流动资产、非流动资产等类别,并分别有合计,这些是用来说明公司的资产是以什么形态存在的,以此反映资金的运用方向。再进一步看具体项目,如流动资产中,这些流动资产分别是以什么形式存在的,是将钱全部放在银行里,还是有多少以存货的形式放在仓库里,有多少以应收账款的形式存在而还没有收回。资产按照流动性或变现能力从强到弱,从上到下依次排列。流动性最强的资产放在最上面,如货币资金;流动性差的资产放在下面,如固定资产等。

表2-1的右侧列示的项目表示企业的钱来自哪里,上半部分是负债,对应的是债权人权益;下半部分是投资人对企业的投资,称为所有者权益。其中,上半部分的负债分为流动负债和非流动负债两类,是用来说明公司欠了谁的钱,欠了多长时间,金额大小等。一般来说企业肯定会有负债的,欠国家的主要是税费,欠个人或其他公司的就是应付款,适当的负债可以帮助企业缓解现金的压力,所以不要"谈债色变"哦。

【拓展任务】

重点关注房地产企业,搜集相关数据,分析负债经营的利弊。

资产负债表最重要的一个勾稽关系就是"资产＝负债＋所有者权益"。总的来说就是表的左边的金额必然是和右边的金额完全相等的,也就是企业的钱要么是借来的,要么是接受投资的。

二、利润表及其内部勾稽关系

利润表(income statement)又称损益表、收益表,是反映企业在一定会计期间的经营成果的报表。它是根据"收入－费用＝利润"的会计等式设计的,属于动态报表。我们通用的利润表的格式是多步式结构,也就是按照四个步骤计算最终财务成果,即:

第一步,从营业收入出发,减去营业成本、税金及附加、销售费用、管理费用、研发费用、财务费用和资产减值损失、信用减值损失等,再加上公允价值变动净收益和投资收益、资产处置收益(上述三项如为损失,则减去),确定营业利润。

第二步,从营业利润开始,加上营业外收入,减去营业外支出,确定利润总额。

第三步,在利润总额的基础上,扣除所得税费用后,确定企业的净利润。

第四步,根据净利润,计算每股收益。

在上述计算中,都离不开利润表最重要的一个"勾稽关系",就是"收入－费用＝利润"。

利润表的具体格式如表2-2所示。

表2-2　　　　　　　　　　　　　　　利润表　　　　　　　　　　　　　会企02表

编制单位:　　　　　　　　　　　年　月　　　　　　　　　　　　单位:元

项目	本期金额	上期金额
一、营业收入		
减:营业成本		

项目	本期金额	上期金额
税金及附加		
销售费用		
研发费用		
管理费用		
财务费用		
其中：利息费用		
利息收入		
加：其他收益		
投资收益（损失以"－"号填列）		
其中：对联营企业和合营企业的投资收益		
以摊余成本计量的金融资产终止确认收益（损失以"－"号填列）		
净敞口套期收益（损失以"－"号填列）		
公允价值变动收益（损失以"－"号填列）		
信用减值损失（损失以"－"号填列）		
资产减值损失（损失以"－"号填列）		
资产处置收益（损失以"－"号填列）		
二、营业利润（亏损以"－"号填列）		
加：营业外收入		
减：营业外支出		
三、利润总额（亏损总额以"－"号填列）		
减：所得税费用		
四、净利润（净亏损以"－"号填列）		
（一）持续经营净利润（净亏损以"－"号填列）		
（二）终止经营净利润（净亏损以"－"号填列）		

（续表）

项目	本期金额	上期金额
五、其他综合收益的税后净额		
（一）不能重分类进损益的其他综合收益		
1. 重新计量设定受益计划变动额		
2. 权益法下不能转损益的其他综合收益		
3. 其他权益工具投资公允价值变动		
4. 企业自身信用风险公允价值变动		
……		
（二）将重分类进损益的其他综合收益		
1. 权益法下可转损益的其他综合收益		
2. 其他债权投资公允价值变动		
3. 金融资产重分类计入其他综合收益的金额		
4. 其他债权投资信用减值准备		
5. 现金流量套期储备		
6. 外币财务报表折算差额		
……		
六、综合收益总额		
七、每股收益：		
（一）基本每股收益		
（二）稀释每股收益		

法定代表人：　　　　　　　主管会计工作的负责人：　　　　　　　会计机构负责人：

　　通俗地说，利润表就是反映企业经过一段时间后总共得到了多少利润。这些利润有些是正常情况下企业持续经营的损益。这就是营业利润，有些是营业外所得，如政府补贴或者处置固定资产、无形资产的收益等，这就是营业外利润。当然，如果一个企业主要是靠营业外收入赚钱，那就很有问题了，所以，我们在看公司的报表时，不要只看最后公司赚了多少钱，更要看一看，这个钱是通过自己的真本事赚来的，还是发的意外之财。企业所得的利润总额还需要以所得税的形式上交一部分给国家，剩下的才能够归企业所有。

三、现金流量表及其内部勾稽关系

　　现金流量表(cash flow)是反映企业在一定会计期间的现金及现金等价物的流入和流出信息的会计报表，属于动态报表。现金流量表由表首、正表和补充资料三部分组成。

【温馨提示】

现金流量表中的"现金"是广义的现金,包括现金及现金等价物。现金是指企业库存现金以及可以随时用于支付的存款,如库存现金、银行存款、其他货币资金等,但不包括不能随时用于支付的存款。现金等价物是指企业持有的期限短、流动性强、易于转换为已知现金、价值变动风险很小的投资。其中,期限短一般是指从购买日起3个月内到期,如可在证券市场上流通的3个月内到期的短期债券投资。

(一) 表首

现金流量表的表首由报表名称、编制单位、编制日期、报表编号、货币名称和计量单位组成。

(二) 正表

现金流量表应当提供企业经营活动、投资活动和筹资活动对现金流量的影响,以流入的现金减去流出的现金计算净流量。也就是说,企业的现金流主要分为三类:一是经营活动产生的现金流量,这也是企业最主要的现金流动,与利润表和资产负债表紧密相关;二是投资活动产生的现金流量,资产负债表左侧的项目都是投资类的现金流;三是筹资活动产生的现金流量,资产负债表右侧的项目都是筹资类的现金流。

(三) 补充资料

补充资料包括三部分:一是将净利润调整为经营活动净现金流量;二是不涉及当期现金收支,但影响企业财务状况或在未来可能影响企业现金流量的重大投资或筹资活动;三是现金及现金等价物的净增加情况。

现金流量表的具体格式如表2-3所示。

表2-3   现金流量表   会企03表

编制单位: 年   月   单位:元

项 目	本期金额	上期金额
一、经营活动产生的现金流量:		
销售商品、提供劳务收到的现金		
收到的税费返还		
收到其他与经营活动有关的现金		
经营活动现金流入小计		
购买商品、接受劳务支付的现金		
支付给职工以及为职工支付的现金		
支付的各项税费		
支付其他与经营活动有关的现金		

(续表)

项　目	本期金额	上期金额
经营活动现金流出小计		
经营活动产生的现金流量净额		
二、投资活动产生的现金流量:		
收回投资收到的现金		
取得投资收益收到的现金		
处置固定资产、无形资产和其他长期资产收回的现金净额		
处置子公司及其他营业单位收到的现金净额		
收到其他与投资活动有关的现金		
投资活动现金流入小计		
购建固定资产、无形资产和其他长期资产支付的现金		
投资支付的现金		
取得子公司及其他营业单位支付的现金净额		
支付其他与投资活动有关的现金		
投资活动现金流出小计		
投资活动产生的现金流量净额		
三、筹资活动产生的现金流量:		
吸收投资收到的现金		
取得借款收到的现金		
收到其他与筹资活动有关的现金		
筹资活动现金流入小计		
偿还债务支付的现金		
分配股利、利润或偿付利息支付的现金		
支付其他与筹资活动有关的现金		
筹资活动现金流出小计		
筹资活动产生的现金流量净额		
四、汇率变动对现金及现金等价物的影响		
五、现金及现金等价物净增加额		
加:期初现金及现金等价物余额		
六、期末现金及现金等价物余额		

(续表)

项　目	本期金额	上期金额
补充资料		
1. 将净利润调节为经营活动现金流量:		
净利润		
加:资产减值准备		
固定资产折旧		
无形资产摊销		
长期待摊费用摊销		
处置固定资产、无形资产和其他长期资产损益(减:收益)		
固定资产报废损失(减:收益)		
公允价值变动损失(减:收益)		
财务费用(减:收益)		
资产损失(减:收益)		
递延所得税资产减少(减:增加)		
递延所得税负债增加(减:减少)		
存货的减少(减:增加)		
经营性应收项目的减少(减:增加)		
经营性应付项目的增加(减:减少)		

法定代表人:　　　　　　主管会计工作的负责人:　　　　　　会计机构负责人:

目前,我国现金流量表在有些省份还不要求小企业填报,但是现金流量表却是需要任何一个企业都极为重视的。因为真正决定企业生死的,不是企业有多少利润,而是有多少现金。特别是对于初创公司,现金流量表比利润表更应该引起大家的关注。

四、所有者权益变动表及其内部勾稽关系

所有者权益变动表(statement of equity change)是反映所有者权益各组成部分当期增减变动情况的报表。所有者权益变动表属于动态报表,不仅包括所有者权益总量的增减变动,还包括所有者权益增减变动的重要结构性信息。所有者权益变动表以矩阵的形式列示:一方面,列示导致所有者权益变动的交易或事项,即所有者权益变动的来源,对一定时期所有者权益变动情况进行全面反映;另一方面,按照所有者权益各组成部分(包括实收资本、其他权益工具、资本公积、库存股、其他综合收益、盈余公积、未分配利润)列示交易或事项对所有者权益各部分的影响。所有者权益变动表的"勾稽关系"是,上年年末余额,加上政策变更和前期差错更正,加上或减去各项目增减变动,最后得到本年年末余额。所有者权益变动表的具体格式如表 2-4 所示。

表 2-4

所有者权益变动表

年度

会企 04 表

单位:元

项目	本年金额													上年金额												
	实收资本(或股本)	其他权益工具			资本公积	减:库存股	其他综合收益	专项储备	盈余公积	未分配利润	所有者权益合计			实收资本(或股本)	其他权益工具			资本公积	减:库存股	其他综合收益	专项储备	盈余公积	未分配利润	所有者权益合计	
		优先股	永续债	其他											优先股	永续债	其他								
一、上年年末余额																									
加:会计政策变更																									
前期差错更正																									
其他																									
二、本年年初余额																									
三、本年增减变动金额(减少以"-"号填列)																									
(一)综合收益总额																									
(二)所有者投入和减少资本																									
1.所有者投入的普通股																									
2.其他权益工具持有者投入资本																									
3.股份支付计入所有者权益的金额																									

（续表）

项目	本年金额											上年金额										
	实收资本（或股本）	其他权益工具			资本公积	减：库存股	其他综合收益	专项储备	盈余公积	未分配利润	所有者权益合计	实收资本（或股本）	其他权益工具			资本公积	减：库存股	其他综合收益	专项储备	盈余公积	未分配利润	所有者权益合计
		优先股	永续债	其他									优先股	永续债	其他							
4. 其他																						
（三）利润分配																						
1. 提取盈余公积																						
2. 对所有者（或股东）的分配																						
3. 其他																						
（四）所有者权益内部结转																						
1. 资本公积转增资本（或股本）																						
2. 盈余公积转增资本（或股本）																						
3. 盈余公积弥补亏损																						
4. 设定受益计划变动额结转留存收益																						
5. 其他综合收益结转留存收益																						
6. 其他																						
四、本年年末余额																						

法定代表人：　　　　主管会计工作的负责人：　　　　会计机构负责人：

财务报表认识

任务 2　财务报表相互间的勾稽关系

一、资产负债表与利润表的勾稽关系

资产负债表同利润表的表间关系,主要是资产负债表中"未分配利润"的期末数减去期初数,应该等于利润表的"未分配利润"。用公式表示为:

$$期末"留存收益" - 期初"留存收益" + 分配股利 = 净利润$$

【温馨提示】

留存收益包括盈余公积和未分配利润,是企业从净利润中提取或留存于企业的内部积累。

这是因为,资产负债表是一个时点报表,而利润表是一个时期报表,两个不同时点之间就是一段时期,期末与期初这两个时点上的未分配利润的差额,应该等于这段时期内未分配利润的增量。那可能有人要问了,为什么单单拿"未分配利润"来比较,不拿其他的来比较呢?这里简单解释一下什么叫未分配利润,未分配利润就是企业取得收入,支付成本费用、交纳税金、支付利息后,将余下的利润提取积累、分给股东之后,最后余下的钱。企业的所有活动产生的经济效果,到最后,都要体现到未分配利润上来,做个最后的了结。而其他的项目之间的关系,主要表现在表内的关系上,而不是通过表间关系体现。

二、资产负债表和现金流量表的勾稽关系

资产负债表同现金流量表之间的关系,主要是资产负债表中的"货币资金"期初(或期末)余额,应该等于现金流量表中的期初(或期末)现金余额。

这是因为,资产负债表反映的是特定时点静态的现金余额,而现金流量表虽然是反映一段时期内现金流入流出的动态情况,但最终以期末现金余额为落脚点,也就是特定时点的现金状况。这就形成了表间的勾稽关系。

三、利润表与现金流量表的勾稽关系

利润表与现金流量表之间的关系比较复杂,没有直接的勾稽关系公式。要注意的是,这两张报表有它们的相同之处,也有它们的不同之处。所谓相同之处就是,它们都是时期报表,都是反映一段时期内的一些活动情况。所谓不同之处就是编制的基础不同。现金流量表是按照收付实现制编制的,"看钱不看事",认为真正收到的钱,才叫收入,在会计上确定为收入;真正付出的钱,才叫支出,在会计上确定为成本费用,无论这笔钱是不是应该由收付的当时期间实现或负担。而利润表是按照权责发生制编制的,与收付实现制正好相反,"看事不看钱",在会计上确定收入和成本费用时,不是看是不是真正收到或支出的钱,而是看这些收入和支出是不是"应该"由当期实现或负担,只要是不由当期实现或负担的,即使收到钱或支出钱也不确定为本期的收入或支出,而是等

到应该归属的期间再确认。

【温馨提示】

权责发生制与收付实现制是会计记账的基础,作为确定一定期间的收入、费用以及当期经营成果的标准。

权责发生制是指对以营利为直接目的的经济组织的各项业务,应当以权利、责任的发生作为确认收入和费用的标准。凡是当期已经实现的收入和已经发生或应当负担的费用,不论款项是否收付,都应作为当期的收入和费用处理;凡是不应归属当期的收入和费用,即使款项已经在当期收付,也都不应作为当期的收入和费用。

收付实现制是与权责发生制相对应的会计处理基础。它是以款项是否实际收到或付出作为收入和费用的确认标准,因此也被称为现收现付制。在收付实现制下,凡是当期实际收到的款项,不论其是否属于当期实现的收入,都作为当期收入处理;凡是当期付出的款项,不论其是否属于当期负担的费用,都作为当期费用处理。凡当期没有实际收到或付出的款项,即使属于当期实现的收入与负担的费用,也不作为当期的收入和费用。

权责发生制强调根据业务发生的归属期确认实现的收入和负担的费用,而收付实现制则是根据货币资金的实际收付来记录收入确认和费用发生。简单举例来说,6 月 5 日,企业收到上月销售商品的款项,按照收付实现制要作为 6 月份的收入,和 5 月份没有关系;而按照权责发生制则要作为 5 月份的收入,会计会在 5 月份的记录里将这项收入的取得同时登记应收账款,在 6 月份再作收回款项的记录。

四、三张表之间的关系

根据前面提到的三张表相互之间的勾稽关系,可以综合得到一个涉及三张报表的勾稽关系公式,即:

利润表中的"主营业务收入" = 现金流量表中"销售产品、提供劳务收到的现金" − 资产负债表中账龄在 1 年以上应收账款的减少额 + 账龄在 1 年以内应收账款的增加额

【温馨提示】

所有者权益变动表与资产负债表和利润表之间也存在勾稽关系。所有者权益变动表中各项目的期初(期末)余额应当与资产负债表中所有者权益内容各项目的期初(期末)余额一致。所有者权益变动表中"净利润"与"其他综合收益"的变动数额应当与利润表中的发生额一致。变动最后的结果最终会体现在所有者权益变动表、资产负债表、利润表的未分配利润项目的勾稽关系上。

【拓展任务】

搜集上市公司向投资者提供的报表,观察各项目数据之间的关系,发现并验证它们之间的勾稽关系。

项目小结

序号	知识点	小结内容
任务1 定期财务 报告	财务报告的含义	
	资产负债表	
	利润表	
	现金流量表	
任务2 财务报表 相互间的 勾稽关系	资产负债表与利润表	
	资产负债表与现金流量表	
	利润表与现金流量表	

【训练资料】 恒文机械加工有限公司 20×1 年 6 月的财务状况及收入费用情况如表 2-5 所示。

表 2-5
财务状况及收入费用情况
20×1 年 6 月   单位:元

项目	期初余额	期末余额	本期发生额
货币资金	255 000	267 000	
应收账款	250 000	250 000	
存货	450 000	530 000	
固定资产	800 000	792 000	
无形资产	200 000	198 000	
短期借款	100 000	100 000	
应付账款	70 000	70 000	
应交税费	115 000	92 000	
应付职工薪酬	280 000	280 000	
实收资本	1 000 000	1 000 000	
资本公积	160 000	160 000	
盈余公积	70 000	80 500	
未分配利润	160 000	254 500	
营业收入			405 000
营业成本			200 000
管理费用			50 000
销售费用			20 000
财务费用			10 000
税金及附加			5 000
营业外收入			48 000
营业外支出			28 000
所得税费用			35 000

【训练要求】

1. 将表 2-5 中各数字记入资产负债表、利润表的相关项目中,观察数据之间的勾稽关系。

2. 假定本期以库存现金或银行存款形式收取和支付的款项如下:

(1) 销售商品,收取货款及增值税款 457 000 元。

(2) 支付管理费用、销售费用、财务费用共计 70 000 元。

(3) 取得营业外收入 48 000 元。

(4) 发生罚没支出 28 000 元。

(5) 支付税款 115 000 元。

(6) 支付职工薪酬 280 000 元。

分析上述业务对现金流量的影响,并记入现金流量表的相关项目中,与资产负债表对比,观察数据之间的勾稽关系。

CHAPTER 2

第二篇

懂点理论很有必要——理论基础

项目三　会计基本假设和会计信息质量要求

【学习目标】

了解会计基本假设,思考它们对企业记录资金运动发挥了怎样的作用

理解会计信息质量要求,思考它们在企业会计工作中如何加以体现

运用相关性、可比性、及时性等质量要求,分析企业常见财务报表中的数据

【工作任务】

明确会计基本假设的作用,分析它们之间的关系

理解会计信息质量要求及其要实现的目标

具体掌握可靠性、相关性、可比性等质量要求在会计工作中的运用

【思政引导】

业务部小王来到财务室,拿出几张 2017 年的打车发票和餐费发票给李小康说:"我找不到这次出差的飞机票了,就用 2017 年的发票抵吧。"李小康内心想着,会计人员应该端正态度,依法办事,实事求是,不偏不倚,保持应有的职业独立性。于是,李小康连忙摇摇头,解释道:"这个不能抵用,第一,现在 2019 年 11 月了,以前的发票不能用;第二,凭证必须和内容相对应,只能是相应的车票、机票或者餐饮发票才可以报销。"李小康拒绝报销的理由是什么呢? 这涉及会计工作的原则和本质,从接下来要学习的内容中大家可以找到答案。

任务 1　开展会计工作的基本假设

会计是在一个具有不确定性因素的社会环境中从事工作的。而要使会计能连续、系统、全面和综合地反映企业的经济活动,提供会计信息使用者制定决策所需的信息,就必须对会计的环境作出合理的假设,即建立会计的基本假设。

会计基本假设是对会计核算所处的时间、空间所作的合理设定。会计核算对象的确定、会计政策的选择及会计数据的搜集都要以一系列的基本假设为依据,是企业会计确认、计量和报告的前提。因此会计基本假设也被称为会计基本前提,一般包括会计主体、持续经营、会计分期和货币计量四个假设。

一、会计主体假设

会计主体又称为会计实体、会计个体,从理论上讲,是指企业会计工作所服务的特定单位或组织。在实际工作中,会计主体一般是指独立核算的商品生产、经营企业及其他经济组织。不论是独资、合伙企业、有限责任公司或股份有限公司,还是行政事业单

位,都是一个会计主体,甚至于企业、单位内部某一个部门,也可能成为一个会计主体。**会计主体假设规定了会计核算的空间范围和财务报告应予揭示的对象。**

【小思考】

请判断个人是否可以成为会计主体,个人独资企业是否可以成为会计主体。

在会计主体假设下,企业应当对其本身发生的交易或者事项进行会计确认、计量和报告,反映企业本身所从事的各项生产经营活动。明确界定会计主体,是开展会计确认、计量和报告工作的重要前提。因此,会计主体假设明确了会计人员在会计核算中应采取的立场。它要求会计工作应当区分会计主体自身的经济活动和其他会计主体以及投资者的经济活动,目的是为了明确各自的经济利益和经济责任。会计人员只有站在为之服务的特定会计主体的立场上,核算企业本身发生的各项经济业务,才能独立、客观地反映某一特定主体的经济活动,实现会计的目标。

【温馨提示】

会计主体的"独立性"不仅体现在能够"独立核算",还包括掌握独立的资金、能够独立开展经营活动。例如,总公司下设的分公司,虽然不能够对外独立承担经济责任,但在经济交易中却可以作为一个会计主体独立进行会计核算和监督等工作。又如,产品制造企业中有一定"独立性"的生产车间,也可以作为会计主体。

应当指出的是,会计主体与法律主体(法人)不能划等号。从会计的角度看,会计主体应是一个独立核算的经济实体,特别是需要独立反映其经营成果、财务状况和现金流量,编制独立的会计报表。而按照法律规定,法人是可用本身名义掌握财产、享受利益和履行各种法律上的有效行为,因此,一般来说,**法律主体是一个会计主体,但会计主体不一定是法律主体。**例如,控股形成的企业集团里,一个母公司拥有若干个子公司,企业集团在母公司的统一领导下开展生产经营活动。母子公司虽然是不同的法律主体,但为了全面反映企业的经营成果、财务状况和现金流量,就有必要将这个企业集团作为一个会计主体编制合并会计报表。

【拓展任务】

请查阅相关资料,对母子公司、总分公司之间的关系加以甄别。

二、持续经营假设

持续经营是指在可预见的将来,企业不会进行清算、解散和倒闭。在这一假设下,会计核算应当以企业持续、正常的生产经营活动为前提,不会大规模削减业务,也不会停业。**持续经营假设规定了会计核算的时间范围。**

明确这一基本假设,就意味着会计主体将按照既定的用途使用资产,按照既定的合约条件清偿债务,会计人员就可以在此前提下选择会计程序及会计处理方法,进行会计核算。例如,企业在对会计要素进行计量时,以历史成本为主要计量属性,对固定资产、无形资产因长期使用而计提折旧和摊销,以及成本费用的分摊等,都是基于这一基本假设。也正是在这一基本假设之下,会计程序才得以保持稳定,才得以在持续的基础上恰当地记录和披露企业的经济活动,从而提供可以信赖的会计信息。

当然,在市场经济条件下,任何企业都存在破产、清算的风险,即企业不能再持续经营的可能性总是存在的。因此,企业需要定期对其持续经营假设作出分析和判断。一旦企业宣告破产而清算,此假设就不再适用,会计处理方法也要进行相应改变,按国家关于企业清算的规定办理。

【小思考】

　　会计主体、持续经营的假设划定了会计核算的空间范围、时间范围,但企业的资金运动是不断进行的过程,无论是企业的投资人、债权人还是企业自身,都需要及时了解企业信息以便进行经济决策。那么如何分期结算账目,及时反映企业财务状况和经营成果呢?

三、会计分期假设

会计分期是指企业将持续不断的经营活动分割为若干连续的、长短相等的期间,据以结算账目和编制财务报告,从而及时地向有关方面反映企业财务状况、经营成果和现金流量的信息。**会计分期假设规定了会计核算的时间范围,是对持续经营假设的一个必要的补充。**

企业的经营活动在时间上是持续不断的。从理论上说,企业的经营成果,只有企业最后结束,变卖所有财产,清偿所有负债,将剩余资金与投资人投资的数额比较后,才能准确确定下来。但实际上又绝不可能如此。因为在一般情况下,会计人员都无法知道企业将于何时结束它的全部业务,也就是不能等到它结束经营时才反映财务状况和计算净收益。为了满足企业内部和外部制定决策所需的经济信息,企业就不得不把经营的全部经营期间人为地划分为首尾相接、间距相等的会计期间,在连续反映的基础上,提供企业不同期间的会计信息,分期结算账目,编制财务报告,保证信息的时效性。

《企业会计准则》规定,**会计期间均按公历起讫日期确定,**分为年度和中期。中期是指短于一个完整的会计年度的报告期间,如半年度、季度和月度。正是因为有了会计分期的前提条件,人为地划分了会计期间,才有了当期与以前期间、以后期间的区别,这就有必要划分不同会计期间的收益与费用的界限,出现了权责发生制和收付实现制的区别,因而才使不同类型的会计主体有了记账的基础,进而出现了应收、应付、折旧、摊销等会计处理方法。《企业会计准则》规定,**企业应当以权责发生制为基础进行会计确认、计量和报告。**

【温馨提示】

　　持续经营与会计分期都是对会计工作的时间范围进行环境假设。正是因为持续经营,企业当期的经济政策应当延续以前期间的规定,并在以后期间一以贯之,不能随意改变,而也是因为有了会计分期,企业在不同期间的信息可以前后对比分析,在同一期间也可以与其他会计主体进行比较。这一部分内容的学习重在如何运用。例如,企业因为假定可以持续经营下去,所以会对所持有的生产设备、厂房等固定资产预计其使用年限,并将其价值分摊到使用的不同期间;但采用平均分摊还是加速分摊,选择具体的分摊方法则是因为会计分期假设,这是因为考虑了固定资产在不同的受益期间的实际使用情况。

【拓展任务】

在实际业务处理过程中,有些业务的发生时间与货币实际收付的时间并不在同一会计期间,因此会计工作规定了权责发生制和收付实现制两个记账基础,但市场经济条件下,不同主体资金运动是不尽相同的。请比较政府行政部门(如公安部门)和营利性组织(如企业)的资金来源及运动方向,思考不同主体各自会采用哪个记账基础。

四、货币计量假设

货币计量是指会计核算以货币作为主要计量单位,主要以价值量的形式提供反映企业财务状况、经营成果和现金流量以及所有者权益变动情况的信息。

【小思考】

为什么说"以货币作为主要计量单位"? 对会计事项的反映还需要利用哪些计量单位?

货币计量包括三方面的内容:首先,会计事项的反映可以采用不同的计量单位,如劳动量度、实物量度与货币量度等。但在会计核算中,我们很难将实物量度换算为劳动量度,不同质的财产物资又不能用相同的实物量度单位进行汇总计算比较,而在商品货币经济条件下,它们都可以换算为货币量度。因此,会计确认、计量和报告选择以货币作为计量单位,才能系统、全面、连续地记录、汇总、分析和揭示企业的经营过程和财务成果。其次,在几种或多种货币同时存在的情况下,或某些业务是用外币结算时,就需要确定某一种货币为本位币,填制凭证和登记账簿时,须采用某种汇率折算为记账本位币登记入账。在我国境内,一般应以人民币作为记账本位币。业务收支以外币为主的企业,也可以采用某种外币作为记账本位币,但向国家有关方面报送会计报表时,必须折算为人民币反映。最后,货币计量单位实际上是借助于价格来完成的,而价格是商品在市场的交换中形成的。同时货币计量还包含币值稳定这样一个前提。一般情况下我们不考虑币值变动对财务报告的影响。在现实生活中,通货膨胀和通货紧缩都可能使货币的购买力发生变动,对币值产生影响,从而使单位货币所包含的价值随着现行价格的波动而变化。这时运用币值不变的货币计量的缺陷就显露出来,资产不能反映其真实价值,严重影响了会计信息的质量及其对决策的有用性。币值不变的假设所面临的挑战在我国依然存在,因此,我们有必要寻找解决这一问题的途径。

【温馨提示】

统一采用货币计量也存在缺陷。例如,某些影响企业财务状况和经营成果的因素,如企业经营战略、研发能力、市场竞争力等,往往难以用货币来计量,但这些信息对于使用者决策很重要。为此,企业可以在财务报告中补充披露有关非财务会计信息来弥补上述缺陷。

【知识链接】

　　货币之所以能够成为会计计量的主要手段,主要的原因在于它可以在一定时期内以稳定的价值充当一般等价物。请观看中央电视台纪录片《魅力纪录·货币》的第二集《从哪里来》,记录货币在商品经济时代的职能作用。参见 http://tv.cctv.com/2017/10/12/VIDEDNzubWoP7qz1UNu3hCAc171012.shtml。

任务 2　会计信息质量要求

　　会计信息质量要求是为会计目标服务的,是会计系统为达到会计目标而对会计信息进行的约束,是确立与实现会计目标之间的桥梁。在会计目标被定义为决策有用性的前提下,会计信息质量要求就是使会计信息对决策有用所应具备的基本特征。

【小思考】

　　会计作为一项经济管理工作,其实现的总目标应当是提高经济效益,具体表现在关于资金运动的信息处理过程中,请从信息使用者的角度,结合财务报告,分析会计工作的具体目标及其在实现过程中会借助的信息载体。

　　会计信息质量要求是对企业财务报告中所提供的会计信息质量的基本要求,是使财务报告中所提供会计信息对使用者决策有用所应具备的基本特征。为了统一企业会计标准,规范会计行为,保证会计信息质量。我国《企业会计准则》根据几十年会计实践经验,同时借鉴国际惯例,规定了会计信息的八个质量要求。

一、可靠性要求

　　可靠性要求是指企业应当以实际发生的交易或者事项为依据进行会计确认、计量和报告,如实反映符合确认和计量要求的各项会计要素及其他相关信息,保证会计信息真实可靠,内容完整。

　　其具体包括以下要求:一是企业应当以实际发生的交易或事项为依据进行会计确认、计量和报告,应当如实反映其所反映的交易或者事项,将符合会计要素定义及其确认条件的资产、负债、所有者权益、收入、费用和利润等如实反映在财务报表中,准确反映企业的财务情况。二是企业应当在符合重要性和成本效益原则的前提下,保证会计信息的完整性,其中包括编报的报表及其附注内容等应当保持完整,与使用者决策相关的有用信息都应当充分披露。三是会计信息应当是中立的,企业生成会计信息的过程应当公正地反映经济活动,不受任何利益相关者的影响,没有掺入个人偏见或舞弊,不会误导信息使用者的决策。

【温馨提示】

　　可靠性与真实性不同。一般来说,可靠的信息一定是真实的,但真实的信息却不一定是可靠的。例如,企业期末盘点发现毁损的待售商品,账面余额是 50 000 元,这是真实的记录,但这个数据对于信息质量已然不再可靠。假定经过评估可变现收回的价值为2 000元,企业尚未将商品处置,此时应当以2 000元可靠反映商品的价值信息。从50 000元到2 000元的价值落差应当确认为当期的减值损失。

二、相关性要求

相关性要求是指企业提供的会计信息应当与财务报告使用者的经济决策需要相关,有助于财务报告使用者对企业过去、现在或者未来的情况作出评价或者预测。

会计信息的价值,关键是看其与使用者的决策需要是否相关,是否有助于决策或者提高决策水平。一方面,相关的会计信息应当有助于使用者评价企业过去的决策,证实或者修正过去的有关预测,因而具有反馈价值;另一方面,相关的会计信息还应当具有预测价值,有助于使用者根据财务报告所提供的会计信息预测企业未来的财务状况、经营成果和现金流量。

为了满足会计信息质量的相关性要求,企业应当在确认、计量和报告会计信息过程中,充分考虑使用者的决策模式和信息需要。当然,对于某些特定目的或者用途的信息财务报告可能无法完全提供,企业可以通过其他形式予以提供。

【小思考】

会计工作所提供的高质量的信息可以为经营决策提供"有用的"可参考依据,这些会计信息会影响哪些利益相关者?

三、可理解性要求

可理解性要求是指企业提供的会计信息应当清晰明了,便于财务报告使用者理解和使用。

企业编制财务报告、提供财务信息的目的在于使用,而要使使用者有效地使用会计信息,应当能让其了解会计信息的内涵,弄懂会计信息的内容,这就要求财务报告所提供的会计信息应当清晰明了,易于理解。只有这样,才能提高会计信息的有用性,实现财务报告目标,满足使用者提供决策有用信息的要求。

【拓展任务】

设定角色为向企业提供贷款的银行机构,正在审核某企业提出的贷款申请。请认真观察资产负债表、利润表、现金流量表的报表项目,进一步了解它们所反映的会计信息内涵,并思考各报表项目中哪些信息对银行选择发放贷款的决策"有用"。

四、可比性要求

可比性要求是指企业提供的会计信息应当具有可比性。

第一,该要求是**同一企业不同时期之间的信息纵向比较**。不同时期发生的相同或者相似的交易或者事项,应当采用一致的会计政策,不得随意变更;确需变更的,应当在附注中说明。根据可比性要求,在下列两种情况下,企业可以变更会计政策:一是有关法规发生变化,要求企业变更会计政策;二是改变会计政策后能够更恰当地反映企业的财务状况、经营成果和现金流量。

第二,该要求是**不同企业在同一时期的信息横向比较**。不同企业发生的相同或者相似的交易或者事项,应当采用规定的会计政策,确保会计信息口径一致、相互可比。该要求是以客观性要求为基础,有助于会计信息的汇总分析。当然不能为了追求可比性,过分强调使用统一的会计处理方法,而使会计核算不能客观地反映实际情况。

【拓展任务】

查询王府井集团股份有限公司(证券代码:600859.SH)2019 年四个季度和 2020 年一季度的资产负债表,对比货币资金、存货、固定资产、应交税费、实收资本等报表项目各期数据。数据资料可参考链接 https://stock.qianzhan.com/hs/zichanfuzhai_600859.SH.html。

五、实质重于形式要求

实质重于形式要求是指企业应当按照交易或者事项的**经济实质进行会计确认、计量和报告,**不应仅以交易或者事项的法律形式为依据。

实质是指业务的经济实质,形式是指业务的法律形式。有时,经济业务的外在法律形式并不能真实反映其实质内容。为了真实反映企业的财务状况和经营成果,就不能仅仅根据经济业务的外在形式进行核算,而要反映其经济实质。实质重于形式要求实际上强调的是经济实质重于法律形式,遵循实质重于形式要求,体现了对经济实质的尊重,能够保证会计核算信息与客观经济事实相符。比如,《企业会计准则第 14 号——收入》要求收入的确认不但要看产品是否发出,更重要的是看它的实质,也就是和这个产品所有权相联系的风险报酬是否转移给了对方。如果形式上发出产品,但商品所有权没有转移给对方,企业就不能确认收入。

【拓展任务】

搜集资料,分析企业哪些业务应遵循实质重于形式要求进行处理。

六、重要性要求

重要性要求是指企业提供的会计信息应当反映与企业财务状况、经营成果和现金流量等有关的所有重要交易或者事项。

重要性是指财务报表某项目的省略或错报会影响使用者据此作出经济决策的,该项目具有重要性。重要性要求是要求企业的会计人员在具体的实务中,应当根据企业所处环境,从项目的性质和所处环境两方面加以判断,来选择合适的会计方法和程序。

对重要的项目要单独反映,不重要的项目可以简化。在会计核算中有些问题,如购买笔墨纸张这些办公用品,虽然其使用期限不限于一个会计期间,但根据重要性要求可允许将这些项目的成本在发生时即作为费用处理。又如,企业将日常营业收入区分为主营业务收入和其他业务收入,其中,主营业务收入会详细根据所售商品的名称、规格等进行核算,而其他业务收入则会根据业务类型进行反映,销售闲置材料的业务一般不会具体到材料规格。

七、谨慎性要求

谨慎性要求又称稳健性要求,是指企业对交易或者事项进行会计确认、计量和报告应当保持应有的谨慎,**不应高估资产或者收益、低估负债或者费用**。

会计核算中对会计要素的确认、计量都是基于谨慎性要求,它是随着企业外部经济环境的剧烈变化和复杂化而出现的必然产物。比如,对资产计提减值准备或跌价准备等。但谨慎性要求并不意味着企业可以设置秘密准备,如本年全额计提坏账准备计入当期损益,下一年收回应收账款时作为收益就属于一个典型的设置秘密准备的例子。企业应当合理地计提各项资产减值准备,但不得计提秘密准备,也就是不得滥用谨慎性要求,若有确凿证据表明企业不恰当地运用了谨慎性要求计提秘密准备的,应当作为重大会计差错予以更正,并在会计报表附注中说明事项的性质、调整金额,以及对企业财务状况、经营成果的影响。

【小思考】

谨慎性要求与可靠性要求、相关性要求有什么关系?

八、及时性要求

及时性要求是指企业对于已经发生的交易或者事项,应当及时进行会计确认、计量和报告,**不得提前或者延后,以保证信息的时效性**。

在会计核算中坚持及时性要求,一是要求及时收集会计信息;二是要求及时对会计信息进行加工处理;三是要求及时传递会计信息,将编制出的会计报表传递给会计报表的使用者。

【案例回顾】

李小康之所以拒绝是遵守了会计信息质量要求中的可靠性和及时性。

项 目 小 结

序号	知识点	小结内容	
任务1 开展会计 工作的基 本假设	会计主体	含义:	
		运用:	
	持续经营	含义:	
		运用:	

序号	知识点	小结内容	
任务1 开展会计工作的基本假设	会计分期	含义：	
		运用：	
	货币计量	含义：	
		运用：	
任务2 会计信息质量要求	可靠性要求		
	相关性要求		
	可理解性要求		
	可比性要求		
	实质重于形式要求		
	重要性要求		
	谨慎性要求		
	及时性要求		

项目训练

【训练资料】　恒文机械加工有限公司专业从事五金精密零配件的生产，现有员工60人，设置行政部、设计部、供应部、生产部、销售部、会计部等部门。其中会计部负责日常会计事项处理。该公司20×1年发生以下经济业务：

（1）公司承揽了某型号铁轨制品配套零件的生产订单，供应部采用借款报账制度，本期提交的资金预算比上年增加30万元。

（2）赊销一批商品，计入主营业务收入，同时列入应收账款。

（3）按客户要求发出一批商品，尚未运达对方，公司也没有取得对方承诺的款项，公司保留商品的控制权。

（4）向银行申请6个月期限的借款，按银行要求提供相关资金文件。

（5）公司销售闲置不用的材料一批。

(6) 公司对生产厂房采用历史成本计价,并在其预计使用年限内平均计算各期折旧额,计入生产成本。

(7) 公司盘点发现库存积压材料,经评估可变现净值为 30 000 元,账面记录的历史成本为 60 000 元,因此调整账面价值为 30 000 元。

(8) 公司每月 5~10 日完成纳税申报,并交纳税款。

【训练要求】 完成下列职业判断。

1. 会计主体是公司的会计部。　　　　　　　　　　　　　　　　　　　( )

2. 供应部可以作为会计主体,单独进行业务事项的反映和监督。　　　　( )

3. 公司对生产厂房和材料采用历史成本计价,是运用了持续经营会计假设。

( )

4. 公司赊销商品,计入主营业务收入,运用了持续经营假设,并遵循了重要性要求;同时列入应收账款,遵循了可理解性要求。　　　　　　　　　　( )

5. 公司按客户要求发出商品,也应计入主营业务收入。　　　　　　　　( )

6. 公司对积压材料的账面调整遵循了及时性、可靠性、谨慎性和相关性要求。

( )

7. 按照重要性要求,公司销售材料所取得的材料收入可以计入其他业务收入。

( )

8. 公司对生产厂房按平均年限法计算折旧,并列入成本,运用了会计分期假设。

( )

9. 供应部提交的预算与上年相比较,遵循了可比性要求。　　　　　　　( )

10. 公司向银行提交资金证明,遵循了相关性要求。　　　　　　　　　　( )

项目四　会计要素和会计等式

【学习目标】

了解企业资金运动过程,思考会计核算和监督的对象在不同行业的表现

熟悉企业会计六要素,思考在企业经济活动中的具体表现及其之间的关系

掌握会计等式,思考如何运用其原理将六大要素的关系体现在会计工作中

【工作任务】

对企业发生的经济业务作基本判断,确认会计工作所指向的对象

结合实际,演示产品制造企业、商品流通企业资金运动过程,并加以比较

按照企业六大会计要素的确认条件,分析产品制造企业涉及的会计要素

以追寻来龙去脉的思路,分析会计要素在经济活动中的增减变动情况

运用价值运动原理,汇总整理经济活动对会计等式的影响

【思政引导】

公司领导把李小康叫到办公室,问道:"我看了上个月账上的收入情况,和实际的银行金额有出入,这是怎么回事?"李小康答道:"您看到的账上的收入是以开具的发票为依据确定的,而您说的银行实际金额的收入是货币的收入,这两者是有本质区别的。在会计上是通过不同的账户分别核算的。"很多时候,会计的专用名词与通用名词存在差异,如"收入"这个词就是个典型。领导听完后,说道"小李,不错嘛,专业技能提高不少。"李小康听完后直言:"那肯定的,作为一名合格的会计工作者必须不断地提高其业务技能,这既是会计人员的义务,也是做好会计工作的需要。这份工作要求每个会计人员只有提高职业技能和专业胜任能力,才能适应工作的需要。"那么就让我们进入会计领域了解下这些专用名词吧。

任务1　会计对象

一、会计对象的一般说明

会计对象是会计核算和监督的内容。明确会计的对象,就能清楚会计核算什么,监督什么,这对正确了解会计工作的内容,采取相应的方法合理组织会计工作,是非常必要的。

从宏观上来说,会计对象是社会再生产过程中的资金运动;从微观上来说,会计对象是一个单位能够以货币表现的经济活动。这里说的社会再生产过程包括生产、分配、交换和消费四个环节,是由各个企业、行政事业单位、其他组织共同进行的,在商品、货

币经济条件下,社会再生产过程既可以表现为使用价值的运动(就是各种物资的生产和交换),也可以表现为价值的运动(也就是价值的形成、实现和分配)。

会计就是主要利用货币计量手段,对再生产过程中各单位的经济活动进行核算和监督的一项管理工作,因此,再生产过程中发生的、能用货币表现的经济活动叫作资金运动,它构成了会计的一般对象。从这个论述当中可以看到,会计对象不是再生产过程中的全部经济活动,而是其中能够用货币表现的方面。

【小思考】
企业与客户签订购销合同的行为是不是会计对象?

二、会计对象在企业中的具体表现

资金运动包括各特定主体的资金投入、资金运用及资金退出等过程,而具体到企业、行政事业单位又有较大差别。企业是国民经济的细胞,是从事生产、流通或服务性等活动,为满足社会需要并获得盈利,进行自主经营,自负盈亏,享有民事权利和承担民事责任的团体法人。即使同样是企业,工业、农业、商业、交通运输业、建筑业及金融业等企业也均有各自资金运动的特点,其中尤以工业企业最具代表性。

【小思考】
为什么说资金运动具体到企业、行政事业单位又有较大差别?

下面以工业企业为例,说明企业会计的具体对象。

(1) 资金投入。工业企业是从事工业产品生产和销售的营利性经济组织。为了从事产品的生产与销售活动企业必须拥有一定数量的资金。企业从外部筹集资金主要有两个渠道:一是债权人对企业的投资,即企业向金融机构、其他法人或个人举债,会计上通常称为负债;二是业主即企业所有者对企业的投资,会计上通常称为所有者权益。企业无论从哪条渠道筹集资金,在生产经营过程中都发挥着同样的作用。企业从外部筹集的资金,是以各种各样的形态存在的,最常见的有库存现金、银行存款、原材料、库存商品、机器设备、房屋建筑物、专利权、商标权和土地使用权等,这些形态所占用的资金都是企业进行生产经营活动必须具备的。

(2) 资金运用。资金进入企业后,随着生产经营活动的进行,其形态不断地发生变化。工业企业的生产经营过程分为供应、生产和销售三个阶段。在供应过程中,企业主要的经济活动是原材料的采购和储存,通过支付材料价款、采购费用和材料验收入库等业务,库存现金、银行存款转化为原材料或固定资产,企业的资金由货币资金转化为储备资金、固定资金。在生产过程中,企业的主要经济活动是生产产品,企业生产领用材料,工人利用劳动手段加工劳动对象,使材料变成产成品入库。通过原材料的耗用、工资支付、固定资产磨损及水电动力费用的支付等业务,企业的储备资金、货币资金和固定资产转化为生产资金,表现为产品形态,同时也形成了一些不计入产品成本的管理费用和财务费用;在产品加工完后成为商品,企业的资金就由生产资金转化为商品资金。在销售过程中,企业主要的经济活动是销售商品,通过销售商品取得收入,企业的资金由商品资金转化为货币资金,同时销售过程要支付广告宣传、运输和包装等费用而形成销售费用,企业取得的货币资金用以抵补营业成本及销售费用、管理费用和财务费用之后,就可以计算出企业的经营成果。因此,工业企业的资金从货币资金开始,依次转化为储备资金、生产资金和商品资金,最后又形成货币资金。会计要依次反映这些阶段的经济活动。上述资金运动过程如图4-1所示。

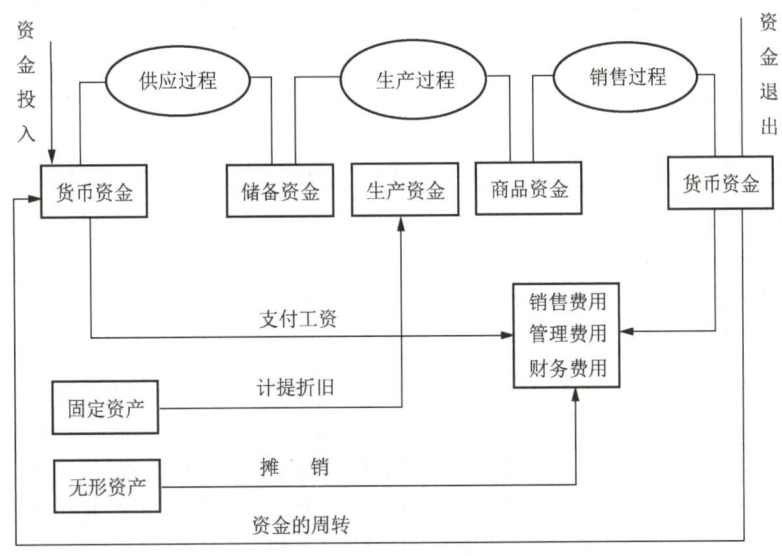

图 4-1 资金运动过程图

(3) 资金退出。企业在正常的生产经营活动过程中,由于种种原因,资金需要退出企业,不再参与企业经济活动,如偿还借款、交纳税金、分配利润、派发股利和减资等。

在上述过程中,由于资金的投入、运用和退出等经济活动所引起的各项财产和资源的增减变化情况,在经营过程中各项生产费用的支出和产品成本形成的情况,以及企业销售收入的取得和企业纯收入的实现分配情况,构成了工业企业会计的具体对象。将上述企业会计对象的具体内容按其经济特征进行分类,即可以确定出企业的会计要素。

【拓展任务】

以过程图形式描述商业企业的资金运动过程,并与工业企业的资金运动过程作比较。

任务 2 六大会计要素

会计要素是为实现会计目标,以会计基本假设为基础,**对会计对象的基本分类**,是会计核算对象的具体化,是会计用于反映会计主体财务状况,确定经营成果的基本单位。

【温馨提示】

会计要素是对会计对象的基本分类,而不是具体分类。例如,企业在开户银行的存款和在仓库的库存材料,虽然具体表现形态不同,但都是由企业拥有且可以为企业创造利益流入的经济资源,因此可以归为一类。

会计要素是通过各个国家法规进行划分界定的。我国《企业会计准则——基本准则》规定,应当按照交易或者事项的经济特征确定企业会计要素,具体包括资产、负债、所有者权益、收入、费用和利润六大类。其中,资产、负债、所有者权益要素侧重于反映企业的财务状况,收入、费用和利润侧重于反映企业的经营成果。会计要素是了解会计实务的一个非常重要的切入点。会计要素的界定和分类可以使财务会计系统更加科学严密,并为使用者提供更加有用的信息。按照我国《企业会计准则——基本准则》的规定,现时具体会计要素分述如下。

一、资产

资产是指企业过去的交易或者事项形成的、企业拥有或者控制的、预期会给企业带来经济利益的资源。一个企业从事生产经营活动,必须具备一定的物质资源,或者是物质条件。

1. 资产的特征

(1) 资产从本质上是一种经济资源,它预期会给企业带来经济利益,这是资产最重要的特征。资产的定义非常强调"该资源预期会给企业带来经济利益"。所谓经济利益,是指直接或间接流入企业的现金或现金等价物。未来的经济利益就是今天反映在资产负债表中的资产,将来应能够给企业带来利益,能够创造新的价值。如果某一项目不能给企业带来未来的经济利益,则不能作为资产确认,应在当期将其予以核销,也就不能在资产负债表中反映,而要转化为利润表的损失或费用。

(2) 资产是过去的交易和事项所形成的。也就是说资产必须是现时的资产,而不能是预期的资产,是由于过去已经发生的交易所产生的结果。至于未来的交易或事项以及未发生的交易或事项可能产生的结果,则不属于现在的资产,不能作为资产确认。

(3) 资产是企业拥有或者控制的。一项经济资源是否属于企业的资产,通常要看其所有权是否属于该企业。但企业是否拥有一项经济资源的所有权,并不是确认资产的绝对标准。那些所有权不属于特定企业,但为该企业所实际控制的经济资源,也是该企业的资产。所谓"实际控制"一项经济资源,从形式上看,意味着企业对该经济资源具有实际经营管理权,能够自主地运用它从事经营活动,谋求经济利益;从实质上看,它意味着企业享有与该项经济资源的所有权有关的经济利益,并承担着相应的风险。例如,企业以融资租赁方式租入的固定资产,尽管所有权不属于承租企业,但由于受承租企业实际控制,按照实质重于形式要求,在会计实务中都将其列作承租企业资产。企业以融资租赁方式租出的固定资产,尽管所有权属于承租企业,但由于不受企业实际控制,按照实质重于形式要求,在会计实务中不能将其列作承租企业资产。

2. 资产的确认

将一项资源确认为资产,需要符合资产的定义,并同时满足以下两个条件:

第一,与该资源有关的经济利益很可能流入企业。根据资产的定义,能够给企业带来经济利益是资产的一个本质特征,但由于经济环境瞬息万变,与资源有关的经济利益能否流入企业或者能够流入多少,实际上带有不确定性。因此,资产的确认应当与经济利益流入的不确定性程度的判断结合起来,如果根据编制财务报表时所取得的证据,与该资源有关的经济利益很可能流入企业,那么就应当将其作为资产予以确认。

【知识拓展】

生产中的废品是企业资产吗?废品是指那些质量不符合技术标准的规定,不能按照原定用途加以利用的,或是只有通过加工修复后才能利用的产成品和半成品,而不论它们是在生产中发现的,还是在入库后发现。在通常情况下,废品不仅不会给企业带来经济流入,而且还会因为修复费用的发生给企业造成经济利益的流出。因此,在实际工作中,我们常把"废品"和"损失"联系在一起,包括在生产过程中发生的、入库后发现的不可修复废品的报废损失和可修复废品的修复费用。但要注意的是,对于产品质量较差,但经检验部门鉴定,不需要返修即可降级出售或使用的产品,应作为次品处理,其损失在销售中体现,不包括在废品损失之内。

第二,该资源的成本或者价值能够可靠地计量。可计量性是所有会计要素确认的重要前提,只有当有关资源的成本或者价值能够可靠地计量时,资产才能予以确认。企业取得的许多资产一般都是发生了实际成本的,对于这些资产只要实际发生的购买或者生产成本能够可靠地计量,就应视为符合资产的可计量性确认条件。而在某些情况下,企业取得的资产没有发生实际成本或者发生的实际成本很小,如企业持有的某些衍生金融工具形成的资产,尽管它们没有实际成本或者发生的实际成本很小,但如果其公允价值能够可靠地计量,也被认为符合资产可计量性的确认条件。

【小思考】

企业所持有的符合资产条件的各类财产物资权利,在进行计量时只采用货币计量是不可能的,还可能采用哪些计量手段?它们的表现形态各不相同,在对其计量时应考虑哪些因素?请以企业外购入库待售的商品为例说明如何进行计量?

因此,资产只有在符合规定的资产定义的资源及确认条件时,才能确认为资产,列入资产负债表;符合资产定义,但不符合资产确认条件的项目,不应当列入资产负债表。

3. 资产的分类

为了正确反映企业的财务状况,通常将企业的全部资产按其流动性分为流动资产和非流动资产。

根据《企业会计准则第 30 号——财务报表列报》的规定,当资产满足下列条件之一时,应当归类为流动资产:一是预计在一个正常营业周期中变现、出售或耗用;二是主要为交易目的而持有;三是预计在资产负债表日起 1 年内(含 1 年,下同)变现;四是在资产负债表日起 1 年内,交换其他资产或清偿负债的能力不受限制的现金或现金等价物。流动资产主要包括货币资金、交易性金融资产、应收票据、应收账款、预付账款、其他应收款和存货等。

非流动资产是流动资产以外的资产,主要包括长期股权投资、固定资产、在建工程、工程物资、无形资产和开发支出等。长期股权投资是指企业持有的对其子公司、合营企业及联营企业的权益性投资以及企业持有的对被投资单位不具有控制、共同控制或重大影响,并且在活跃市场中没有报价、公允价值不能可靠计量的权益性投资。固定资产是指符合下列特征的有形资产：一是为生产商品、提供劳务、出租或经营管理而持有的；二是使用寿命超过一个会计年度。无形资产是指企业拥有或者控制的没有实物形态的可辨认非货币性资产。例如，专利权、非专利技术、商标权、著作权、土地使用权等。

【知识拓展】

一个正常营业周期是多久？正常营业周期通常是指企业从购买用于加工的资产起至实现现金或现金等价物的期间。它可能短于1年，在1年内有几个营业周期；也可能长于1年，如房地产开发企业开发用于出售的商品房、造船企业制造用于出售的大型船只等，往往超过1年才变现、出售或耗用，因此应划分为流动资产。为了便于信息处理，会计实务通常以1年作为一个正常营业周期。

二、负债

负债是指企业过去的交易或者事项形成的、预期会导致经济利益流出企业的现时义务。现时义务是指企业在现行条件下已承担的义务，而未来发生的交易或者事项形成的义务不属于现时义务，不应当确认为负债。

1. 负债的特征

（1）**负债是过去的交易或者事项形成的现实义务**。作为现时义务，负债是过去已经发生的交易或者事项所产生的结果，是现时的义务。只有过去发生的交易或者事项才能增加或减少企业的负债，不能根据谈判中的交易或者事项或计划中的经济业务来确认负债。例如，银行借款是因为企业接受了银行贷款而形成的，如果企业没有接受贷款，则不会发生银行借款这项负债。

（2）**负债所指的现实义务包括法定义务和推定义务**。法定义务是依照国家的法律法规产生的义务，它既包括由法律法规直接规定的义务，如依法纳税的义务，也包括由于法定经济合同造成的义务，如购买合同中，依照合同规定付款的义务。推定义务则是指企业在特定情况下产生或判断出的责任，它是因企业的某些行为而发生的，企业的这些行为使其他方面建立了一个有效的预期，即它将解除因义务而产生的责任，如科技企业销售软件产品时承诺的未来可能发生的提供的升级服务。虽然推定义务与法定义务之间存在着上述的不同，但是它们的共同之处是它们都是现时义务，都可能构成负债。由于推定义务的确认存在着更多的人为判断，所以可以说推定义务更有可能造成或有负债。

【知识拓展】

判断企业是否承担了推定义务的关键是企业是否拥有避免结算义务的选择权。如果有，则不能认为存在推定义务；如果没有，则可认为企业承担了推定义务。例如，企业在年末不能够因为要在次年1月发放该月工资而认为承担了推定义务，因为企业有权通过辞退工人而避免工资的支出。

（3）**履行负债的偿还义务必然会导致经济利益的流出**。清偿负债导致经济利益流出企业的形式多种多样，如用现金偿还或以实物资产偿还；通过提供劳务偿还；部分转移资产、部分提供劳务偿还。对此，企业不能或很少可以回避；如果企业能够回避，则不能确认为企业的负债。

2. 负债的确认

将一项现时义务确认为负债,需要符合负债的定义,并同时满足以下两个条件:

第一,与该义务有关的经济利益很可能流出企业。根据负债的定义,预期会导致经济利益流出企业是负债的一个本质特征。鉴于履行义务所需流出的经济利益带有不确定性,尤其是与推定义务相关的经济利益通常需要依赖于大量的估计,因此,负债的确认应当与经济利益流出的不确定性程度的判断结合起来。如果根据编制财务报表时所取得的证据判断,与现时义务有关的经济利益很可能流出企业,那么企业就应当将其作为负债予以确认。

第二,未来流出的经济利益的金额能够可靠地计量。负债的确认也需要符合可计量性的要求。对于与法定义务有关的经济利益流出金额,通常可以根据合同或者法律规定的金额予以确定。考虑到经济利益的流出一般发生在未来期间,有关金额的计量通常需要考虑货币时间价值等因素的影响。对于与推定义务有关的经济利益流出金额,通常需要较大程度的估计。为此,企业应根据履行相关义务所需支出的最佳估计数进行估计,并综合考虑有关货币时间价值、风险等因素的影响。

因此,负债只有在符合规定的负债定义的义务,与该义务有关的经济利益很可能流出企业,且未来流出的经济利益的金额能够可靠地计量时,确认为负债。符合负债定义和负债确认条件的项目,应当列入资产负债表。

3. 负债的分类

为了正确反映企业的财务状况,企业通常将全部**负债按其流动性分为流动负债和非流动负债**。负债满足下列条件之一时,应当归类为流动负债:一是预计在一个正常营业周期中清偿;二是主要为交易目的而持有;三是在资产负债表日起1年内到期应予以清偿;四是企业无权自主地将清偿推迟至资产负债表日后1年以上。流动负债主要包括短期借款、应付票据、应付账款、预收账款、应付职工薪酬、应交税费、应付利息、应付股利和其他应付款等。非流动负债是指流动负债以外的负债,主要包括长期借款、应付债券和长期应付款等。

【小思考】

企业于20×1年7月向银行借入3年期贷款,在20×3年12月31日的资产负债表中应当将其列示为流动负债还是非流动负债?

三、所有者权益

所有者权益是指企业资产扣除负债后由所有者享有的剩余权益。股份公司的所有者权益又称为股东权益。所有者权益是所有者对企业资产清偿负债后的剩余索取权。

1. 所有者权益的特征

(1)**所有者权益无须偿还**。除非发生减资、清算,所有者权益无须偿还,可作为长期性资金在企业周转使用。

(2)**所有者权益置后于债权人权益**。负债有规定的偿还期,到期时必须由企业无条件地偿还。所有者权益在法律上排在债权人的要求权之后,由出资者所拥有的只能是资产总额减去负债总额后的剩余权益,即净资产。因此,企业清算时,负债往往优先清偿,而所有者权益只有在清偿所有的负债之后才返回给所有者。

(3) **所有者权益能够分享企业实现的利润**。而负债则不能参与企业利润的分配,只能按照预先约定的条件取得利息收入。

2. 所有者权益的确认

由于所有者权益体现的是所有者在企业中的剩余权益,其金额为资产减去负债后的余额。因此所有者权益的确认主要依赖于其他会计要素,尤其是资产和负债的确认;所有者权益金额的确定也主要取决于资产和负债的计量。

3. 所有者权益的分类

对于不同组织形式的企业,其所有者权益的构成不同。本书仅以公司制企业为例进行说明。对于公司制企业来说,**所有者权益按其来源不同分为三部分:所有者投入的资本、直接计入所有者权益的利得和损失、留存收益等**。

(1) 所有者投入的资本是指企业实际收到的投资者以货币资金、实物资产、无形资产等形式投入企业的资本总额,即实收资本(或股本)和资本溢价。

【温馨提示】

请注意资本和资金的关系。我们可以认为,资金是"来龙",资本是"去脉";资本是资金对应的要求权,资金是投资者投入资本的表现形式。在企业经营过程中,原来的投资人可能会追加投资,也可能有新的投资人对企业进行投资,超过注册资本份额的便是资本溢价。例如,企业设立时有注册资本金100万元,由甲、乙两方投资者投入,其中乙方出资30万元。5年后,经批准,企业吸收丙为投资人,丙出资50万元,和乙享有同等的权利,其中30万元增加实收资本,另20万元即为资本溢价。

(2) 直接计入所有者权益的利得和损失是指不应计入当期损益,会导致所有者权益发生增减变动的,与所有者投入资本或者向所有者分配利润无关的利得或者损失。它们既不是投资者投入企业的资本,也不是企业生产经营活动产生的盈余,它们无须偿还,也不分享企业的利润或承担企业的亏损。其中,利得是指由企业非日常活动所形成的、会导致所有者权益增加的、与所有者投入资本无关的经济利益的流入;损失是指由企业非日常活动所发生的,会导致所有者权益减少的、与向所有者分配利润无关的经济利益的流出。

(3) 留存收益是指企业历年实现的净利润留存于企业的部分。其主要包括计提的盈余公积和未分配利润。盈余公积是企业按照规定从税后利润(净利润)中提取的各种积累资金。未分配利润是指未指定用途、留待以后处理的留存收益。相对于其他所有者权益项目来说,未分配利润的使用与分配具有较大的灵活性和自主权。

【小思考】

留存收益在企业经营过程中发挥什么样的作用?有人说"留存收益是以货币资金的形态存在于企业的",这样的说法对吗?

4. 负债与所有者权益的区别

负债与所有者权益同属于权益,负债是债权人的权益,而所有者权益是所有者对企业净资产的权益。

(1) 从偿还是否需要偿还来看,负债是企业承担的现时义务,履行该义务预期会导致经济利益流出企业。而所有者权益,在一般情况下企业不需要归还其投资人。

(2) 从是否支付费用来看,使用负债所形成的资金通常需要企业支付费用,如支付借款利息等。使用所有者权益所形成的资金不需要支付费用。

(3) 从是否优先清偿来看,在企业清算时,债权人有优先清偿的权利。清偿债权人的负债后剩余的部分再分配给投资人。

(4) 从是否参与分配来看,债权人一般不能参与企业的利润分配。投资人可以参与企业的利润分配。

【知识链接】

企业的存在是以营利为目的的,是投资者赚取利润的工具。企业在资不抵债或违反相关法律法规的相关规定时,会被责令破产,进行清算。依《中华人民共和国破产法》和《中华人民共和国民事诉讼法》的规定,破产财产在优先清偿破产费用和共益债务后,依照下列顺序清偿:一是破产人所欠职工的工资和医疗、伤残补助、抚恤费用,所欠的应当划入职工个人账户的基本养老保险、基本医疗保险费用,以及法律、行政法规规定应当支付给职工的补偿金;二是破产人欠交的除前项规定以外的社会保险费用和破产人所欠税款;三是普通破产债权。破产财产不足以清偿同一顺序的清偿要求的,按照比例分配。需要补充说明的是,2021 年 1 月 1 日起施行的《中华人民共和国民法典》中,将宣告破产并依法完成清算及注销登记作为法人终止的条件。破产清算是法人主体退出市场的重要机制之一。请参考《[中国经济大讲堂]什么是破产制度》http://tv.cctv.com/2018/03/22/VIDEkNTkz8jNeetBm1XrzaZt180322.shtml。

【课中练】

广深贸易公司创建时的财务状况如下:货币资金 80 万元,其中有向银行借的 3 年期长期借款 50 万元,约定到期一次付息 10.5 万元,另 30 万元为 A 公司投入的;B 公司投入 2 辆货车,经评估入账 60 万元。该公司经过 1 年的经营,货币资金为 130 万元,因计提折旧,固定资产净值为 55 万元。试计算,公司创建时和 1 年后的资产、负债、所有者权益金额,并进行对比。

思考:假如又 1 年后公司经营不善,进入破产清算,在清偿了职工工资、各项税费后,账面上货币资金仅剩 1 万元,固定资产净值为 50 万元,公司及其投资者该如何做?

四、收入

收入是指企业在日常活动中形成的、会导致所有者权益增加的、与所有者投入资本无关的经济利益的总流入。收入只有在经济利益很可能流入从而导致企业资产增加或者负债减少,且经济利益的流入额能够可靠计量时才能予以确认。符合收入定义和收入确认条件的项目,应当列入利润表。

1. 收入的特征

(1) 收入来源于企业的日常活动。收入不是偶发的交易或事项,如工商企业销售商品、提供劳务的收入等。有些交易或事项也能为企业带来经济利益,但却不属于收入范畴,而属于利得,如企业接受捐赠或政府补助取得的资产、因其他企业违约收取的罚款、处理固定资产净损益、流动资产价值的变动等。利得是指收入以外的其他收益,通常从偶发的经济业务中取得,属于那种不经过经营过程就能取得或不曾期望获得的收益,在报表中通常以净额反映。

(2) 收入可能表现为企业资产的增加,如银行存款、应收账款的增加等;也可能表现为企业负债的减少,如以商品或劳务抵偿债务;或者两者兼而有之。但货币资金的流入并非都是收入,如股东追加投资、向银行取得借款、收到购货单位的预付款等,都会增加货币资金,却是资本或负债的增加,并不形成企业的收入。只有当企业销售商品、提供劳务而取得货币资金或取得收取款项的权利时,才是企业的收入。企业内部的事项一般不会形成收入。

(3) 收入能导致企业所有者权益的增加。这里仅指收入本身导致的所有者权益的增加,而不是指收入扣除相关成本费用后的毛利对所有者权益的影响。因为,收入扣除相关成本费用后的净额,可能会增加所有者权益,也可能会减少所有者权益。这就是将收入定义为"经济利益的总流入"的一个原因。

(4) 收入只包括本企业经济利益的流入,收入不包括为第三方或客户代收的款项,如增值税、代收利息等。代收的款项,不属于本企业的经济利益,不能作为本企业的收入。

【小思考】

代收的款项不能作为收入,那应当属于什么会计要素?

2. 收入的确认

收入在确认时除了应当符合收入定义外,还应当满足严格的确认条件。收入只有商品控制权发生转移,经济利益很可能流入,从而导致企业资产增加或负债减少,且经济利益的流入额能够可靠计量时才能予以确认。

3. 收入的分类

按照企业经营业务的主次分类,日常活动的营业收入可以区分为主营业务收入和其他业务收入,其中主营业务收入在企业收入总额中占的比重较大,对企业的经济成果也会产生较大的影响。

五、费用

费用是指企业在日常活动中发生的、会导致所有者权益减少的、与向所有者分配利润无关的经济利益的总流出。

【小思考】

产品制造企业采购生产产品的材料物资时,所支付的货款、运费等采购花费是否可以作为费用?

1. 费用的特征

（1）**费用应当是企业在日常活动中发生的。** 费用应当是企业在其日常活动中所发生的，这些日常活动的界定与收入定义中涉及的日常活动相一致。比如，企业发生的购买办公用品、支付电话费等行政管理费用和支付借款利息等，都应作为日常活动的费用。将费用界定为日常活动，是为了将其与损失相区别，企业非日常活动所形成的经济利益的流出不能确认为费用，而应当计入损失，如处置固定资产产生的损失、支付罚款等。

（2）**费用应当会导致经济利益的流出，该流出不包括向所有者分配的利润。** 费用的发生会表现为资产的减少或者负债的增加（最终也会导致资产的减少）。例如，库存商品销售会表现为存货资产的减少，当期负担的借款利息在尚未支付时会表现为负债的增加，生产经营过程中固定资产、无形资产的使用或消耗会增加生产费用而减少资产的价值等。鉴于企业向所有者分配利润也会导致经济利益的流出，而该经济利益的流出属于所有者权益的抵减项目，因而不应确认为费用，应当将其排除在费用之外。

【小思考】

生产过程中发生的指向产品对象的费用与经营过程中支付的电话费、广告费、借款利息等有何不同？

（3）**费用应当最终会导致所有者权益的减少。** 与费用相关的经济利益最终会导致所有者权益的减少，不会导致所有者权益减少的经济利益的流出不符合费用的定义，因而不应确认为费用。

【拓展任务】

分析企业可能发生的经济业务，指出哪些活动会有经济利益的流出，但却不能计入费用。

2. 费用的确认

除了应当符合费用的定义外，费用的确认至少应当满足其确认条件。费用只有在经济利益很可能流出从而导致企业资产减少或者负债增加，且经济利益的流出额能够可靠计量时才能予以确认。符合费用的定义和费用确认条件的项目，应当列入利润表。企业为生产产品、提供劳务等发生的可归属产品成本、履约成本等费用，应当在确认实现收入时计入当期损益。企业发生的支出不产生经济利益的，或者即使能够产生经济利益，但不符合或者不再符合资产确认条件的，应当在发生时确认为费用，计入当期损益。企业发生的交易或者事项导致其承担了一项负债而又不确认为一项资产，应当在发生时确认为费用，计入当期损益。

3. 费用的分类

有所得必有所费。按照费用与收入的因果关系，费用可以分为营业成本、税金及附加和期间费用。

营业成本是企业销售商品或劳务后应结转的，与营业收入直接配比的费用。按其主次程度，营业成本也分为主营业务成本和其他业务成本。税金及附加是在某一会计期间因为销售收入的取得或营业活动的发生而产生的各类税费及附加,如印花税、车船税、消费税等。期间费用包括管理费用、销售费用和财务费用。它们的共同点在于并不针对某一类库存商品,而是归属于某一期间的耗费支出。管理费用是企业行政管理部门为组织和管理整个企业生产经营活动而发生的各种费用,如行政部门的办公费、管理人员的薪酬等;销售费用是企业在销售过程中发生的各种费用,如广告费、包装费、专设销售机构的人员薪酬等;财务费用是企业发生与筹集资金有关的各种费用,如借款利息、结算手续费等。

【温馨提示】

在产品制造企业,如果考虑生产经营过程中的资金运动,那么广义的费用还可以包括生产过程的耗费,也就是生产费用。生产产品所消耗的直接材料、对生产工人劳动的薪酬补偿以及为组织生产而发生的其他花费,按照"谁受益,谁负担"的原则,归集分配至每一个产成品或在产品对象中,并依托产品或在产品形态存在。当产成品完工进入库存成为库存商品,其中一部分进入销售环节,与营业收入形成直接的因果配比关系,也就是营业成本;而另一部分尚未完成全部生产程序的在产品则继续留在生产过程,以及虽然完工入库但尚未销售的产成品,待未来出售时才能"给企业带来经济利益",因此期末要将其列示在资产负债表的资产项目。

【课中练】

恒文机械加工有限公司20×1年6月发生下列与费用有关的经济业务,请将其进行连线归类。

1. 生产A产品发生直接材料耗费15万元
2. 生产A产品的工人薪酬6万元　　　　　　　　　　　　生产费用
3. 行政人员薪酬10万元
4. 计算本期应负担的借款利息3万元　　　　　　　　　营业成本
5. 支付电视台全年广告发布费2万元
6. 发生行政部门计算机维修费0.5万元　　　　　　　　管理费用
7. 生产线设备折旧1万元
8. 销售人员薪酬8万元　　　　　　　　　　　　　　　销售费用
9. 行政领导业务培训费0.8万元
10. 完工入库的A产品中销售1 000件,每件生产费用为220元　　财务费用

六、利润

利润是指企业在一定会计期间的经营成果。它反映的是企业的经营业绩情况,是业绩考核的重要指标。

1. 利润的构成

利润包括收入减去费用后的净额、直接计入当期利润的利得和损失等。

(1)收入减去费用后的净额,反映的是企业日常活动的业绩。

（2）直接计入当期利润的利得和损失，是指企业非日常活动发生的、应当计入当期损益、最终会引起所有者权益发生增减变动的、与所有者投入资本或者向所有者分配利润无关的利得或者损失。它反映的是企业非日常活动的业绩。

企业应当严格区分收入和利得、费用和损失之间的区别，以更加全面地反映企业的经营业绩。

2. 利润的确认

利润反映的是收入减去费用、利得减去损失后的净额。因此，利润的确认主要依赖于收入、费用、利得、损失的确认，其金额的确定也主要取决于收入、费用、利得、损失金额的计量。利润项目应当列入利润表。

【拓展任务】

查询王府井集团股份有限公司（证券代码：600859.SH）2020年利润表，理解利润的形成过程。数据资料可参考链接 https://stock.qianzhan.com/hs/lirun_600859.SH.html。

以上就会计六要素的有关内容作了简要说明，本书第四篇各项目将分别对其进行深入的阐述。

任务3　会 计 等 式

企业的六个会计要素有着十分密切的联系。任何一个会计主体为了进行生产经营活动，都需要拥有一定的资产，资产进入企业时总有其提供者。资产与其提供者的权益是相等的，这些提供者的权益包括投资者权益（会计上表现为所有者权益）和债权人权益（会计上表现为负债）。因此它们之间的关系可用公式（4-1）表示：

$$资产 = 负债 + 所有者权益 \qquad (4-1)$$

公式（4-1）表明某一会计主体在某一特定时点所拥有的各种资产，以及债权人和投资者（所有者）对企业资产要求权的基本状况，静态地表明资产与负债和所有者权益之间的恒等关系，被称为会计恒等式。

【知识拓展】

为什么称之为恒等式？这是因为企业的经济业务不外乎以下几大类：

（1）等式两边同时增加的业务，如企业通过吸收投资的方式筹集资金等。

（2）等式两边同时减少的业务，如企业利用资产偿还债务、利润分配等。

（3）等式左边此增彼减的业务，如企业转账支付资金购置材料、设备等。

（4）等式右边此增彼减的业务，如企业用银行借款偿还所欠货款等。

企业应当全面反映经济业务的内容，因此企业无论发生何种经济业务，引起会计要素怎样的变化，都不会破坏这个会计等式的平衡关系。

【课中练】

某企业创建时有资产60万元,其中投资者投入45万元,借款15万元。企业支付10万元购置设备,赊购材料5万元,两笔业务发生后,资产、负债、所有者权益金额是多少? 等式是否平衡? 你还能列举哪些业务?

随着企业经济活动的进行,一方面,企业取得收入,增加了资产或减少了负债;另一方面,企业要发生费用,减少了资产或增加了负债,所以,在期末结账之前,会计等式表现为公式(4-2)的形式:

$$资产 = 负债 + 所有者权益 + (收入 - 费用) \tag{4-2}$$

公式(4-2)表明,企业在经营过程中,企业平时只有资产、负债、所有者权益、收入和费用这五个要素,而没有利润概念,月底或期末才结出利润。而收入和费用的发生影响利润的形成。企业在一定期间实现的利润将使企业资产增加或负债减少;反之,发生的亏损将使企业资产减少或负债增加。因此,企业在会计期末结账之前,这五个要素之间也存在等量关系。公式(4-2)动态地反映了企业财务状况和经营成果之间的关系,被称为会计等式的扩展等式。

但到了会计期末,收入减去费用产生利润(或亏损),并按规定程序进行分配,剩余的又归入所有者权益项目,这样,在会计期末结账之后,公式(4-2)又恢复到公式(4-1)的形式。这就是会计各要素之间的本质联系。

会计等式是在会计核算中反映各个会计要素数量关系的等式,又称为会计方程式或会计平衡公式。会计等式是复式记账、试算平衡及编制会计报表的理论依据,是会计核算方法体系的理论基础。

项目小结

序号	知识点	小结内容
任务1 会计对象	一般规定	
	在工业企业中的表现	
任务2 六大会计要素	资产	含义:
		确认:
		分类:
	负债	含义:
		确认:
		内容:

(续表)

序号	知识点	小结内容	
任务2 六大会计 要素	所有者权益	含义：	
		确认：	
		分类：	
	收入	含义：	
		确认：	
		分类：	
	费用	含义：	
		确认：	
		分类：	
	利润	含义：	
		确认：	
任务3 会计等式	会计基本等式		
	会计扩展等式		

项目训练

【训练资料】 恒广贸易公司是一家食品批发企业,20×1年6月1日有资产80万元,全部为投资者投入。该公司6月份发生以下经济业务：

(1) 供应部采购一批商品,价值为10万元,款项尚未支付。

(2) 赊销一批商品,价款为25万元,计入主营业务收入。

(3) 向银行借入6个月期限的借款20万元,用来偿还前欠的货款10万元。

(4) 公司支付下半年的房屋租金8万元。

(5) 公司以转账支票结算购置收银设备的款项3万元。

(6) 经批准,公司将盈余公积5万元转增资本。

(7) 公司收回之前赊销业务的应收账款。

【训练要求】 假定不考虑相关税费因素,分析上述业务涉及的会计要素,计算增减变动之后的结果,说明这些业务是否影响会计等式。

项目五　账户与复式记账

【学习目标】

了解企业会计科目和账户设置原则,思考企业设置会计科目和账户的意义

熟悉企业会计常用会计科目和账户,思考在企业经济活动中的具体运用

掌握复式记账方法,思考如何运用其原理将经济业务反映为会计语言

【工作任务】

确认会计要素及其变化金额,判断其所涉及的会计科目

运用复式记账的方法,在账户中描述增减变动情况

验证会计等式

利用试算平衡检查记录的准确性

【思政引导】

快下班了,业务部小王约李小康一起去吃饭,结果发现李小康还在工作,就问他:"这么敬业的李会计,你还有什么事没做完呢,明天再做吧。"李小康说:"敬业是必须的,敬业是我们会计人员的荣誉感和自豪感,会计这一行业在社会经济活动中起着至关重要的作用,我当然以高度的热情投入这份我所爱的职业中。再等我一下,我做好最后一笔分录就完工了。"小王又问道:"你做的这些分录是什么意思?如何检查到底对不对呢?"李小康笑道:"这里面的学问可大了,还真不是几句话就能解释清楚的,这样吧,你请我吃饭,我给你讲讲做账的学问。"

任务1　会计科目的设置与使用

会计核算的对象是企业的资金运动,具体又可分为资产、负债、所有者权益、收入、费用和利润六大会计要素,但是仅把会计对象分为这六大会计要素,并不能全面、系统、分类地反映和监督企业的经济活动,这就需要将会计要素进一步具体分类。通过设置会计科目,企业可以将纷繁复杂的、性质不同的经济业务分成不同的类别进行核算,实现会计对企业经济业务全面、综合、连续、系统的核算和监督。所以,会计科目是对会计要素的再分类。

一、会计科目的意义

会计科目是对会计对象具体内容即会计要素进一步分类的项目。为了全面反映企业的全部经济活动,企业需要设置许多不同的会计科目。每个会计科目都有标准的名

称,反映一定的经济内容。会计科目是进行各项会计记录和提供各项会计信息的基础,在会计核算中具有重要意义。

（1）会计科目是复式记账的基础　复式记账要求每一笔经济业务在两个或两个以上相互联系的账户中进行登记,以反映资金运动的来龙去脉。

（2）会计科目是编制记账凭证的基础　记账凭证是确定所发生的经济业务应记入何种会计科目以及分门别类登记账簿的凭据。

（3）会计科目为成本计算与财产清查提供了前提条件　会计科目的设置,有助于成本核算,使各种成本计算成为可能;账面记录与实际结存的核对,又为财产清查、保证账实相符提供了必备的条件。

（4）会计科目为编制会计报表提供了方便　会计报表是提供会计信息的主要手段,为了保证会计信息的质量及其提供的及时性,会计报表中的许多项目与会计科目是一致的,并根据会计科目的本期发生额或余额填列。

二、会计科目的设置

会计科目作为反映会计要素的构成及其变化情况的分类项目,为投资者、债权人、企业经营管理者等提供了会计信息的重要手段。但每个企业规模大小、业务范围、内容繁简程序均不相同,因此企业在其会计科目的设置过程中应考虑企业具体业务和实际情况,遵循合法性、相关性、实用性的原则,努力做到科学、合理、适用。

具体会计科目设置,我们一般从会计对象要素出发,将会计科目按反映的经济内容不同,分为资产类、负债类、共同类、所有者权益类、成本类和损益类六大类。根据财政部颁布的《企业会计准则》,一般企业常用会计科目如表5-1所示。

表5-1　　　　　　　　　　　　常用会计科目表

编号	会计科目名称	编号	会计科目名称
一、资产类		1221	其他应收款
1001	库存现金	1231	坏账准备
1002	银行存款	1401	材料采购
1012	其他货币资金	1402	在途物资
1101	交易性金融资产	1403	原材料
1121	应收票据	1404	材料成本差异
1122	应收账款	1405	库存商品
1123	预付账款	1406	发出商品
1131	应收股利	1407	商品进销差价
1132	应收利息	1408	委托加工物资

(续表)

编号	会计科目名称	编号	会计科目名称
1411	周转材料	2231	应付利息
1471	存货跌价准备	2232	应付股利
1501	债权投资	2241	其他应付款
1502	债权投资减值准备	2401	递延收益
1503	其他债权投资	2501	长期借款
1504	其他权益工具投资	2502	应付债券
1511	长期股权投资	2701	长期应付款
1512	长期股权投资减值准备	2702	未确认融资费用
1521	投资性房地产	2711	专项应付款
1531	长期应收款	2801	预计负债
1532	未实现融资收益	2901	递延所得税负债
1601	固定资产	四、所有者权益类	
1602	累计折旧	4001	实收资本
1603	固定资产减值准备	4002	资本公积
1604	在建工程	4101	盈余公积
1605	工程物资	4103	本年利润
1606	固定资产清理	4104	利润分配
1701	无形资产	4201	库存股
1702	累计摊销	五、成本类	
1703	无形资产减值准备	5001	生产成本
1711	商誉	5101	制造费用
1801	长期待摊费用	5201	劳务成本
1811	递延所得税资产	5301	研发支出
1901	待处理财产损溢	六、损益类	
二、负债类		6001	主营业务收入
2001	短期借款	6051	其他业务收入
2201	应付票据	6101	公允价值变动损益
2202	应付账款	6111	投资收益
2203	预收账款	6301	营业外收入
2211	应付职工薪酬	6401	主营业务成本
2221	应交税费	6402	其他业务成本

编号	会计科目名称	编号	会计科目名称
6403	税金及附加	6701	资产减值损失
6601	销售费用	6711	营业外支出
6602	管理费用	6801	所得税费用
6603	财务费用	6901	以前年度损益调整

企业会计科目必须根据《企业会计准则》的规定设置和使用,并按国家规定的会计准则统一编号,以便编制会计凭证、登记账簿、查阅账目和实现会计电算化时的指标口径一致。在不影响会计核算的要求和会计报表指标的汇总,以及对外提供统一的财务会计报告的前提下,可以根据企业自身情况自行增设、减少或合并某些会计科目和明细科目。

会计科目按其所提供信息的详细程度及其统驭关系不同,可分为总分类科目和明细分类科目。前者是对会计要素具体内容进行总括分类、提供总括信息的会计科目,如"应收账款""应付账款""应交税费"等。后者是对总分类科目进一步分类、提供更详细更具体信息的会计科目,如"应收账款"科目按债务人名称或姓名设置明细科目反映应收款项的具体对象;"应付账款"科目按债权人名称或姓名设置明细科目反映应付款项的具体对象;"应交税费"按应交的税费项目设置明细科目反映应交税费的具体对象。对于明细科目较多的总账科目,我们可在总分类科目与明细科目之间设置二级或多级科目。例如,会计科目的分级设置如表5-2所示。

表5-2　　　　　　　　　会计科目的分级设置

总分类科目	明细分类科目	
一级科目	二级科目(子目)	三级科目(细目)
应交税费	应交增值税	进项税额
		销项税额
		进项税额转出

【温馨提示】

在设置会计科目时,我们应充分考虑有关各方提供所需要的会计信息的要求,不仅要满足外部投资者、债权人等的需要,也要有利于企业内部管理。一般来说,规模较大、业务复杂的企业,会计科目设置数量会更多一些,分得会更详细一些;而规模较小、业务简单的企业,则可以设置得粗略一些,以免增加不必要的会计核算工作量。

【课中练】

存货类、设备类资产一般是按什么标准设置明细分类科目?管理费用呢?短期借款或长期借款呢?

任务 2 账 户 设 置

会计科目只是对会计要素具体内容进行分类的项目或名称,但还不能进行具体的会计核算。企业的各种经济业务十分复杂,为了全面、连续、系统地核算和监督会计要素的增减变化情况,企业还必须设置账户。账户依附于账页,反映在账簿中,账簿能提供系统的、分门别类的经济信息。

一、账户的实质及分类

账户是根据会计科目设置,具有一定格式和结构,用于分类反映会计要素增减变动情况及其结果的载体。设置账户是会计核算的重要方法之一。在账簿中开设账户是为了分类、连续地记录经济业务,提供各种有用的会计信息。

账户的开设是和会计科目的设置相适应的,既要强调统一性,又要考虑适用性。账户应根据规定的会计科目在账簿中开设总分类账户,根据会计科目划分的明细科目并结合经营管理的实际需要开设明细分类账户。

总分类账户及其所属明细分类账户在核算内容上是相同的,登记的原始依据也相同,只是两者对各个会计要素增减变化及其结果反映的详细程度不同。前者是总括反映;后者是详细反映。总分类账户是反映其所属明细分类账户的总括资料,对明细分类账户起着统驭作用,所以实际工作中常称其为明细分类账户的"统驭账户"或"控制账户";明细分类账户是总分类账户的详细说明,对总分类账户所反映的总括资料作补充说明,所以称其为总分类账户的"辅助账户"。明细分类账户的设置应遵循重要性要求,对于重要经济业务分项核算、分别反映;对于一些比较复杂的经济业务内容,还可在总分类账户和明细分类账户之间再设二级账户。例如,在"原材料"账户下按每一种原材料分别设置明细分类账户,既能通过"原材料"总分类账户总括反映所有原材料增减变化及其结果,又能通过其明细分类账户详细、具体地反映每一种原材料的增减变化和结果。又如,"应付账款"账户只能总括反映全部应付账款结算情况,不能详细、具体地反映出每一债权人的情况,为此,需要在"应付账款"账户下按每一债权人设置明细分类账户。

二、账户的结构

每个账户不仅要有明确的核算内容,而且应该具有一定的结构形式。通过账户,企业既能对经济业务进行分类、定向的反映,又能对经济业务进行连续、定量的反映。账户的基本结构一般包括如下内容:

(1)账户的名称(即会计科目)。

(2)日期与摘要(记录经济业务的日期与对经济业务简明扼要的说明)。

(3)增加额与减少额及余额。经济业务引起会计要素的变动,从数量上不外乎存在着增加与减少两种情况。账户中记录的金额有期初金额、本期增加发生额、本期减少发生额和期末余额。这四项金额的关系如下:

期末余额 = 期初余额 + 本期增加发生额 − 本期减少发生额

（4）凭证编号（说明账户记录的依据）。

账户的基本结构如表5-3所示。

表5-3　　　　　　　　　　　　　　账户的基本结构

会计科目（账户名称）

年		凭证号数	摘　要	增　加	减　少	余　额
月	日					

教学上为便于说明，账户的基本结构可用简化格式来表示，即将账户划分成左右两方，成为"T"字形结构，称作"T"字形账户，如表5-4所示。

表5-4　　　　　　　　　　　　　　"T"字形账户

左方	账户名称	右方

至于在账户的左右两方中，哪一方记增加，哪一方记减少，则取决于账户的性质。

任务3　复式记账

一、复式记账原理

在按一定原则设置了会计科目，并开设了账户之后，企业还必须采用一定的记账方法将会计要素的增减变动登记在账户中。如何将这些经济业务记录在有关账户中，我国曾采用过不同的方法：单式记账法和复式记账法。

单式记账法是一种比较简单、不完整的记账方法。例如，企业以库存现金购买办公用品300元。对这项业务进行记账时，只登记"库存现金"的减少，不登记"管理费用"的增加。这种单式记账的特点是，对发生的每一项经济业务只在一个账户中进行登记，各账户之间没有严密的对应关系，账户记录也不可能相互平衡。由于这种方法没有全面反映资金运动的来龙去脉，也不便于检查账户记录的正确性和完整性，目前，很少有单位采用这种记账方法。

复式记账法是从单式记账法发展起来的一种比较完善的记账方法。例如，企业以银行存款购买固定资产10 000元。对这笔业务进行记账时，不仅要登记"固定资产"的增加，还要登记"银行存款"的减少。与单式记账法相比较，其主要特点是，对每项经济业务都以相等的金额在两个或两个以上相互联系的账户中进行记录（作双重记录，这也是这一记账法被称为"复式"的由来），各账户之间客观上存在对应关系，对账户记录的结果可以进行试算平衡。复式记账法较好地体现了资金运动的内在规律,能够全面、系统地反映资金增减变动的来龙去脉及经营成果,并有助于检查账户处理和保证账簿记录结果的正确性。

复式记账法包括几种具体的方法,如借贷记账法、增减记账法和收付记账法等。其中,借贷记账法是世界各国普遍采用的一种记账方法。我国《企业会计准则》规定,我国所有企业都应该采用借贷记账法。

【知识拓展】

借贷记账法起源于13～14世纪的意大利。为区分贷主、借主,以资金"借入""贷出",也就是债权人、债务人记账登记。借入的款项作为债务,记入债权人贷主名下账户的贷方,贷出的款项作为债权,记入债务人借主名下账户的借方,以此来表明债权债务关系。随着商品经济的发展,借贷记录的内容不再仅限于货币资金业务,而是逐步扩展到财产物资、经营成果等内容,并广泛应用于许多行业。1494年,意大利数学家卢卡·帕乔利的《算术、几何、比及比例概要》一书系统地阐述了借贷复式记账法,这标志着近代会计的开始。

二、借贷记账法的基本原理

借贷记账法是以"借""贷"为记账符号,以"资产＝负债＋所有者权益"的会计等式为理论依据,以"有借必有贷,借贷必相等"为记账规则的一种科学复式记账法。其基本原理如下。

1. 借贷记账法的记账符号

借贷记账法以"借""贷"二字作为记账符号。从字面含义上看,"借""贷"二字的确是历史的产物,其最初的含义同债权债务有关。随着商品经济的发展,借贷记账法得到广泛的运用,记账对象不再局限于债权债务关系,而是扩大到记录财产物资增减变化和计算经营损益。

"借""贷"并不是"纯粹的""抽象的",而是具有深刻经济内涵的科学的记账符号。"借""贷"二字表示的内容包括了全部经济活动资金运动变化的来龙去脉,它们逐渐失去了原来字面上的含义,并在原来含义的基础上进一步升华,获得了新的经济含义:第一,代表账户中两个固定的部位。一切账户,均需设置两个部位,记录某一具体经济事项数量上的增减变化(来龙去脉),账户的左方一律称为借方,账户的右方一律称为贷方。第二,"贷"字表示资金运动的"起点"(出发点),即表示会计主体所拥有的资金(某一具体财产物资的货币表现)的"来龙"(资金从哪里来);"借"字表示资金运动的"驻点"(即短暂停留点,因资金运动在理论上没有终点),即表示会计主体所拥有的资金的"去脉"(资金的用途、去向或存在形态)。这是由资金运动的内在本质决定的。会计既然要全面反映与揭示会计主体的资金运动,在记账方法上就必须体现资金运动的本质要求。

2. 借贷记账法的账户结构

借贷记账法下,账户的基本结构是左方为"借方",右方为"贷方"。由于"借""贷"二字比较深刻地把握了资金运动的内在本质,因而,借贷记账法下账户的结构具有理论的科学性和实务的简明性。其借方记录资金的用途、去向或存在形态,即资金到哪里去;贷方记录资金的来龙或来源,即资金从哪里来;余额可能在借方,也可能在贷方。余额如在借方,则表示某一时点会计主体实际能够控制或拥有的资金的存在形态,即会计上所称的"资产";余额如在贷方,则表示在某一时点上支撑着资产存在的资金来源,即会计上所称的"权益",包括"负债"与"所有者权益"。

账户根据其反映的经济内容不同,可分为资产类账户、负债类账户、所有者权益账户、成本类账户、损益类账户和共同类账户六大类。下面具体说明资产类、负债类、所有者权益、成本类和损益类各类账户的结构。

(1)资产类账户结构。资产类账户的借方登记资产增加额,贷方登记资产减少额;期末如有余额,一般为借方余额。其计算公式如下:

资产类账户的期末余额 = 期初借方余额 + 借方本期发生额 - 贷方本期发生额

(2)负债类账户结构。负债类账户的贷方登记负债增加额,借方登记负债减少额;期末如有余额,一般为贷方余额。其计算公式如下:

负债类账户的期末余额 = 期初贷方余额 + 贷方本期发生额 - 借方本期发生额

(3)所有者权益类账户结构。所有者权益类账户的贷方登记所有者权益增加额,借方登记所有者权益减少额;期末如有余额,一般为贷方余额。其计算公式如下:

所有者权益类账户的期末余额 = 期初贷方余额 + 贷方本期发生额 - 借方本期发生额

(4)成本类账户。成本在未得到补偿前也被视为资金的占用形态。因此,该类账户的结构与资产类账户的结构基本相同,其借方登记成本的增加额,贷方登记成本的减少额或结转额;期末余额在借方,表示尚未完工产品的生产成本或在途物资的采购成本。其计算公式如下:

成本类账户的期末余额 = 期初借方余额 + 借方本期发生额 - 贷方本期发生额

【知识拓展】

会计在进行具体业务处理时应当区分成本与费用。成本是强调企业为生产产品、提供劳务而发生的各种耗费,是按一定产品或劳务对象所归集的费用。产品的生产成本只有在产品销售以后才能作为产品销售成本,与一定期间产品销售收入相配比形成销售利润。

(5)损益类账户结构。损益类账户反映企业发生的收入与费用。因此,我们可以将损益类账户分为损益收入类和损益费用类。

由于收入也是资金的来源渠道,因此收入类账户的结构与负债及所有者权益类账户的结构基本相同。其贷方登记增加额,借方登记减少额以及期末结转记入"本年利润"账户的数额;期末结转后,该类账户一般没有余额。

费用在未得到补偿前也被视为资金的占用形态。因此,该类账户的结构与资产类和成本类账户的结构基本相同,其借方登记费用的增加额,贷方登记费用的减少额以及期末结转记入"本年利润"账户的数额。但与成本类账户不同的是,期末结转后该类账户一般没有余额。

综上所述,对于资产类账户增加额记借方,而负债及所有者权益类账户增加额记贷方,应结合会计等式来理解。现将上述五类账户经济业务内容增减变化的登记方向归纳如表5-5所示。

表5-5 账户名称

借方	贷方
资产(+)	资产(-)
成本、费用(+)	成本、费用(-)
负债、所有者权益(-)	负债、所有者权益(+)
收入(-)	收入(+)
余额:资产	余额:负债、所有者权益

具体各类账户结构归结如表5-6和表5-7所示。

表5-6 资产类、成本类、费用类账户

借方		贷方	
期初余额	×××		
本期增加发生额	×××	本期减少发生额	×××
本期发生额合计	×××	本期发生额合计	×××
期末余额	×××		

表5-7 负债类、所有者权益类、收入和利润类账户

借方		贷方	
		期初余额	×××
本期减少发生额	×××	本期增加发生额	×××
本期发生额合计	×××	本期发生额合计	×××
		期末余额	×××

【温馨提示】

在账户的运用中,我们应先掌握账户的属性。账户有两个基本属性:一是决定账户性质的属性,即账户反映的经济内容;二是决定账户使用方法的属性,即账户的用途和结构。在账户运用时,首先,应考虑该账户的经济内容,核算什么? 监督什么? 发生的经济业务应该通过哪些账户进行反映? 其次,要注意该账户的用途和结构,即该账户的借方记什么? 贷方记什么? 余额在哪一方?

【课中练】

根据账户性质和结构,补全账户中缺少的数据,如表5-8至表5-13所示。

表5-8 借	短期借款	贷
	期初余额	39 000
本期发生额 30 000	本期发生额	???
	期末余额	29 000

表5-9 借	银行存款	贷
期初余额 15 000		
本期发生额 27 000	本期发生额	31 000
期末余额 ???		

表5-10 借	实收资本	贷
	期初余额	200 000
本期发生额 —	本期发生额	50 000
	期末余额	???

表5-11 借	应付账款	贷
	期初余额	9 450
本期发生额 ???	本期发生额	—
	期末余额	2 450

表5-12 借	应交税费	贷
	期初余额	4 500
本期发生额 4 500	本期发生额	???
	期末余额	4 500

表5-13 借	原材料	贷
期初余额 ???		
本期发生额 7 000	本期发生额	2 000
期末余额 15 000		

3. 借贷记账法的记账规则

记账规则指记账方法的规律性。它是记账的依据,也是核对账目的依据。借贷记账法的记账规则概括为:有借必有贷,借贷必相等。

借贷记账法的记账规则是根据以下两个方面来确定的:

(1)根据复式记账的原理,对每一项经济业务都必须以相等的金额,在两个或两个以上相互关联的账户中进行登记。

(2)根据借贷记账法账户结构的原理,对每一项经济业务都应当作借贷对应记录。也就是说,如果在一个账户中记借方,则必须在一个或几个账户中记贷方;或在一个账户中记贷方,则必须在一个或几个账户中记借方。记入借方的总额与记入贷方的总额必须相等。

【课中练】

供应部采购一批商品,价值为10万元,支付了4万元,余款尚未支付。在不考虑税费的情况下,分析该业务涉及的借贷方应记录的账户,并比较借贷方记录的金额。

三、借贷记账法的应用

1. 确定会计分录

编制会计分录主要是为了方便记账,减少记账差错,以保证账户登记的正确性。

(1)账户的对应关系。在账户的运用中应正确处理个别与整体的关系。从个别来看,每个账户是分别从不同角度来记录和反映企业生产经营活动的某一方面或某一环节,它们都分别反映着特定的经济内容,只能在一定情况下使用,不能相互替代或混淆。从总体来看,企业的生产经营活动是一个有机整体,因此,作为记录和反映经济业务的账户也并不是彼此孤立的,它们相互联系、相互依存,形成一个完整的账户体系。有些账户之间有着固定的对应关系,而有些账户之间是根本不可能发生对应关系的。运用借贷记账法记账时,在有关账户之间都会形成应借、应贷的相互关系,这种关系叫作账户的对应关系。发生对应关系的账户叫作对应账户。为了保证账户对应关系的正确性,登账前企业应根据经济业务所涉及账户及其借贷方向和金额编制会计分录,据以登账。

【温馨提示】

在企业的各项业务中,有些账户之间是不可能存在对应关系的。例如,"主营业务收入"账户与"主营业务成本"账户,虽然两者相抵会形成主营业务的经营成果,但也必须先各自与"本年利润"账户进行借贷对应记录,在"本年利润"账户中显示成果的形成过程。因此,在对经济业务进行确认时,首先,要判断会涉及哪些账户,它们之间是对应关系还是关联关系;其次,才能进行会计分录的确定和账户数据增减变动的计量。

(2)会计分录的定义。会计分录是指明每项经济业务应登记的账户名称、记账方向和记账金额的一种记录。会计分录是把经济业务发生的原始数据转换为会计信息的第一步,是初学者会计入门的"门槛"。

在会计实务中,会计分录填写在记账凭证中,记账凭证是会计分录在实际工作中的表格化。编制会计分录,是对经济业务进行记录和反映的重要一环,要求做到账户、方向和金额三要素准确无误。一般来说,一笔经济业务应编制一组会计分录,可以是"一借一贷"简单分录,也可以是"一借多贷""一贷多借"分录,还可以是"多借多贷"复杂分录。但我们不能把多笔不同内容的经济业务合并起来编制一组会计分录,也不能把一笔经济业务任意割裂开来编制多组会计分录。

(3)会计分录的列示方式及编制步骤。具体列示会计分录时,应先借后贷,竖式排列,即先标明借方、后标明贷方,每一个账户名称(会计科目)占一行,借方与贷方错位表示,以便清晰明了地说明对应关系。若为复杂会计分录,应该借项与借项对齐,贷项与贷项对齐,借贷左右错开,以利试算平衡。例如:

借:应收账款——××单位   339 000
　　贷:主营业务收入——×××产品   300 000
　　　　应交税费——应交增值税(销项税额)   39 000

【小思考】

这样的分录列示表明什么意思?

编制会计分录的基本技巧如下:

(1)分析经济业务内容,确定所涉及的账户名称(包括总账和明细账名称)。

(2)根据所涉及账户的性质和结构,结合经济业务内容,确定应该记入的借贷方向。

(3)确定应记入账户的金额。

(4)以规范格式把会计分录列示出来。

（5）最后对会计分录进行检查。一方面，检查账户运用是否准确；另一方面，检查借贷方金额是否相等。

【温馨提示】

小思考所列示的分录是一个一借多贷的会计分录，表明企业销售产品，价款为300 000元，增值税额为39 000元，但款项尚未收到。其中，"应收账款"是资产类账户，增加记在借方，而且根据对方单位设置了明细账；"主营业务收入"是损益类账户中反映收入的账户，其取得记在贷方，并根据所销售产品的名称设置了明细账，"应交税费"账户是负债类账户，因为销售业务而增加了企业对国家税收的负债，因而记入贷方。会计分录的科目记录符合"有借必有贷"所规定的方向规则，会计分录的数据记录符合"借贷必相等"的金额规则。

2. 登记账户

根据各项经济业务编制会计分录后，应记入有关账户。这个把在记账凭证中确定的会计分录转记到有关账户的记账过程称为登记账户，也称为过账。过账后，期末要结出每个账户的本期发生额和期末余额。

3. 借贷记账法的试算平衡

试算平衡就是根据借贷记账法的试算平衡公式，检查会计分录或各种账户的记录是否正确，以保证记账质量。

试算平衡要求从以下三方面进行：

（1）试算每组会计分录的借贷金额是否平衡。任何一组会计分录，其对应账户之间的借项金额合计必须等于贷项金额合计，如不相等便是错误的。这是由借贷记账法的记账规则决定的。因此，我们在对每笔经济业务编制会计分录后都应随时进行试算平衡，以免发生差错。

（2）试算全部账户的借贷发生额是否平衡。总分类账户借方发生额和贷方发生额是根据每组会计分录逐笔或汇总记入的，因此，全部总分类账户的本期借方发生额合计必须等于本期贷方发生额合计。其计算公式如下：

全部账户借方发生额合计 ＝ 全部账户贷方发生额合计

（3）试算全部账户的借贷余额是否平衡。由于资产余额表现为账户的借方，权益余额表现为账户的贷方。根据"资产＝权益"会计方程式平衡原理，全部账户的借方余额合计必然等于全部账户的贷方余额合计。其计算公式如下：

全部账户期末借方余额合计 ＝ 全部账户期末贷方余额合计
全部账户期初借方余额合计 ＝ 全部账户期初贷方余额合计

在会计实务中，会计分录的试算平衡是分散在平时随时进行的。全部账户的发生额及余额试算平衡则是通过编制"发生额及余额试算平衡表"（格式如表5-25所示），并集中在一定时期期末定期进行的。

必须指出的是，发生额及余额试算平衡表只是通过借贷金额是否平衡来检查账户记录是否正确，它还有一定的局限性。如果借贷试算不平衡，肯定账户记录或计算有错误;如果借贷平衡,却不能说明账户记录完全正确。因为有些错误,并不影响借贷双方的平衡。例如,在账户的借方和贷方重复记录或漏记某项经济业务。又如,将某项经济业务错记了账户或某一项错误记录恰好被另一项错误记录抵销。因此,在具体操作中,会计期末还要进行账目的核对。

四、借贷记账法的应用实例

下面举例说明,采用借贷记账法如何编制会计分录、登记账户和进行试算平衡。

(1)某企业 20×1 年 5 月总分类账户的月初余额如表 5-14 所示。

表 5-14 　　　　　　　　　　各总分类账户月初余额　　　　　　　　　　单位:元

资　产		负债及所有者权益	
项　目	金　额	项　目	金　额
库存现金	1 000	短期借款	37 500
银行存款	93 200	应付账款	9 450
原材料	45 000	实收资本	460 000
生产成本	50 400	资本公积	55 000
库存商品	11 700	盈余公积	48 000
固定资产	408 650		
资产合计	609 950	权益合计	609 950

(2)该企业本月发生下列经济业务,根据下列经济业务编制会计分录。

① 用银行存款购买材料 8 000 元,材料已验收入库。

在这项经济业务中,资金从哪里来? 资金从银行存款中来,所以涉及"银行存款"账户,属于资产类账户,减少时记入贷方;资金到哪里去了? 资金用于购买材料了,所以涉及"原材料"账户,属于资产类账户,增加时记入借方。应编制会计分录如下:

借:原材料　　　　　　　　　　　　　　　　　　　　　　　　　　　　8 000
　　贷:银行存款　　　　　　　　　　　　　　　　　　　　　　　　　　　8 000

② 本期生产产品领用材料 20 000 元。

在这项经济业务中,资金从哪里来? 资金从库存材料中来,所以涉及"原材料"账户,属于资产类账户,减少时记入贷方;资金到哪里去了? 资金投入产品生产中去了,构成了产品的生产成本,反映产品成本形成过程。计算产品生产成本的是"生产成本"账户,属于成本类账户,增加时记入借方。应编制会计分录如下:

借:生产成本　　　　　　　　　　　　　　　　　　　　　　　　　　20 000
　　贷:原材料　　　　　　　　　　　　　　　　　　　　　　　　　　　20 000

③ 收到投资者追加投资 200 000 元,存入银行。

在这项经济业务中，资金从哪里来？资金从投资者那里来，反映所有者投资事项的是"实收资本"账户，属于所有者权益类账户，增加时记入贷方；资金到哪里去了？表现为银行存款，反映银行存款的"银行存款"账户，属于资产类账户，增加时记入借方。应编制会计分录如下：

借：银行存款   200 000
 贷：实收资本   200 000

④ 企业向银行借入 3 个月的短期借款 7 000 元，直接归还供应单位欠款。

在这项经济业务中，资金从哪里来？资金从银行借款来，反映短期借款事项的是"短期借款"账户，属于负债类账户，增加时记入贷方；资金到哪里去了？资金用于偿还前欠货款了，反映货款结算事项的是"应付账款"账户，属于负债类账户，减少时记入借方。应编制会计分录如下：

借：应付账款   7 000
 贷：短期借款   7 000

⑤ 用银行存款 20 000 元偿还短期借款。

在这项经济业务中，资金从哪里来？资金从企业的银行存款中来，涉及"银行存款"账户，属于资产类账户，减少时记入贷方；资金到哪里去了？资金用于偿还借款了，反映借款事项的是"短期借款"账户，属于负债类账户，减少时记入借方。应编制会计分录如下：

借：短期借款   20 000
 贷：银行存款   20 000

（3）根据以上发生的各经济业务的会计分录过入以下账户，期末结出本期账户的本期发生额和期末余额，如表 5-15 至表 5-24 所示。

表 5-15

借	库存现金		贷
期初余额	1 000		
本期发生额	—	本期发生额	—
期末余额	1 000		

表 5-16

借	银行存款		贷
期初余额	93 200		
	③ 200 000		① 8 000
			⑤ 20 000
本期发生额	200 000	本期发生额	28 000
期末余额	265 200		

表 5-17

借	生产成本		贷
期初余额	50 400		
本期发生额	② 20 000	本期发生额	—
期末余额	70 400		

表 5-18

借	原材料		贷
期初余额	45 000		
	① 8 000		② 20 000
本期发生额	8 000	本期发生额	20 000
期末余额	33 000		

表 5-19

借	库存商品		贷
期初余额	11 700		
本期发生额	—	本期发生额	—
期末余额	11 700		

表 5-20

借	短期借款		贷
		期初余额	37 500
⑤ 20 000		④ 7 000	
本期发生额	20 000	本期发生额	7 000
		期末余额	24 500

表 5-21

借	应付账款		贷
		期初余额	9 450
本期发生额 ④ 7 000		本期发生额	—
		期末余额	2 450

表 5-22

借	实收资本		贷
		期初余额	460 000
		③ 200 000	
本期发生额	—	本期发生额	200 000
		期末余额	660 000

表 5-23

借	资本公积		贷
		期初余额	55 000
本期发生额	—	本期发生额	—
		期末余额	55 000

表 5-24

借	盈余公积		贷
		期初余额	48 000
本期发生额	—	本期发生额	—
		期末余额	48 000

（4）根据账户记录进行试算平衡，如表 5-25 所示。

表 5-25　　　　　　　　　　　　发生额及余额试算平衡表　　　　　　　　　　单位:元

会计科目	期初余额		本期发生额		期末余额	
	借　方	贷　方	借　方	贷　方	借　方	贷　方
库存现金	1 000		—	—	1 000	
银行存款	93 200		200 000	28 000	265 200	
原材料	45 000		8 000	20 000	33 000	
生产成本	50 400		20 000		70 400	
库存商品	11 700		—	—	11 700	
固定资产	408 650				408 650	
短期借款		37 500	20 000	7 000		24 500
应付账款		9 450	7 000	—		2 450
实收资本		460 000	—	200 000		660 000
资本公积		55 000				55 000
盈余公积		48 000	—	—		48 000
合计	609 950	609 950	255 000	255 000	789 950	789 950

从表5-25可以看出,各账户期初借贷方余额合计数均为609 950元;本期借贷方发生额合计数都是255 000元;期末借贷方余额合计数都是789 950元,符合试算平衡条件,说明记账基本准确。

【温馨提示】

　　检查结果只能是基本准确,因为有些错误不能通过试算平衡发现。例如,⑤用银行存款20 000元偿还短期借款,若记账时借记"银行存款"账户,贷记"短期借款"账户,结果虽然不会影响平衡关系,但却记错了方向。

序号	知识点	小结内容
任务1 会计科目的设置与使用	会计科目的意义	
	会计科目的设置	
任务2 账户设置	账户的实质	
	账户基本结构	
任务3 复式记账	复式记账的原理	
	借贷复式记账法	记账符号
		账户结构
		记账规则
		试算平衡
		会计分录

【训练资料】　恒广贸易公司是一家食品批发企业,20×1年6月1日有资产80万元,全部为投资者投入,各账户期初余额参见表5-26。该公司6月份发生以下经济业务:

　　(1)供应部采购一批商品,价值为10万元,款项尚未支付,商品验收入库。

　　(2)赊销一批商品,价款为25万元,计入主营业务收入。

(3) 向银行借入 6 个月期限的借款 20 万元,用来偿还前欠的货款 10 万元。

(4) 公司支付下半年的仓库房屋租金 8 万元。

(5) 公司以转账支票结算购置收银设备的款项 3 万元。

(6) 经批准,公司将盈余公积 5 万元转增资本。

(7) 公司收回之前赊销业务的应收账款。

(8) 结算本月利润。

【训练要求】 假定不考虑相关税费因素,分析上述业务并编制会计分录,填写试算平衡表,如表 5-26 所示。

表 5-26   发生额及余额试算平衡表   单位:元

会计科目	期初余额		本期发生额		期末余额	
	借 方	贷 方	借 方	贷 方	借 方	贷 方
库存现金	2 200					
银行存款	183 200					
应收账款	57 000					
库存商品	26 100					
固定资产	400 650					
短期借款		37 500				
应付账款		29 450				
实收资本		499 200				
资本公积		55 000				
盈余公积		48 000				
合计	669 150	669 150				

CHAPTER 3

第三篇

做账那些事——会计工作方法

项目六 建账——账簿及账务处理程序设置

【学习目标】

熟悉常用会计科目,学会运用企业设置的会计科目对经济业务进行分析

掌握不同账户的结构,思考账簿设置的意义

初步分析典型业务,思考如何运用复式记账法在账户中记录经济业务

理解证、账、表的关系,思考不同账务处理程序的核心特点及适用情况

结合会计岗位设置,思考建账、记账工作如何做到"不相容职务分离"

【工作任务】

确认经常发生的需要进行会计处理的经济业务

根据实际情况设置总分类科目和明细分类科目

在不同格式的账簿中设置相应的总分类账户和明细分类账户

运用借贷复式记账法,编制会计分录,计量业务发生金额及数量

运用账务处理程序,将经济业务按会计分录登记总账、明细账、日记账

【思政引导】

李小康回想起上学时老师说过作为会计人员应该时刻保持小心谨慎,应该对公司各项交易或者事项进行会计确认、计量和报告时保持应有的谨慎,不应高估资产或者收益、不应低估负债或者费用。为此,李小康把会计账簿登录完毕后开始自查是否有错。他发现自己做的银行存款总账的金额和银行对账单不一致,对照了下金额,也不能很明显看出哪里出问题了。"哎呀"他不禁自言自语道,"看来只能把银行存款总账、银行对账单和银行存款日记账一一对照了"。这里提到的日记账和总账就是会计最常见的两种账簿,让我们通过下面的学习了解这些账簿存在的意义以及相互之间的关系。

任务 1 企业的账簿

在会计实务中,设置和登记会计账簿是使会计资料系统化而做的进一步技术处理,是会计处理过程中的中心环节。会计账簿是由具有一定格式,又相互联系在一起的账页组成的,它是以会计凭证为依据,对全部经济业务全面、连续、系统地记录的簿籍。会计账簿分类记录储备着大量经济信息,是编制会计报表的依据。企业的各种账簿,应按有关制度的规定进行妥善保管。保管期满后,应按规定的程序报经审批,再行销毁。

【温馨提示】

　　企业在一定期间发生的经济业务是多种多样的,会计就是将纷繁复杂的内容按会计科目进行归类,以会计分录的形式将每一笔业务反映在会计记账凭证中,然后按照一定的程序在相应设置的账户中进行记录。当这一期间的业务登记完毕后,每一个账户就会形成连续、系统的记录,所有的账户在一起就是对经济业务的全面、综合反映。这些信息最后汇总形成财务报告。具体到如何进行会计凭证的填制与审核、如何建立证、账、表之间的数据关系,将在本篇的其他项目任务中讲解。

一、会计账簿种类

1. 会计账簿按用途可以分为序时账簿、分类账簿和备查账簿

1) 序时账簿

序时账簿亦称日记账,是按照经济业务发生的时间先后顺序,逐日逐笔登记经济业务的账簿。序时账簿按记录内容的不同,可以分为普通日记账和特种日记账。普通日记账是用来登记各单位全部经济业务的日记账,也称通用日记账和分录日记账。特种日记账是专门用来记录某一特定项目经济业务发生情况的日记账。设置特种日记账的目的,是用来反映特定项目的详细情况,如现金日记账和银行存款日记账。

【小思考】

　　结合商品经济社会中交易往来使用资金的实际情况,思考为什么现金和银行存款必须要登记日记账?

2) 分类账簿

分类账簿是指对全部经济业务按照总分类账户和明细分类账户进行分类登记的账簿。分类账簿分为总分类账簿和明细分类账簿两种。总分类账簿是按照总分类账户分类登记的账簿,用来核算经济业务的总括内容。明细分类账簿是按照明细分类账户分类登记的账簿,用来核算经济业务的明细内容。

【小思考】

　　比较"应收账款"和"原材料"两个账簿应当反映的信息,思考企业不同经济内容,在登记明细分类账簿时,会采用统一格式吗?

3) 备查账簿

备查账簿是指对某些在序时账簿和分类账簿中未能记载或记载不全的经济业务进行补充登记的账簿。该类账簿没有固定的格式,由各单位根据实际需要自行设计,用来对某些经济业务的内容提供必要的参考资料。例如,以经营租赁方式租入的固定资产的登记簿、受托加工材料登记簿等。

2. 会计账簿按外表形式可分为订本式账簿、活页式账簿和卡片式账簿

(1) 订本式账簿是在启用前就把许多已编印页码的账页固定装订在一起的账簿。其优点是能避免账页散失和防止抽换,比较安全。其缺点是不便调整各账户页数,也不利于分工记账。日记账、总账要求采用订本式账簿。

（2）活页式账簿是由若干零散的账页组成的账簿。其优点是可根据实际需要随时增减账页，便于分工记账。其缺点是账页容易散失或被抽换，不太安全。明细分类账采用活页式账簿。

（3）卡片式账簿是由硬纸卡片组成的装在卡片箱内保管备用的账簿。其优缺点与活页式账簿相同。固定资产明细账可以采用卡片式账簿。

【温馨提示】

在实务工作中，常用的会计账簿中的账页按格式可分为三栏式账页、多栏式账页、数量金额式账页、横线登记式账页等。会计人员根据提供信息所要求的内容不同，将账户的金额增减、数量变化、项目分析、关联内容等在账页中列示。常用的账页格式有三栏式、多栏式和数量金额式。一般来说，现金日记账、银行日记账、总分类账、只记载金额的明细账（如"应收账款"）采用三栏式账页，既要记载金额又要记载数量的明细账（如"原材料"）采用数量金额式账页。

【课中练】

将账簿参照"总分类账""原材料明细账"的归类进行归纳，如表6-1所示。

表6-1　　　　　　　　　　账簿分类

分类	账页格式	外表形式
总分类账	三栏式	订本账
"原材料"明细账	数量金额式	活页账
"短期借款"明细账		
"管理费用"明细账		
"固定资产"明细账		
"投资收益"明细账		
"银行存款"日记账		
"库存商品"明细账		

二、会计账簿的设置与基本登记要求

在会计实务中，每个会计主体都应根据自身经济业务特点和经营管理需要，结合会计制度要求设置一定种类和数量的账簿，并形成科学严密、简明适用的账簿体系。每个会计主体一般都应设置日记账、总账、明细账和备查账。

（一）会计账簿的组成

一般而言，各种会计账簿都应具备封面、扉页、账页和封底四个组成部分。账页的基本内容应包括账户的名称、日期栏、凭证种类和号数栏、摘要栏、金额栏、总页次和分户页次。订本式账簿应当从第一页到最后一页顺序编定页数，不得跳页、缺号。使用活页式账页，应当按账户顺序编号，并须定期装订成册。装订后再按实际使用的账页顺序编定页码，另加目录，记明每个账户的名称和页次。

账簿启用时，应填制"账簿启用登记表"，详细载明单位名称、账簿名称、账簿编号、

账簿页数、启用日期,加盖单位公章,并由会计主管人员和记账人员签章。记账人员或者会计机构负责人、会计主管人员调动工作、更换记账人员时,应办理交接手续,在"账簿启用登记表"注明交接日期、接办人员或者监交人员姓名,并由交接双方签名或者盖章。

(二)会计账簿登记的要求

会计人员应当根据审核无误的会计凭证登记会计账簿。账簿登记的内容包括登记会计凭证的日期、编号、业务内容摘要、金额和其他相关资料。登记账簿的基本要求是做到数字准确,摘要清楚,登记及时,字迹工整。账簿登记完毕,要在记账凭证上由记账人员签名或者盖章,并在凭证记账栏填写登记符号"√"表示已经登账。登记时还要特别注意:

(1)账簿中书写的文字和数字上面要留有适当空格,一般应占横行高度的1/2。

(2)登记账簿要用蓝黑墨水或者碳素墨水书写。特殊情况可以用红色墨水记账,包括划线更正、冲销错账、结账以及在未印明方向的账页中表示相反变动或负数余额。

(3)各种账簿按页次顺序连续登记,不得跳行、隔页。如果发生跳行、隔页,应当将空行、空页划线注销,或者注明"此行空白""此页空白"字样,并由记账人员签名或者盖章。

(4)现金日记账和银行存款日记账必须逐日结出余额。

(5)每一账页登记完毕结转下页时,应当结出本页合计数及余额,写在本页最后一行和下页第一行有关栏内,并在摘要栏内注明"过次页"和"承前页"字样;也可以将本页合计数及金额只写在下页第一行有关栏内,并在摘要栏内注明"承前页"字样。

(6)账簿记录发生错误,不准涂改、挖补、刮擦或者用药水消除字迹,不准重新抄写,必须按照下列方法进行更正:

① 登记账簿时发生错误,应当先将错误的文字或者数字划红线注销,但必须使原有字迹仍可辨认;再在划线上方填写正确的文字或者数字,并由记账人员在更正处盖章。

② 由于记账凭证错误而使账簿记录发生错误,应当按更正的记账凭证登记账簿。具体的更正方法在项目七任务5中作具体阐述。

(三)典型会计账簿的设置与登记

1. 现金日记账和银行存款日记账的设置与登记

1)账页的格式一般采用三栏式

现金日记账和银行存款日记账的账页一般采用三栏式,即借方、贷方和余额三栏,并在借贷两栏中设有"对方科目"栏。如果收付款凭证数量较多,为了简化记账手续,同时也为了通过现金日记账和银行存款日记账汇总登记总账,也可以采用多栏式账页,分别收款来源和支付用途开设专栏。采用多栏式账页后如果会计科目较多,造成篇幅过大,还可以分设现金(银行存款)收入日记账和现金(银行存款)支出日记账。

其格式如表6-2所示。银行存款日记账的格式,与现金日记账基本相同,增加"银行凭证名称和编号"一栏。可以采用三栏式,也可以采用多栏式账页。

表6-2

现 金 日 记 账

年		凭证编号	摘要	对方科目编码	借 方									✓	贷 方									✓	余 额								
月	日				千	百	十	万	千	百	十	元	角	分		千	百	十	万	千	百	十	元	角	分		千	百	十	万	千	百	十	元	角	分

2) 账簿的外表形式必须采用订本式

现金和银行存款是企业流动性最强的资产,为保证账簿资料的安全、完整,财政部《会计基础工作规范》第五十七条规定:"现金日记账和银行存款日记账必须采用订本式账簿。不得用银行对账单或者其他方法代替日记账。"

3) 现金日记账和银行存款日记账的登记

按照企业内部控制的管理要求及会计工作岗位设置,现金日记账和银行存款日记账是由出纳人员根据审核无误的收款凭证、付款凭证逐日逐笔顺序登记的,每日终了,计算收入、支出合数并结出余额。在实际工作中,现金日记账还要与实际现金库存数进行账实核对,银行日记账也要与银行对账单进行账单核对,以保证资金的安全完整。这些是属于企业会计账簿管理的内容,将在本篇项目二任务5中作具体阐述。

【知识链接】

查阅《会计基础工作规范》相关内容,参见 http://tfs.mof.gov.cn/caizhengbuling/20×103/t20×10315_3193919.htm。

2. 总分类账与明细分类账的设置与登记

1) 总分类账的设置与登记

(1) 总分类账科目名称应与国家统一会计制度规定的会计科目名称一致。总分类账具有分类汇总记录的特点,为确保账簿记录的正确性、完整性,提供会计要素的完整指标,企业应根据自身行业特点和经济业务的内容建立总账,其总账科目名称应与国家统一会计制度规定的会计科目名称一致

(2) 依据企业账务处理程序的需要选择总账格式。根据财政部《会计基础工作规范》的规定,总账的格式主要有三栏式、多栏式(日记总账)等。企业可依据本企业会计账务处理程序的需要自行选择总账的格式。总分类账一般常用三栏式账页,其格式如表6-3所示。

表6-3

总 分 类 账

| 总号 | | 分页 | |

会计科目_____

记账凭证				摘　　要	借方											贷方											借或贷	余　额										
年		类别	号数		亿	千	百	十	万	千	百	十	元	角	分	√	亿	千	百	十	万	千	百	十	元	角	分	√		亿	千	百	十	万	千	百	十	元	角	分	√
月	日																																								

（3）总分类账的外表形式一般应采用订本式账簿。为保护总账记录的安全完整，**总账一般应采用订本式。**实行会计电算化的单位，用计算机打印的总账必须连续编号，经审核无误后装订成册，并由记账人、会计机构负责人、会计主管人员签字或盖章，以防散失。

（4）总分类账的登记。总分类账的登记因登记依据的不同而有所不同，**会计人员直接根据记账凭证登记或者根据汇总记账凭证登记总分类账簿。**其登记的依据取决于所采用的账务处理程序。账务处理程序的内容将在本项目任务2中进行阐述。

2）明细分类账的设置与登记

（1）明细分类科目的名称应根据企业会计准则规定和企业管理需要设置。会计制度对有些明细科目的名称作出了明确规定，如"应交税费"科目根据具体的不同税种设置二级明细科目；有些只规定了设置的方法和原则，如"应收账款"科目只是规定按债权人设置明细科目。因此，企业在进行明细分类科目设置时，对于有明确规定的，企业在建账时应按照会计制度的规定设置明细科目的名称；对于没有明确规定的，**建账时应按照会计制度规定的方法和原则，以及企业管理的需要设置明细科目。**

【温馨提示】

　　在一般情况下，明细账设置有一些规律可循。反映债权债务的账户会根据对方单位名称设置明细账；存货类账户会根据名称、规格等标准设置明细账，费用类账户会根据费用项目设置明细账等。例如："财务费用"账户设置"利息支出""手续费"等明细账；"原材料"账户会以材料类别、材料规格，甚至材料批次设置二级、三级、四级明细账。

（2）根据财产物资管理的需要选择明细分类账的格式。**明细分类账的格式主要有三栏式、数量金额式和多栏式。**通常，只需要反映金额变化的债权债务、资本、基金等账户的明细账，采用三栏式账页；反映存货等实物物资的账户，既要反映金额又要反映数量，通常采用数量金额式账页；多栏式账页则多用于收入、费用的明细账核算，详细分栏列示借方或贷方发生额。数量金额式明细分类账、多栏式明细分类账格式如表6-4和表6-5所示。

表6-4

存 货 明 细 账

（3）明细分类账的外表形式一般采用活页式。明细分类账采用活页式账簿，主要是使用方便，便于账页的重新排列和记账人员的分工，但是活页账的账页容易散失和被随意抽换。因此，使用时应顺序编号并装订成册，注意妥善保管。

（4）明细分类账的登记方法，应根据各会计主体所记录的经济业务内容、业务量大小和经营管理上的要求而定。一般来说，应根据原始凭证、原始凭证汇总表或记账凭证逐笔进行登记，也可以逐日或定期汇总登记。

3）总分类账与明细分类账的平行登记

总分类账与其所属的明细分类账，应按平行登记规则进行登记，就是对每一项经济业务，一方面，要在有关的总分类账户中进行总括登记，另一方面，还要在所属的有关明细分类账中进行详细登记。平行登记的要点可以概括为：

（1）依据相同。即无论是登记总分类账，还是登记同期总分类账所属的明细分类账，都应根据审核无误后的记账凭证进行登记。方向一致、金额相等。

（2）方向一致。即登记总分类账及其所属的明细分类账时，所体现的变动方向应当相同。这里所指的变动方向并非是指账户的借贷方向。

（3）金额相等。登记总分类账户与登记明细分类账户的金额应当相等。这里所指的金额相等只是指数量关系的相等。若一项经济业务涉及一个总分类下的几个明细账户时，则记入总分类账户的金额与记入几个明细分类账户的金额之和应该相等。

（4）期间一致。即登记总分类账与明细分类账必须在同一会计期间内完成。这里所指的同一会计期间并非同一时点，因为明细分类账要根据会计凭证平时进行登记，而总分类账则会结合不同的账务处理程序可能根据会计凭证在平时登记，也可能根据汇总记录定期登记。

表 6-5

增值税明细账

应交税费——应交

【课中练】

某企业20×1年6月"应付账款"总账及其明细账的月初余额如表6-6至表6-8所示,假设本月涉及应付账款只发生以下两项经济业务:6月2日向A工厂购买甲材料120 000元,款项未支付;6月12日,以银行存款支付B工厂所欠货款150 000元。不考虑税费因素,请登记"应付账款"总账及相应明细账。

分析一:企业6月2日向A工厂购买甲材料120 000元,款项未支付。该业务会引起"应付账款"总分类账户增加120 000元,同时根据总分类账和明细分类账的平行登记要求,还应在"应付账款——A工厂"明细账户中登记增加120 000元。

分析二:企业6月12日以银行存款支付B工厂所欠货款150 000元。该业务会引起"应付账款"总分类账户减少150 000元和"应付账款——B工厂"明细分类账户减少150 000元。

根据上述分析,应登记"应付账款"总分类账户和"应付账款——A工厂""应付账款——B工厂"明细分类账户如表6-6至表6-8所示。

表6-6　　　　　　　　　　　　总分类账

账户名称:应付账款

20×1年		凭证号数	摘　要	借方	贷方	借或贷	余　额
月	日						
6	1		期初余额			贷	330 000
6	2	转1	购买甲材料		120 000	贷	450 000
6	12	银付3	偿还欠款	150 000		贷	300 000
6	30		本月合计	150 000	120 000	贷	300 000

表6-7　　　　　　　　　　　应付账款明细分类账

账户名称:应付账款——A工厂

20×1年		凭证号数	摘　要	借方	贷方	借或贷	余　额
月	日						
6	1		期初余额			贷	80 000
6	2	转1	购买甲材料		120 000	贷	200 000
6	30		本月合计		120 000	贷	200 000

表6-8　　　　　　　　　　　应付账款明细分类账

账户名称:应付账款——B工厂

20×1年		凭证号数	摘　要	借方	贷方	借或贷	余　额
月	日						
6	1		期初余额			贷	250 000
6	12	银付3	偿还欠款	150 000		贷	100 000
6	30		本月合计	150 000		贷	100 000

3. 备查账的设置与登记

（1）备查账应根据统一会计制度的规定和企业管理的需要设置。并不是每个企业都要设置备查账簿，而应根据管理的需要来确定。但是对于会计制度规定必须设置备查簿的科目，如"应收票据""应付票据"等，必须按照会计制度的规定设置备查账簿。

（2）备查账的格式由企业自行确定。备查账没有固定的格式，与其他账簿之间也不存在严密的勾稽关系，其格式可由企业根据内部管理的需要自行确定。

（3）备查账的外表形式一般采用活页式。为使用方便，备查账一般采用活页式账簿，与明细账一样，为保证账簿的安全、完整，使用时应顺序编号并装订成册，注意妥善保管，以防账页丢失。

（4）一般根据有关资料予以登记，如会计制度有具体规定的，则从其规定。明细分类账也称明细账，是按明细分类账分类登记的账簿。明细分类账能详细反映各账户的业务发生和完成情况。

账簿的分类和设置归纳如图 6-1 所示。

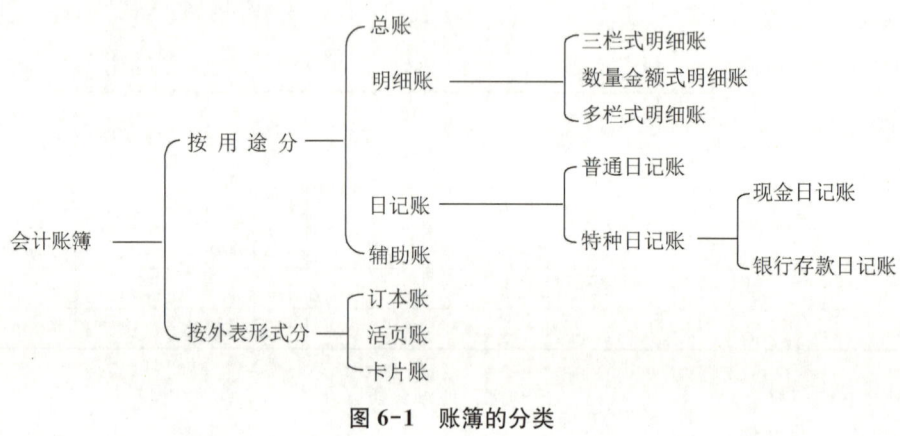

图 6-1　账簿的分类

任务 2　账务处理程序

账务处理程序也称会计核算组织程序或会计核算形式，是指会计凭证、会计账簿、会计报表相结合的方式。会计凭证、会计账簿、会计报表之间的不同的结合方式，形成了不同的账务处理程序。

在会计实务中，各单位都必须结合自身的经营特点，采用适合本单位经营规模和管理需要的账务处理程序，以达到既能保证会计信息质量，又能提高会计工作效率的目的。账务处理程序主要有记账凭证账务处理程序、科目汇总表账务处理程序和汇总记账凭证账务处理程序等。不同账务处理程序最根本的不同在于登记总分类账的依据不同。

一、记账凭证账务处理程序

1. 基本内容

记账凭证账务处理程序是根据记账凭证，直接逐笔登记总分类账的一种核算形式。

它是最基本的核算形式。在这一核算形式中，记账凭证可以是通用记账凭证，也可以是分设收款凭证、付款凭证和转账凭证，需要设置现金日记账、银行存款日记账、明细分类账和总分类账，其中现金日记账、银行存款日记账和总分类账一般采用三栏式，明细账根据需要采用三栏式、多栏式和数量金额式。其特点是直接根据记账凭证，不经过汇总，逐笔登记总分类账，这是最基本的也是唯一不经过汇总直接登记总分类账的核算形式。其他各种账务处理程序都是在此基础上，根据经济管理的需要发展而形成的。

2. 流程图

记账凭证账务处理程序流程图，如图6-2所示。

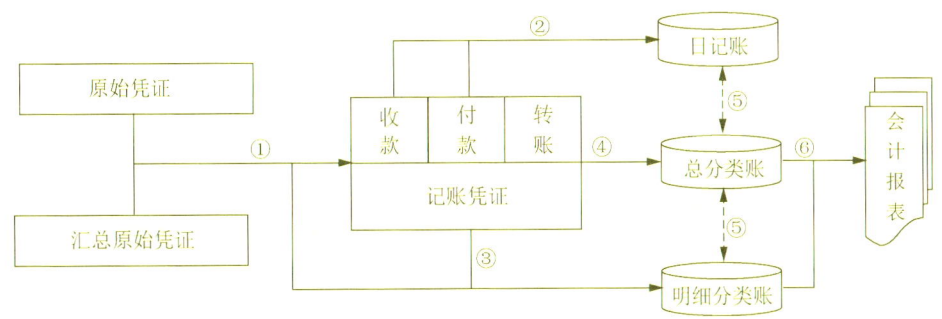

图6-2　记账凭证账务处理程序流程图

（1）根据原始凭证或汇总原始凭证，编制记账凭证。
（2）根据收付款凭证登记现金及银行存款日记账。
（3）根据记账凭证和原始凭证、汇总原始凭证登记各种明细分类账。
（4）根据记账凭证登记总分类账。
（5）将日记账、明细账与总分类账定期核对。
（6）根据总分类账和明细分类账的记录编制会计报表。

3. 优缺点及适用范围

记账凭证账务处理程序手续简便，总分类账比较详细地反映了经济业务的内容，除了起到分类的作用外，还起到对全部经济业务序时记录的作用，便于查账，简化了记账程序和记账工作。其缺点是由于分类账（总分类账、明细分类账）均是直接据记账凭证登记的，因此增大了重复登记的工作量。因而，适用于规模小且经济业务量较少的单位

二、科目汇总表账务处理程序

1. 基本内容

科目汇总表账务处理程序是根据记账凭证定期编制科目汇总表，并据以登记总分类账的一种账务处理程序。记账凭证、账簿的设置与记账凭证核算形式基本相同。其特点是定期将所有记账凭证汇总编制成科目汇总表，再根据科目汇总表登记总分类账。科目汇总表的格式，如表6-9所示。

表 6-9

科目汇总表

汇字第　　号

年　　月　　日至　　日　记账凭证：　　字第　　号至第　　号止

会计科目	记账√	借方									贷方									会计科目	记账√	借方									贷方								
		千	百	十	万	千	百	十	元	角	分	千	百	十	万	千	百	十	元	角	分			千	百	十	万	千	百	十	元	角	分	千	百	十	万	千	百	十	元	角	分

【温馨提示】

科目汇总表是根据一定时期内的全部记账凭证,按照相同会计科目分类,定期(可能是 10 天,也可能 15 天,也可能是 1 个月)分别汇总每一个账户的借方、贷方发生额,并将其填列在相应栏内,以登记总分类账。依据借贷记账法的基本原理,科目汇总表中各个会计账户的借方发生额合计与贷方发生额合计应该相等,因此,科目汇总表具有试算平衡的作用,以检查会计记录的准确性;但因为填列的是汇总数据,已经看不到账户与账户之间的借贷对应关系。

2. 流程图

科目汇总表账务处理程序流程图,如图 6-3 所示。

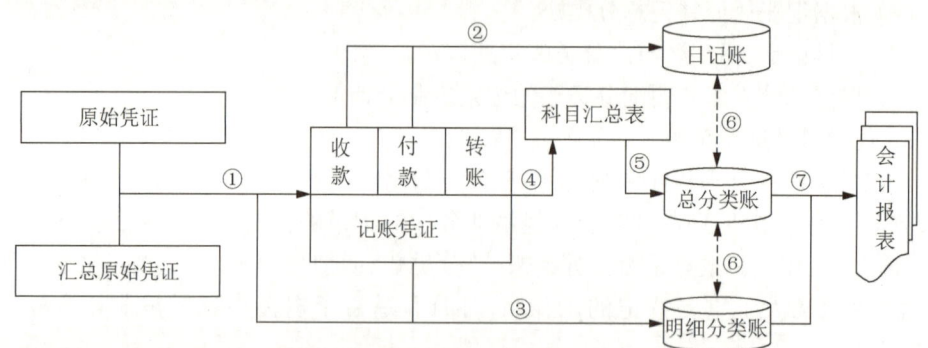

图 6-3　科目汇总表账务处理程序流程图

(1) 根据原始凭证和汇总原始凭证,编制记账凭证。
(2) 根据收付款凭证,逐笔登记现金和银行存款日记账。
(3) 根据原始凭证和汇总原始凭证及记账凭证登记明细分类账。
(4) 根据一定时期内的全部记账凭证,汇总编制科目汇总表。
(5) 根据定期编制的科目汇总表,登记总分类账。

（6）期末，将现金及银行存款日记账的余额，以及各种明细分类账户余额合计数，分别与总分类账中有关账户的余额核对相符。

（7）期末，根据核对无误的总分类账和明细分类账的记录，编制会计报表。

3. 优缺点及适用范围

科目汇总表账务处理程序根据科目汇总表登记总分类账，能大大减少总分类账登记的工作量；并可根据科目汇总表中借方发生额合计与贷方发生额合计之间的相等关系，起到入账前的试算平衡作用。其缺点是科目汇总表是按总分类账科目汇总编制的，只能作为登记总账和试算平衡的依据，不能明确反映各账户之间的对应关系，不能清晰地反映经济业务的发生情况，因此不便于分析和检查经济业务的来龙去脉，不便于查对科目。它适用于经济业务量较多的单位

项目小结

序号	知识点	小结内容
任务1 企业的 账簿	会计账簿的含义	
	会计账簿的种类	
	会计账簿的设置与登记	
任务2 账务处理 程序	记账凭证账务处理程序	
	科目汇总表账务处理程序	

项目训练

【训练资料】 育新玩具有限公司是新成立的一家儿童遥控科技玩具制造企业，注册资本1 600万元。其主要产品有儿童遥控工程车、儿童遥控攀爬车、儿童积木等。全部产品采用环保健康材质，意在以仿真工程车玩具引导宝宝提高动手能力。

【训练要求】 为育新公司建账，列示其总账科目，并以流程图的方式制定其会计工作流程。

项目七　记账——凭证管理与账簿登记

【学习目标】

从经济管理、信息处理的角度,思考如何充分发挥会计的作用

掌握原始凭证填写和审核的要求,思考如何清晰明了地记录经济业务

学会在原始凭证中分析经济业务,思考如何在记账凭证中记录经济业务

理解记账凭证填制和审核的重要性,思考如何管理凭证与账簿的关系

【工作任务】

掌握应当填制的原始凭证类别,并进行正确填制

审核原始凭证,据以填制记账凭证

审核记账凭证,据以登记账簿

【思政引导】

每个月15日是公司的报销日,员工们纷纷拿着发票和内部单据等跑去找李小康报销。李小康发现问题还不少,有些员工在填制自制原始凭证时很随意,金额上也会出现涂改;有些员工不太清楚一些比较复杂的凭证的填制,比如经常会少填或填错差旅费报销单。李小康认为会计工作是一项严肃细致的工作,没有严肃认真的工作态度和一丝不苟的工作作风,就可能出偏差。对一切不合法不合理的业务开支,要严肃认真地对待,把好关,守好口。李小康觉得根据凭证填制时容易出现的问题对员工做个简单的培训,以减少一些不必要的错误。接下来的内容就是带着大家一起来学习如何正确填制凭证,如何登记账簿。

任务1　会 计 循 环

会计工作起源于社会生产实践,经济越发展,会计越重要。但无论会计职能怎样发展,都离不开最基本的记账和算账工作。会计最基本的工作就是以货币为主要计量手段,对特定主体的经济活动的全过程及结果,采用一系列专门的方法,相互联系、相互配合,进行客观、系统、全面、综合的核算和监督,为企业的经营管理提供必要的会计信息,参与经济预测、过程控制和决策分析。

【温馨提示】

核算和监督是会计的基本职能。核算职能贯穿于经济活动的全过程,是会计最基本的职能,是对特定主体的经济活动进行确认、计量和报告。通俗地讲,就是从事记账、算账、报账的工作,会计核算要求做到真实、准确、完整、及时。监督职能是核心

职能,是指会计按照管理的目的和要求,利用会计核算信息,审核经济业务的合理性、合法性、有效性,并对经济行为进行必要的干预,促使经济活动按照规定要求进行,以达到预期目的。

会计在发挥核算职能时采用的一系列专门方法,如图 7-1 所示。

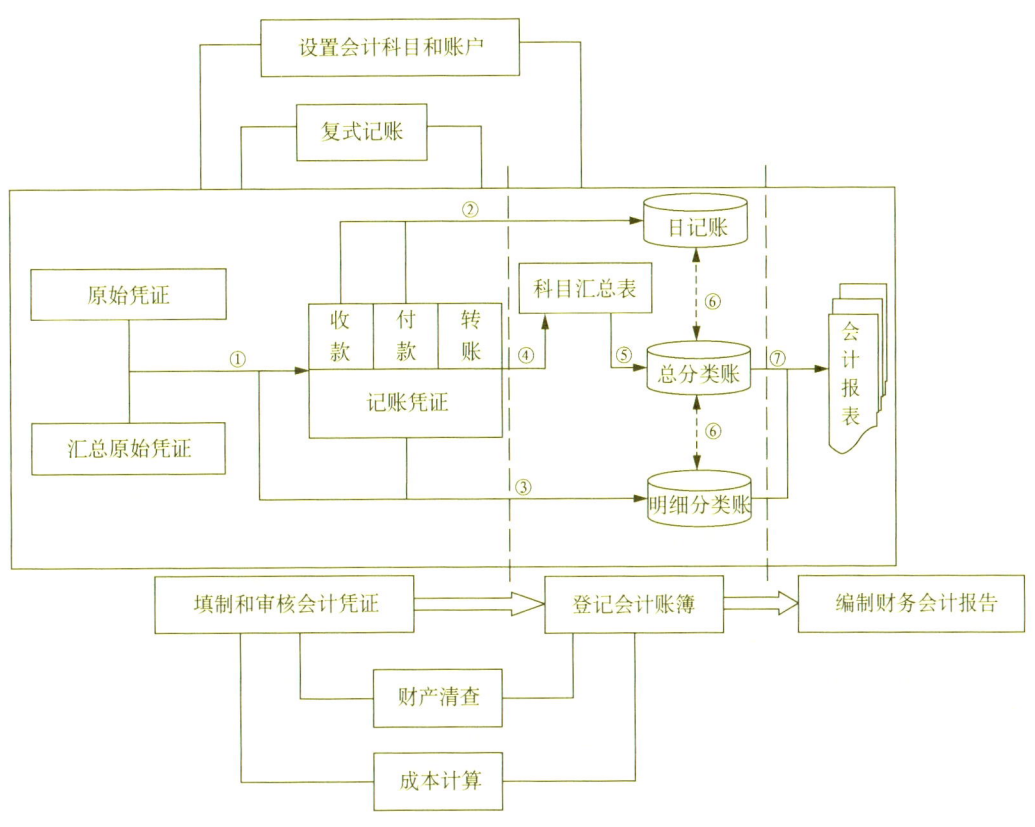

图 7-1　会计核算方法

如图 7-1 所示,企业在对经济业务进行会计处理之前,必须根据企业实际情况设置会计科目和账户,并确定采用复式记账法,通过账户的对应关系和金额的平衡关系,反映每项经济业务的来龙去脉。当经济业务发生时,会计部门会根据原始凭证填制记账凭证并进行审核,以登记账簿。而在这个过程中,企业会通过财产清查进行账实核对,以确定账簿记录的准确性,如果涉及需要调整账簿记录的业务,还需从凭证开始进行会计循环。企业还会进行成本计算,按不同的成本计算对象确定发生的各种费用。最后在账账、账实、账证核对无误的基础上,企业进行结账,编制最终的财务会计报告,以提供相关的会计信息。

在一个会计期间内,企业所有的经济业务都要经过填制和审核会计凭证、登记会计账簿、编制财务会计报告这三个环节,循环往复,因此这三个工作程序被称作会计循环。其中,登记会计账簿是中心环节,一方面,是对零星的会计凭证的记录作汇总,系统反映不同账户内容的增减变动情况;另一方面,是为编制会计报表作数据整理的基础工作,以便能够呈现全面的、明晰的财务会计报告。会计凭证和账簿管理的要求将在本项目的其他任务中作介绍。

任务 2 原始凭证管理

会计凭证是记录经济业务发生或完成情况、明确经济责任、据以登记会计账簿的书面证明。按会计业务处理的过程和手续分为原始凭证和记账凭证。

一、原始凭证概述

原始凭证俗称单据,是经办单位或人员在办理经济业务过程中取得或填制的,用以记录经济业务发生或完成情况、明确经济责任的会计凭证,是记账的原始依据。

【温馨提示】

在实际工作中,有些单据会从外部其他单位或个人取得,交由会计部门记账;有些会由内部其他经办业务的部门或个人填制并移交到会计部门进行记账;而有些业务可能不会填制或取得原始单据。例如,产品制造企业采购材料,从供应单位取得发票,材料验收入库要由仓储部门填制验收入库单;当企业销售完成,将收入费用结转计入本年利润时,则不需要填制原始单据,直接办理记账凭证的手续即可。

原始凭证有多种分类方法,如图 7-2 所示。这里主要介绍原始凭证按来源和填制手续分类。

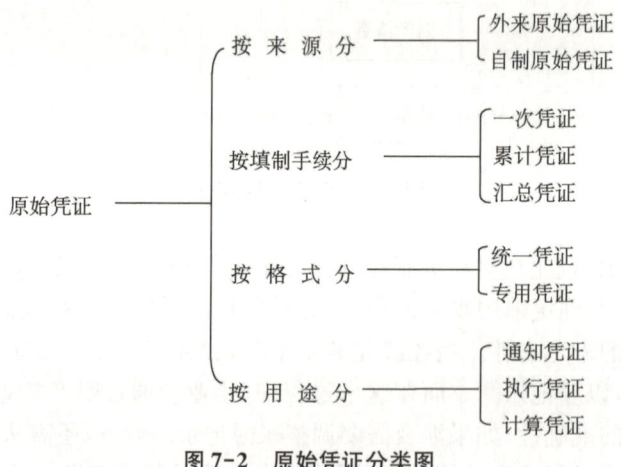

图 7-2 原始凭证分类图

原始凭证按其来源不同,可分为外来原始凭证和自制原始凭证。外来原始凭证是在经济活动发生或完成时,从其他单位或个人取得,并为本单位所使用的会计凭证。常用的外来原始凭证有购货时取得的增值税专用发票(格式如表 7-1 所示,适用于增值税一般纳税人)和普通发票(适用于小规模纳税人,如表 7-2 所示),出差人员报销的车票、飞机票等。

表 7-1

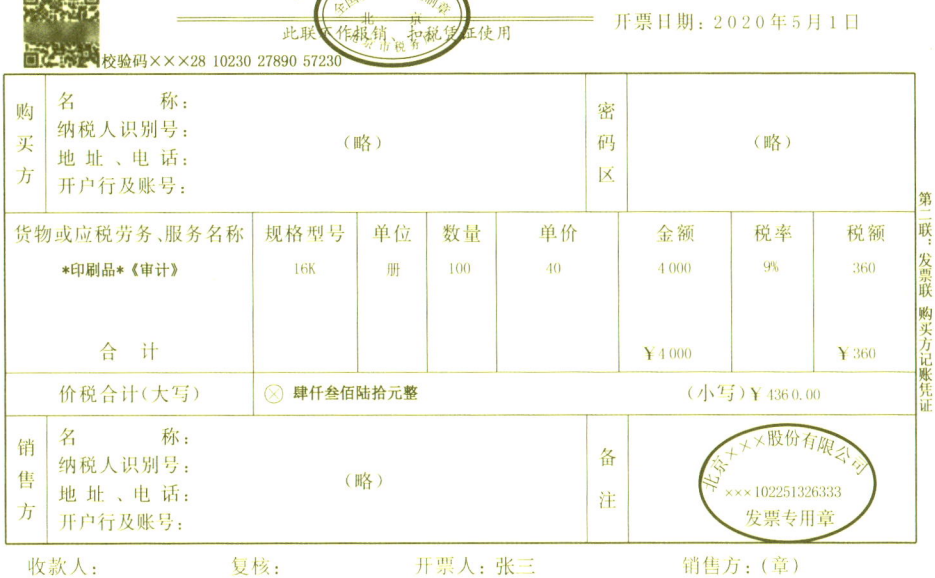

表 7-2

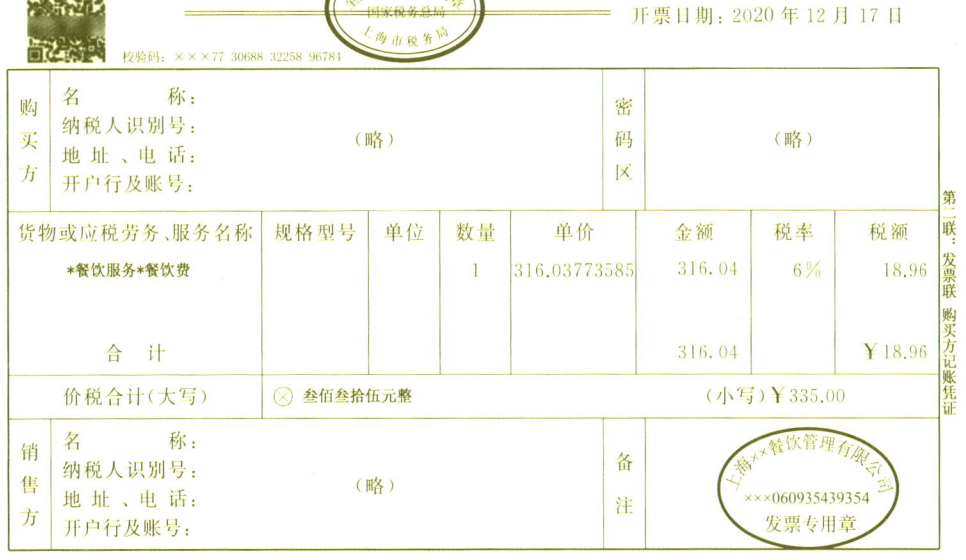

自制原始凭证指本单位内部具体经办业务的部门和人员在执行或完成某项经济业务时所填制的原始凭证。

原始凭证按其填制手续不同,又可分为一次凭证、累计凭证和汇总凭证。

一次凭证是指凭证的填制手续是一次完成的,用来记录一项或若干项同类性质的经济业务的凭证。例如,收料单、销货发票、工资结算单、收款收据、成本计算单、盘点表等。累计凭证是指在一定时期内连续记录若干项目同类经济业务的凭证,其填制手续是随着经济业务的发生而多次完成的,如限额领料单等。汇总凭证亦称原始凭证汇总表,是根据一定时期内,若干张反映同类经济业务的原始凭证汇总而成的,如收料凭证汇总表、发料凭证汇总表、工资汇总表和销货日报表等。

常用的自制原始凭证有"收料单"(一般在原材料验收入库时使用,如表7-3所示)、"领料单"(一般在从仓库领用原材料时使用,如表7-4所示)、"用款申请单"和"差旅费报销单"(如表7-5和表7-6所示)。需要说明的是,职工因公出差需借款时,必须填写"用款申请单";出差回来报销时,必须填写"差旅费报销单"。职工报销凭证的签字应注意以下几点:

表 7-3

收 料 单

材料科目_____　　　　　　　　　　　　　　部门编号_____
材料类别_____　　　　发票号数_____　　　　收料仓库_____
供应单位_____　　　　　　　　　　　　　　　年　月　日

材料编号	材料名称规格	计量单位	数量		实际成本				计划成本	
			应收	实收	买　价		运杂费	合计	单位成本	金额
					单价	金额				
合　计										

记账　　　　　　收料　　　　　　主管　　　　　　采购　　　　　　制单

一　供应部门存查

表 7-4

领 料 单　　　　　　　No 008852

领料部门:

编号	品名及规格	单位	数量	实收数量	单价	金额	备注
合计							

财会主管:　　　　　　　　领料人:

第一联　财会部门作账

表 7-5

用 款 申 请 单

申请日期　　年　　月　　日

用款用途		用款方式		货币币种	
用款金额	（大写）			（小写）	
用款部门		合同号			
申请人		约定交货期 或报账期	年　月　日		
部门负责人		收款单位全称			
财务签批		账　　号			
主管签批		开户银行			

表 7-6

差旅费报销单

部　　门＿＿＿＿＿　　　　　　　　　　　　　　编号＿＿＿＿＿
出差人＿＿＿＿＿　　　报销日期：　　年　　月　　日

出差日期：　年　月　日至　　年　月　日止　共　天															
出差事由：															
出　发			到　达			报销 项目	火车费	汽车费	轮船费	其他 舟车费	途中伙食 补贴费	旅馆费	住勤费		合计
月	日	时	地点	月	日	时	地点	单据 张数							
								报销 金额							
人民币（大写）											Ｙ				
原借款Ｙ＿＿＿＿＿　　除报销上项金额外应缴回(补付)Ｙ＿＿＿＿＿															

标准　　　　　　财会主管　　　　　　　出纳　　　　　　出差人

（杭州中远印刷有限公司）

（1）按规定应该签字的人员必须全部签字，签字必须签姓名全称，不得只签姓氏或职务。

（2）签字人签署姓名后，还应当签署签字的日期。

（3）领导签字应当明确表明是否同意报销。

（4）为便于原始凭证的装订，签字如果是签在凭证的正面，应签在右上方；签字如果是签在凭证的反面，应签在左上方。

（5）有多张凭证都需要签字时，要一张一张分别的签，不能用复写纸同时签。

【小思考】

比较领料单、限额领料单、发料凭证汇总表的填制手续、反映内容和适用情况。领料单、限额领料单、发料凭证汇总表分别如表7-7至表7-9所示。

表 7-7

领 料 单

仓库:材料库　　　　　　　　年　月　日　　　　　　　领料单编号:L-05

编号	类别	材料名称	规格	单位	数量		计划价格	
					请领	实发	单价	金额
用途		加工车间使用			领料部门		发料部门	
					负责人	领料人	核准人	发料人

表 7-8

限 额 领 料 单

领料部门:生产车间　　　　　　　　　　　　　　　　　　　发料仓库:2 号

用　　途:B 产品生产　　　　　　20××年 2 月　　　　　　编　　号:008

材料类别	材料编号	材料名称及规格	计量单位	领料限额	实际领用	单　价	金额	备　注
型钢	0348	圆钢 φ10 mm	千克	500	480	4.40	2 112	

日期	请　领		实发			限额结余	退库	
	数量	签章	数量	发料人	领料人		数量	退库单
2.3	200		200	姜同	王立	300		
2.12	100		100	姜同	王立	200		
2.20	180		1 870	姜同	王立	20		
合计	480		480			20		

供应部门负责人 李 微　　　　生产计划部门负责人 佟 伟　　　　仓库负责人签章 刘 俊

表 7-9

发 料 汇 总 表

附领料单 25 份　　　　　　20××年 5 月 31 日　　　　　　单位:元

会计科目	领料部门	原材料	燃料	合计
基本生产成本	一车间	5 000	10 000	15 000
	二车间	8 000	14 000	22 000
	小计	13 000	24 000	37 000
辅助生产成本	供电车间	7 000	2 000	9 000
	锅炉车间		4 000	4 000
	小计	7 000	6 000	13 000
制造费用	一车间	400		400
	二车间	600		600
	小计	1 000		1 000
管理费用		200	300	500
合计		21 200	30 300	51 500

会计主管:　　　　　　　审核:　　　　　　　制单:

【知识拓展】

近年来,随着电子商务的普及,纸质单据正逐步被电子单据所取代。尤其是国家一系列"放管服"改革政策的深化,电子发票得到了积极的推广,电子发票不仅可实现追根溯源,还能在异地办理,实现了财务记账的"电子化"。统计数据显示,预计到2022年电子发票开具量将高达545.5亿张。2020年6月起增值税电子专用发票及相关服务已在增值税发票综合服务平台上线,进一步实现了增值税"以票控账""以票查税""以票审计",压缩了虚假发票的空间。

二、原始凭证的填制

原始凭证的内容必须具备:凭证的名称,填制凭证的日期,填制凭证单位名称或者填制人姓名,经办人员的签名或者盖章,接受凭证单位名称,经济业务内容,数量、单价和金额。

原始凭证在填制时应特别注意:

(1)字迹必须清晰、工整,并符合数字书写规则,尤其注意大小写金额数字前面应当书写货币名称和币种符号;凡填有大写和小写金额的原始凭证,大写与小写金额必须相符。

(2)一式几联的原始凭证,应当注明各联的用途,一次套写完成。作废时应当加盖"作废"戳记,连同存根一起保存,不得撕毁。

(3)自制原始凭证必须有经办单位领导人或者其指定的人员签名或者盖章。对外开出的原始凭证,必须加盖本单位公章。

【温馨提示】

从外单位取得的原始凭证,必须盖有填制单位的公章;从个人取得的原始凭证,必须有填制人员的签名或者盖章。

(4)购买实物的原始凭证,必须有验收证明。支付款项的原始凭证,必须有收款单位和收款人的收款证明。

发生销货退回的,除填制退货发票外,还必须有退货验收证明;退款时,必须取得对方的收款收据或者汇款银行的凭证,不得以退货发票代替收据。

职工公出借款凭据,必须附在记账凭证之后。收回借款时,应当另开收据或者退还借据副本,不得退还原借款收据。

经上级有关部门批准的经济业务,应当将批准文件作为原始凭证附件。

(5)原始凭证不得涂改、挖补。发现原始凭证有错误的,应当由开出单位重开或者更正,更正处应当加盖开出单位的公章。

【知识链接】

查阅《会计基础工作规范》相关规定,参见 http://tfs.mof.gov.cn/caizhengbuling/20×103/t20×10315_3193919.htm。

三、原始凭证的审核

会计机构、会计人员要根据审核无误的原始凭证填制记账凭证。对原始凭证审核的内容如下。

1. 政策性审核

政策性审核包括审核原始凭证反映的内容是否与实际情况相符,经济业务是否合理、合法,审核原始凭证的填制手续是否真实、合规,审核有关人员是否授权并签字、盖章,审核支付款项业务是否超出预算等方面。

2. 技术性审核

技术性审核包括审核原始凭证填制的基本项目是否完整,审核填写的数量、单价、金额是否准确,审核大、小写金额是否相符等内容。尤其还要关注报销业务中的原始发票单据与报销汇总凭证是否一致,购销业务中原始发票单据与合同、采购审批书等资料是否一致,合计是否填写正确。

会计人员通过审核原始凭证,检查执行国家的方针、政策、法规和制度的情况,加强资金管理,保证核算真实、正确,保护企业财产的完整。对不真实、不合法的原始凭证,不予受理。对弄虚作假、严重违法的原始凭证,在不予受理的同时,应当予以扣留,并及时向单位领导人报告,请求查明原因,追究当事人的责任。对记载不准确、不完整的原始凭证,予以退回,要求经办人员更正、补充。

【知识拓展】

根据审核无误的原始凭证填制记账凭证时,除结账和更正错误的记账凭证可以不附原始凭证外,其他记账凭证必须附有原始凭证。对于数量过多的原始凭证,可以单独装订保管,在记账凭证上注明"附件另订"。如果一张原始凭证涉及几张记账凭证,可以把原始凭证附在一张主要的记账凭证后面,在其他记账凭证上附原始凭证复印件。

原始凭证不得外借,其他单位如因特殊原因需要使用原始凭证时,经本单位会计机构负责人、会计主管人员批准,可以复制,并在专设的登记簿上登记,相关人员共同签名或者盖章。

从外单位取得的原始凭证如有遗失,应当取得原开出单位盖有公章的证明,并注明原来凭证的号码、金额和内容等,由经办单位会计机构负责人、会计主管人员和单位领导人批准后,才能代作原始凭证。如果确实无法取得证明的,如火车、轮船、飞机票等凭证,由当事人写出详细情况,由经办单位会计机构负责人、会计主管人员和单位领导人批准后,代作原始凭证。

【课中练】

公司新产品研发部派小王出差到南昌考察新产品生产技术。小王出差前办理借款 3 500 元。请完成:

(1)替小王填写借款单(如表 7-10 所示)。

(2)思考这张借款单要经过哪些审批和审核程序。

表 7-10   借 款 单

单据及附件共　　页

借款人		借款日期	年　月　日	还款日期	年　月　日

借款事由			金　额						
			万	千	百	十	元	角	分

金额大写：　万　仟　佰　拾　元　角　分	实际支出：
	应退(补)款：

备注：

借款人签字：　　　　　　　审批人签字：　　　　　　　财务签字：

任务 3　记账凭证管理

一、记账凭证概述

1. 记账凭证的含义

记账凭证是按经济业务性质加以分类，确定会计分录，作为登记账簿依据的一种凭证。会计人员必须根据审核无误的原始凭证或原始凭证汇总表填制记账凭证。

账簿需要按照一定的会计科目和记账规则进行登记，而原始凭证中未写明会计科目和记账方向。为了做好记账工作，会计人员必须将各种原始凭证按其所反映的经济内容进行归类和整理、编制记账凭证。在记账凭证中，列明了会计科目，指明了记账方向，确定了会计分录。依据记账凭证登记账簿，不仅可以简化记账工作、减少差错，而且有利于原始凭证的保管，便于对账和查账，提高会计工作质量。

【温馨提示】

记账凭证和原始凭证同属于会计凭证，但两者存在着以下差别：

(1) 原始凭证是由经办人员填制的；记账凭证一律由会计人员填制。

(2) 原始凭证是根据发生或完成的经济业务填制；记账凭证是根据审核后的原始凭证填制的。

(3) 原始凭证仅用来记录、证明经济业务已经发生或完成；记账凭证要依据会计科目对已经发生或完成的经济业务进行归类、整理。

(4) 原始凭证是填制记账凭证的依据；记账凭证是登记账簿的依据。

2. 记账凭证的分类及基本内容

记账凭证有多种分类方法，如图 7-3 所示。这里主要介绍记账凭证按其适用的经济业务，分为专用记账凭证和通用记账凭证两类。

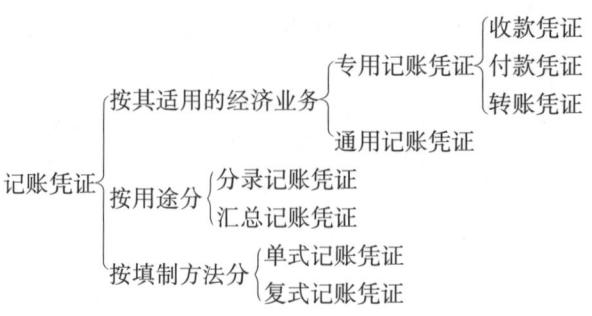

图 7-3　记账凭证分类图

1) 专用记账凭证

专用记账凭证是用来专门记录某一类经济业务的记账凭证。专用记账凭证按其所记录的经济业务是否与现金和银行存款的收付有关,又分为收款凭证、付款凭证和转账凭证三种。

第一,收款凭证。

收款凭证是用来记录现金和银行存款等货币资金收款业务的凭证。它是根据现金和银行存款收款业务的原始凭证填制的,其格式如表 7-11 所示。

表 7-11

收 款 凭 证

借方科目_____　　　　　　　　年　月　日　　　　　　　　__字第__号　　附件__张

摘　　要	贷　方　科　目		金　　额										记账
	总账科目	明细科目	千	百	十	万	千	百	十	元	角	分	
附单据　　　　张	合　　计												

会计主管　　　　　复核　　　　　记账　　　　　出纳　　　　　填表

第二,付款凭证。

付款凭证是用来记录现金和银行存款等货币资金付款业务的凭证。它是根据现金和银行存款付款业务的原始凭证填制的,其格式如表 7-12 所示。

收款凭证和付款凭证是用来记录货币收付业务的凭证,既是登记现金日记账、银行存款日记账、明细分类账及总分类账等账簿的依据,也是出纳人员收付款项的依据。出纳人员不能依据现金、银行存款收付业务的原始凭证收付款项,必须根据会计主管人员或指定人员审核批准的收款凭证和付款凭证收付款项,以加强对货币资金的管理,有效地监督货币资金的使用。但是,对于现金和银行存款之间及各种银行存款之间相互划转的业务,如从银行提取现金或把现金存入银行,要注意只填制付款凭证,不填制收款

凭证,以免重复记账

表7-12

付 款 凭 证

__字第__号

年　月　日

贷方科目_____　　　　　　　　　　　　　　　　　　　附件__张

对方单位	摘要	借方科目		金额										记账
		总账科目	明细科目	千	百	十	万	千	百	十	元	角	分	
结算方式及票号:			合计											

会计主管　　　　记账　　　　稽核　　　　出纳　　　　制证

第三,转账凭证。

转账凭证是用来记录与现金、银行存款等货币资金收付款业务无关的转账业务(即在经济业务发生时不需要收付现金和银行存款的各项业务)的凭证,它是根据有关转账业务的原始凭证填制的。

转账凭证是登记总分类账及有关明细分类账的依据,其格式如表7-13所示。

表7-13

转 账 凭 证

年　月　日

转字第__号

附件__张

摘　要	总账科目	明细科目	借方金额										贷方金额										记账
			千	百	十	万	千	百	十	元	角	分	千	百	十	万	千	百	十	元	角	分	
合　　计																							

会计主管　　　　审核　　　　制证　　　　记账

2）通用记账凭证

通用记账凭证的格式,不再分为收款凭证、付款凭证和转账凭证,而是以一种格式记录全部经济业务。在经济业务比较简单的经济单位,为了简化凭证可以使用通用记账凭证,记录所发生的各种经济业务。格式如表7-14所示。

表 7-14

记 账 凭 证

年　　月　　日　　　　　　　　　　　　　　　__字__号

摘　要	总账科目	明细科目	借方金额											贷方金额											记账
			千	百	十	万	千	百	十	元	角	分	千	百	十	万	千	百	十	元	角	分	
合计:		(附件　　张)																						

会计主管　　　　　　审核　　　　　　　　制证　　　　　　　记账

综上所述,在会计实务中,由于各单位具体情况不同,会计人员选择使用的记账凭证的种类也就不尽相同。

二、记账凭证的填制与汇总

各种记账凭证都应该具备下列基本内容:

(1) 记账凭证的名称。

(2) 填制凭证的日期和凭证编号。

(3) 会计科目、借贷方向和金额。

(4) 经济业务的内容摘要。

(5) 所附原始凭证的张数。

(6) 经办人员的签名或盖章。收款和付款记账凭证还应当由出纳人员签名或者盖章。

【温馨提示】

在会计实务中,记账凭证的填制与汇总发挥着"承前启后"的关键作用。一方面,会计人员填制记账凭证并把所依据的原始凭证附在后面,记账凭证可以根据一张或若干张反映同一经济业务的原始凭证填制,也可以把若干张同类经济业务的原始凭证进行汇总,根据原始凭证汇总表填制;另一方面,要根据记账凭证直接或按一定方式汇总后登记总账及有关明细账。记账凭证的汇总是指根据一定时期内所填制审核的记账凭证,定期编制科目汇总表或汇总记账凭证。其目的是为了减少记账工作量。

记账凭证的填制和汇总要求做到记录真实、内容完整、分录正确、书写清楚、填制及时。在具体操作时,首先应确定采用哪种格式的记账凭证,若企业规模大、收付款业务多的宜选择采用专用凭证;若企业规模小、业务少的宜选择采用通用记账凭证。若为了集中反映账户对应关系、便于查账、减少凭证数量宜选择采用复式凭证，即要求将某项经济业务所涉及的全部会计科目集中填列在一张记账凭证上；若为了分工汇总、记账、加速账务处理工作宜选择采用单式凭证，即把某一项经济业务的会计分录，按其所涉及的会计科目，分散填制两张或两张以上的记账凭证。其次，若选择采用专用凭证，还要具体确定填制收款、付款和转账中的哪一种专用凭证。

记账凭证在填制时应特别注意：

（1）填制记账凭证时，应当对记账凭证进行连续编号。

（2）不得将不同内容和类别的原始凭证汇总填制在一张记账凭证上。

（3）记账凭证填制完经济业务信息后，如有空行，应当自金额栏最后一笔金额数字下的空行处至合计数上的空行处划线注销。记账凭证的填制如表 7-15 所示。

表 7-15

记 账 凭 证

2017 年 7 月 20 日　　　　　　　　　　　　　　　　记字 11 号

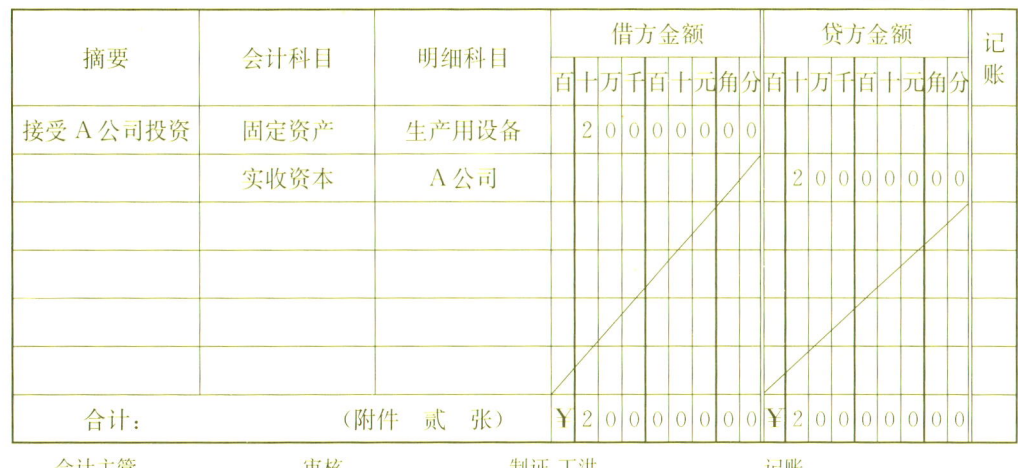

摘要	会计科目	明细科目	借方金额 百 十 万 千 百 十 元 角 分	贷方金额 百 十 万 千 百 十 元 角 分	记账
接受 A 公司投资	固定资产	生产用设备	2 0 0 0 0 0 0 0		
	实收资本	A 公司		2 0 0 0 0 0 0 0	
合计：	（附件 贰 张）		￥2 0 0 0 0 0 0 0	￥2 0 0 0 0 0 0 0	

会计主管　　　　　　审核　　　　　　制证 丁洪　　　　　　记账

三、记账凭证的审核

为了正确登记账簿和监督经济业务，除了编制记账凭证的人员应当认真负责、正确填制、加强自审以外，同时还应建立专人审核制度。如前所述，记账凭证是根据审核后的合法的原始凭证填制的。因此，记账凭证的审核，除了要对原始凭证进行复审外，还应注意以下几点。

1. 合规性审核

合规性审核主要是审核记账凭证是否附有原始凭证，原始凭证是否齐全，内容是否合法，记账凭证的所记录的经济业务与所附原始凭证所反映的经济业务是否相符。

2. 技术性审核

技术性审核主要是审核记账凭证的应借、应贷会计科目是否正确，科目对应关系是否清晰，所使用的会计科目及其核算内容是否符合会计制度的规定，金额计算是否准确。摘要是否填写清楚、项目填写是否齐全（如日期、凭证编号、二级和明细会计科目、附件张数以及有关人员签章等)。

在审核过程中,如果发现差错,应查明原因,按规定办法及时处理和更正。只有经过审核无误的记账凭证,才能据以登记账簿。

如果在填制记账凭证时发生错误,应当重新填制。已经登记入账的记账凭证,在当年内发现填写错误时,可以用红字填写一张与原内容相同的记账凭证,在摘要栏注明"注销某月某日某号凭证"字样,同时再用蓝字重新填制一张正确的记账凭证,注明"订正某月某日某号凭证"字样。如果会计科目没有错误,只是金额错误,也可以将正确数字与错误数字之间的差额,另编一张调整的记账凭证,调增金额用蓝字,调减金额用红字。发现以前年度记账凭证有错误的,应当用蓝字填制一张更正的记账凭证。

【知识拓展】

各单位会计凭证由经办部门到会计部门,由制单会计岗位到审核会计岗位,应当及时传递,不得积压,其传递程序应当科学、合理,具体办法由各单位根据会计业务需要自行规定。

会计机构、会计人员要妥善保管会计凭证。凭证登记完毕后,应当按照分类和编号顺序保管,不得散乱丢失。记账凭证应当连同所附的原始凭证或者原始凭证汇总表,按照编号顺序,折叠整齐,按期装订成册,并加具封面,注明单位名称、年度、月份和起讫日期、凭证种类、起讫号码,由装订人在装订线封签外签名或者盖章。

【课中练】

根据任务2的课中练,以钱小小的身份完成小王借款业务原始凭证的审核,填制付款凭证,并请思考接下来要进入的会计工作程序。

任务4 财产清查

一、财产清查概述

1. 财产清查的含义

财产清查是对各项财产物资进行实物盘点、账面核对,以保证账账、账实相符的一种专门方法。财产清查可以查明各项财产物资、债权债务、所有者权益情况,加强物资管理,监督财产是否完整。

【知识拓展】

从理论上讲,企业各项财产物资的实存数与账存数应当是一致的,但由于自然灾害、管理不善、技术进步、积压毁损等原因,有时会出现实存数与账存数不符的现象,大多是盘亏毁损的情况。造成这种情况的原因主要有:

(1)在收发财产物资时,由于计量、检验不准确而发生品种、数量或质量上的差错。

（2）在账务处理中出现漏记、重记、错记或计算上的错误。

（3）财产物资在保管过程中发生自然损耗。

（4）银行款项的未达账项。

（5）由于管理不善、工作人员失职，以及不法分子的营私舞弊、贪污失职造成的。

（6）发生自然灾害和意外事故，导致财产物资毁损。

2. 财产清查的重要作用

（1）通过财产清查，可以查明各项财产物资的实有数量，确定实有数量与账面数量之间的差异，查明原因和责任，以便采取有效措施，消除差异，改进工作，从而保证账实相符，提高会计资料的准确性。

（2）通过财产清查，可以查明各项财产物资的保管情况是否良好，有无因管理不善，造成霉烂、变质、损失浪费，或者被非法挪用、贪污盗窃的情况，以便采取有效措施，改善管理，切实保障各项财产物资的安全完整。

（3）通过财产清查，可以查明各项财产物资的库存和使用情况，合理安排生产经营活动，充分利用各项财产物资，加速资金周转，提高资金使用效果。

3. 财产清查的分类

财产清查可以按不同的标准进行分类。被清查的对象和范围，可以分为全面清查和局部清查。按清查的时间，可以分为定期清查和不定期清查。

全面清查是对属于本单位或存放在本单位的全部财产物资进行的清查。例如，年终决算之前、单位撤销、合并或改变隶属关系前、单位主要领导调离工作前都要进行全面清查。局部清查是根据需要对部分财产物资进行盘点与核对。例如，企业库存现金应每日清点一次，银行存款每月至少同银行核对一次，债权债务每年至少核对一至两次，各项存货应有计划、有重点地抽查，贵重物品每月清查一次等。

定期清查一般在期末进行，它可以是全面清查，也可以是局部清查。不定期清查一般是局部清查，如企业更换出纳人员时，对库存现金、银行存款所进行的清查。

二、财产清查的程序

财产清查是一项复杂而又细致的工作一般包括四个步骤：组织安排→工作准备→进行清查→结果处理。

【知识拓展】

财产清查前成立清查小组，负责财产清查的组织和管理。

准备工作包括会计部门提供完整、正确的会计记录，财产管理部门将各种手续办理齐全、将实物整理整齐，并准备有关的衡量器具及清查所需的登记表。

清查人员按清查组的计划和要求，进行清查。在清查财产物资时，财产物资的保管员必须在场，并登记盘点表；清查现金，应有出纳人员在场，并登记现金盘点报告表。

财产清查结果的处理一般指的是对账实不符——盘盈、盘亏情况的处理。但对账实相符中财产物资的积压、变质、霉烂及毁损，也是其处理的对象。

【小思考】

什么原因会导致盘盈、盘亏?

三、财产清查的方法及处置

不同的财产物资,财产清查的方法是不同的,处置的依据和手段也是不同的。

财产清查首先要确定财产物资账面结存数,然后通过实地盘点法、技术推算法或单据核算、函证查询等方法计算其实存数,当实存数与账存数不符时,调整账簿记录。

【知识拓展】

存货的清查是财产清查的重要内容。确定存货账面结存的方法包括永续盘存制和实地盘存制。永续盘存制亦称账面盘存制,平时对各项财产物资的增加数和减少数,都要根据会计凭证连续记入有关账簿,并且随时结出账面余额。而实地盘存制不同于永续盘存制,采用这种方法,平时只登记财产物资的增加数,不登记减少数,到月末再根据实地盘点所确定的实存数,倒挤出这月各项财产物资的减少数。

为反映和监督在财产清查中查明的各种财产物资盘盈、盘亏和毁损及其处理情况,应设置"待处理财产损溢"账户。该账户借方登记待处理的盘亏、毁损数,及经批准后待处理财产盘盈的转销数,贷方登记待处理的盘盈数,及经批准后的待处理财产盘亏、毁损的转销数。本账户是过渡性账户,财产清查处理完毕后应无余额。该账户设置"待处理流动资产损溢"和"待处理非流动资产损溢"两个明细账户。不同物资的具体清查方法和处置将在第四篇内容中作详细阐述,现概括如表 7-16 所示。

表 7-16　　　　　　　　　　　财产清查方法概括

内容	清查方法	处理依据	账实不符可能的原因	是否需要账务处理
库存现金	实地盘点	库存现金盘点报告表	出纳人员责任(多付、未付) 自然灾害 管理不善	是
银行存款	账单核对	银行存款余额调节表	未达账项	否
存货	实地盘点、技术推算	盘点表、账存实存对比表	保管人员责任 自然灾害 计量差错 自身挥发升溢	是
固定资产	实地盘点	盘点表、账存实存对比表	保管人员责任 自然灾害 计量差错 前期未记账	是
债权债务	函证查询	往来款项清查报告表	未达账项	否
			呆账、坏账	是

【拓展任务】

查阅资料,观察用于存货清查的盘点表和账存实存对比表,归纳其必需的要素内容。

任务5 账 簿 管 理

一、账簿管理的内容

会计人员应当根据审核无误的会计凭证登记会计账簿。

会计人员应定期对会计账簿记录的有关数字与库存实物、货币资金、有价证券、往来单位或者个人等进行相互核对,保证账证相符、账账相符、账实相符。对账工作每年至少进行一次。对于漏记事项要予以补记,对于错记事项要采用规定的方法予以更正。

本期发生的经济业务全部登记入账并核对相符,保证其正确性后,会计人员应当按照规定定期结账进行结转结算,以编制财务报表。

二、对账

为保证账簿记录完整、正确、可靠,会计人员要对账簿中的有关数据进行检查和核对,即为对账。对账主要包括账证核对、账账核对和账实核对三大方面。

在对账前,财务部门会计对各类资料应进行初步审核,尤其是与供应商、客户、其他部门之间的账目资料,不满足条件的对账资料应要求补充完善。对于只提供金额而无明细账目的对账资料,不予对账。

1. 账证核对

账证核对是指月终要对账簿记录和会计凭证进行核对,以发现错误之处,并进行更正,这也是保证账账、账实相符的基础。账证核对主要检查总账与记账凭证汇总表是否相符、记账凭证汇总表与记账凭证是否相符、明细账与记账凭证及所涉及的支票号码及其他结算票据种类等是否相符。

2. 账账核对

账账核对是指各种账簿之间的核对,主要包括检查总账资产类各账户与负债、所有者权益类各账户的余额合计数是否相符,各总账账户与所辖明细账户的各项目之和是否相符,会计部门的总账、明细账与有关职能部门的账卡之间是否相符,本单位各种账簿之间的有关指标是否相符等。

3. 账实核对

账实核对是指各种财产物资的账面余额与实际数额相核对,主要检查现金日记账的账面余额与现金实际库存数额是否相符,银行存款日记账的账面余额与开户银行对账单是否相符,存货明细账的账面余额与库存数是否相符,各种债权债务类明细账的账面余额要与债权人、债务人账面记录是否相符等。

对账后必须及时调整账目。如果对账形成的未达账项在对账单上长期挂账,以后再想调账还需要重新核实;否则,会不知道如何进行账务处理。另外,不调整账目会影响企业应付账款的真实余额。

通过上述对账工作,做到账证相符、账账相符和账实相符,使会计核算资料真实、正确、可靠。

三、错账更正

1. 划线更正法

划线更正法适用于在结账前,如果发现账簿记录有错误,而记账凭证无错误,即纯属登账时文字或数字上的错误,应采用划线更正法更正。更正时,先在错误的数字或文字上画一条红线,表示注销,但应保证原有的字迹仍能辨认,然后在划线上方空白处填写正确的数字或文字,并在更正处加盖更正人员的印章,以明确责任。但应注意的是,对于错误的数字,必须全部划掉,不能只划去整个数字中的个别错误数字。

2. 红字更正法

红字更正法适用于两种情况:

(1) 记账后发现记账凭证中的应借、应贷会计账户有错误,从而引起记账错误。更正的方法是,先用红字填制一张与原错误的记账凭证完全相同的记账凭证,并据以记账。

(2) 记账后发现记账凭证和账簿记录中应借、应贷会计账户无误,只是所记录的金额大于应记金额。更正的方法是,按多记的金额用红字编制一张与原来记账凭证应借、应贷完全相同的记账凭证,以冲销多记的金额,并据以记账。

3. 补充登记法

补充登记法适用于记账后,发现记账凭证中的应借应贷的会计账户无误,只是多记金额小于应记金额,可以采用补充登记法予以更正。具体做法是,按少记的金额用蓝字编制一张与原记账凭证应借、应贷科目完全相同的记账凭证,以补充少记的金额,并据以记账。

四、结账

结账就是总结一定时期内所发生的经济业务,进行账项调整,结转利润,在经济业务全部登记入账的基础上将各种账簿的记录结算出本期发生额和期末余额,并将余额结转下期或新的账簿的过程。

会计人员应按照规定,对现金、银行存款日记账按日结账,对其他账户按月、季、年结账。在会计电算化条件下,结账工作可以利用计算机进行。

1. 结账的程序

(1) 检查本期内日常发生的经济业务是否已全部登记入账,若发现漏账、错账,应及时补记、更正。

(2) 在实行权责发生制的单位,应按照权责发生制的要求,进行账项调整的账务处理,以计算确定本期的成本、费用、收入和财务成果。

（3）将损益类账户转入"本年利润"账户，结平所有损益类账户。

（4）在本期全部经济业务登记入账的基础上，结算出所有账户的本期发生额和期末余额。计算登记各种账簿的本期发生额和期末余额。

会计人员应按照规定，对现金、银行存款日记账按日结账，对其他账户按月、季、年结账。

2. 结账的方法

1）月结时

（1）对不需要按月结计本期发生额的账户，如各项应收款明细账和各项财产物资明细账等，每次记账以后，都要随时结出余额，每月最后一笔余额即为月末余额。也就是说，月末余额就是本月最后一笔经济业务记录的同一行内的余额。月末结账时，只需要在最后一笔经济业务记录之下划一单红线，不需要再结计一次余额。

（2）现金、银行存款日记账和需要按月结计发生额的收入、费用等明细账。每月结账时，要在最后一笔经济业务记录下面划一单红线，在红线下"摘要"栏内注明"本月合计""本月发生额及余额"字样，在"借方"栏、"贷方"栏或"余额"栏分别填入本月合计数和月末余额，同时在"借或贷"栏内注明借贷方向。然后，在这一行下面再划一条通栏红线，以便与下月发生额划清。

（3）总账账户平时只需结计月末余额。

（4）需要结计本月发生额的某些账户，如果本月只发生一笔经济业务，由于这笔记录的金额就是本月发生额，结账时，只要在此行记录下划一单红线，表示与下月的发生额分开就可以了，不需另结出"本月合计"数。

（5）需要结计本年累计发生额的某些明细账户，如产品销售收入、成本明细账等，每月结账时，应在"本月合计"行下结计自年初起至本月末止的累计发生额，登记在月份发生额下面，在摘要栏内注明"本年累计"字样，并在下面再划一单红线。12月末的"本年累计"就是全年累计发生额，全年累计发生额下划双红线。

【温馨提示】

　　结账如何划线？结账划线的目的，是为了突出本月合计数及月末余额，表示本会计期的会计记录已经截止或结束，并将本期与下期的记录明显分开。根据《会计工作基本规范》规定，月结划单线，年结划双线。划线时，应通栏划红线，不应只在本账页中的金额部分划线。

2）季结时

通常在每季度的最后一个月月结的下一行，在"摘要"栏内注明"本季合计"或"本季度发生额及余额"，同时结出借贷方发生总额及季末余额。然后，在这一行下面划一条通栏单红线，表示季结的结束。

3）年结时

在第四季度季结的下一行，在"摘要"栏注明"本年合计"或"本年发生额及余额"，同时结出借贷方全年发生额和年末余额，并在这一行下面划上通栏双红线，以示封账。

五、转入新账

对于新的会计年度建账,**总账、日记账和多数明细账应每年更换一次**。但有些财产物资明细账和债权债务明细账,可以跨年度使用,不必每年更换一次,如固定资产明细账。各种备查簿也可以连续使用。

年终时,要把各账户的余额结转到下一会计年度,只在摘要栏注明"结转下年"字样,结转金额不再抄写。如果账页的"结转下年"行以下还有空行,应当自余额栏的右上角至日期栏的左下角用红笔划对角斜线注销。在下一会计年度新建有关会计账簿的第一行余额栏内填写上年结转的余额,并在摘要栏注明"上年结转"字样。

项目小结

序号	知识点	小结内容
任务1 会计循环	循环的环节	
任务2 原始凭证管理	会计凭证的含义	
	原始凭证的分类	
	原始凭证的填制	
	原始凭证的审核	
任务3 记账凭证管理	记账凭证的含义	
	记账凭证的分类	
	记账凭证的填制	
	记账凭证的审核	

序号	知识点	小结内容
任务4 财产清查	财产清查的含义	
	财产清查的分类	
	财产清查的程序	
	财产清查的方法	
任务5 账簿管理	对账	
	错账更正	
	结账	

【训练资料】 公司新产品研发部派小王出差到南昌考察新产品生产技术。小王出差前办理借款 3 500 元。五天考察结束后办理报销手续,提供了以下资料,并经领导审批,余款以现金支付。

(1) 往返火车票 2 张,每张记载金额 449.50 元。

(2) 住宿专用发票 1 张,记载住宿 4 天,共支付 1 908 元。(图示略)

【温馨提示】

火车票记载 449.50 元中含增值税 13.09 元,支付住宿款项 1 908 中含 108 元增值税。根据增值税相关规定均可抵扣增值税。

【训练要求】 假设不同会计岗位,完成下列任务。

1. 请审核原始单据,为小王填制差旅费报销单(见表 7-6)。

2. 请根据该业务,填制记账凭证(见表 7-14)。

3. 审核记账凭证后,记载"其他应收款"明细账(见表 7-17)。

4. 月末,对"其他应收款"明细账进行结账。

表 7-17   其他应收款明细分类账

账户名称:其他应收款——研发部(王新)

20××年		凭证号数	摘 要	借方	贷方	借或贷	余 额
月	日						
6	1		期初余额			借	2 000
6	2	记5	报办公费		2 000	平	0
6	13	记18	付考察借款		3 500	借	3 500

项目八　算账——用 Excel 解决问题

【学习目标】

熟悉办公软件的应用，思考 Excel 在会计处理中怎样更好地发挥作用

【工作任务】

掌握常见公式和函数的编写

运用 Excel 表格处理进行建账

运用公式建立项目间的勾稽关系

运用函数建立数据间的核对关系

运用复式记账规则对典型业务记账并进行试算平衡

【思政引导】

虽然公司采用的是软件记账，但是 Excel 作为目前最方便的表格处理软件之一，一直是李小康的秘密武器，他觉得紧跟会计信息技术的发展步伐，时刻关注自己在日常工作中所使用信息技术所出现的一些技术性变化，及时学习并将之运用到工作中，这不但可以使其自身的工作具备更强的技术性，更能由此而带动其单位形成积极而良好的学习氛围。使用 Excel 来处理一些工作上的问题非常方便，甚至用来记账也不逊色于财务软件。他利用自己的业余时间重温了利用 Excel 记账的过程，让我们也随着他一起学习这个非常好用的软件。

任务 1　Excel 简介

Excel 2013 是继 Excel 2010 后推出的升级版，它是目前最流行的关于电子表格处理的软件之一，具有强大的计算、分析和图表等功能，是公司最常用的办公数据表格软件之一。与以前版本相比较，2013 版本还出现了很多新功能。

一、Excel 2013 界面

启动 Excel 2013，进入其工作界面。Excel 2013 工作界面主要由标题栏、功能区、名称框、编辑栏、工作表区和状态栏六部分组成，如图 8-1 所示。

（1）标题栏：位于工作簿的最上面，显示的是一个 Excel 工作簿文件的名称，新建一个文件时，系统自动以工作簿 1、工作簿 2 等命名，可以在保存时进行文件的重命名。

（2）功能区：在默认情况下包括文件、开始、插入、页面布局、公式、数据、审阅和视图 8 个选项卡。

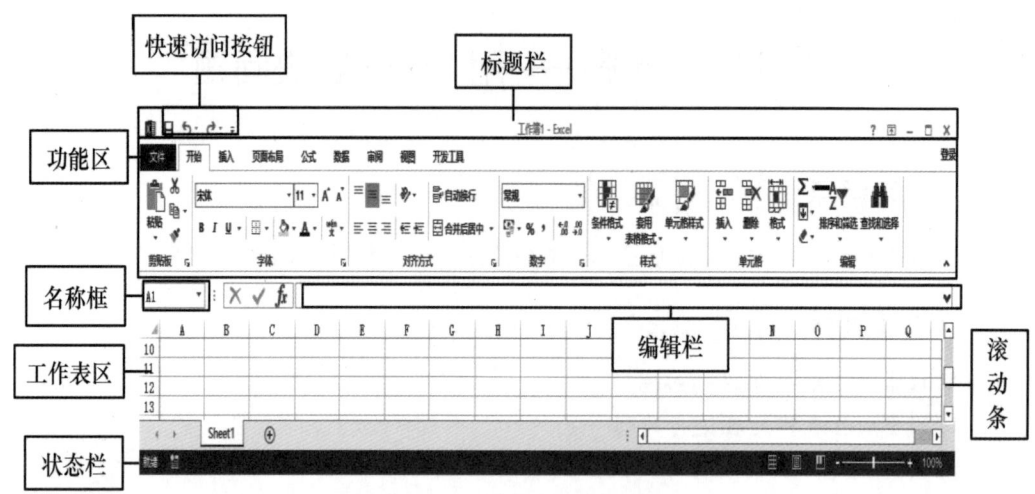

图 8-1 Excel 2013 工作界面

(3) 名称框:用来定义当前单元格或单元格区域的名字,如果没有定义名字,则在名称框中显示活动单元格的地址名称。

(4) 编辑栏:在名称框的右边,是输入数据和编辑单元格数据的地方。

(5) 工作表区:由单元格、行高、列宽、滚动条及工作表标签组成。一个工作表最多有 1 048 576 行×16 384 列。

(6) 状态栏:位于工作表窗口的最下端,用来显示 Excel 当前的工作状态。当你在单元格进行编辑时,状态栏的最左端就会显示出"输入"字样,输入完毕后恢复到"就绪"字样。在状态栏空白处,右击可以自定义状态栏显示的内容。在状态栏的右下角,可以对工作簿视图进行调整,Excel 分别提供了普通视图、页面布局和分页预览三种模式供使用者选择。

下面对功能区中几个重要的选项卡做简单的介绍。

(1) "文件"功能区。在"文件"功能区里,会出现新建、打开、保存、另存为、打印、共享、选项等功能,其中"选项"功能有很多功能是很有实用价值的,可以对工作起到事半功倍的效果。

(2) "开始"功能区。在默认的情况下,"开始"功能区拥有剪切板、字体、对齐方式、数字、样式、单元格和编辑七大功能,单击某一个工具将弹出与该工具相关的菜单列表,每一个菜单项对应一个具体的功能。

(3) "插入"功能区。在默认的情况下,"插入"功能区涵盖了表格、插图、应用程序、图表、报告、迷你图、筛选器、链接、文本和符号十大工具栏。"插入"功能区承载了在 Excel 工作表中嵌入图表图形的处理能力。其中,数据透视表、数据透视图以及图表是使用很广泛的功能。其他比较突出的是在 2010 版本之后才出现的"迷你图"这个工具。

(4) "公式"功能区。"公式"功能区是 Excel 的核心功能之一,承载了函数库、定义的名称、公式审核与计算四大功能。其中,最为复杂的是函数库,包括财务函数、逻辑函数、文本函数、日期和时间函数、查找与引用函数、数学和三角函数以及其他函数。

（5）"数据"功能区。"数据"功能区也是 Excel 的核心功能之一，包含了获取外部数据、连接、排序和筛选、数据工具和分级显示。此功能主要用来在 Excel 工作表中进行数据处理方面的操作。其中排序和筛选及数据工具使用较多，该部分内容将在后面进行详细讲解。

（6）"审阅"和"视图"功能区。"审阅"功能区中最常用的是保护工作表、保护工作簿、允许用户编辑区域等功能，主要用于对编辑的工作表进行保护。"视图"功能区中最常用的是窗口功能，如冻结窗格、全部重排等，主要是为了在表格视觉上能根据需要来进行展示。

二、Excel 公式和函数基础

1. 公式的基础

公式是对工作表中的值执行计算的等式。Excel 中的公式始终以等号开头。在一般情况下，可以使用常量和计算运算符创建简单公式。例如，公式"=（56+78）/2"，就是常量和运算符结合而成的。也可以使用函数创建公式。例如，公式"=SUM（A1：A2）"或者"=SUM（A1，A2）"，都使用 SUM 函数将单元格 A1 和 A2 中的值相加。公式主要包含了以下几个方面。

1）函数

函数可以简化和缩短工作表中的公式，尤其在用公式执行很长或复杂的计算时。函数输入后用括号括起参数。后面将会对函数基础进行讲解。

2）单元格引用

利用单元格引用，可以在公式中引用工作表单元格中的数据。例如，某单元格引用 A2，返回 A2 单元格的值或在计算中使用该值。

3）常量

常量不是通过计算得出的值。比如，数字、文本等均为常量，而表达式或由表达式计算得出的值都不是常量。通常，可以直接在公式中输入数字或文本值等常量。

4）运算符

运算符是指一个标记或者一个符号，用于指定表达式内执行的计算类型。常用的算术运算符主要有加号"+"、减号"−"、除号"/"及百分号"%"。常用的比较运算符主要有等号"="、大于号">"、小于号"<"、大于等于号">="、小于等于号"<="及不等号"<>"。文本连接运算符只有与号"&"，该符号用于将两个文本值连接或串起来产生一个连续的文本值。常用的引用运算符有区域运算符"："、联合运算符"，"及交叉运算符" "（空格）。

2. 公式的基本操作

1）输入公式

在 Excel 2013 中，可以通过键盘手动输入公式到工作表中。手动输入 Excel 公式时必须以等号"="开始，Excel 会将输入的内容作为等式对待。输入完毕后按【Enter】键即可。

2）公式的引用样式

通过引用，可以在一个公式中使用工作表不同部分中包含的数据，也可以在多个公式中使用同一个单元格的数值。此外,还可以引用同一个工作簿中其他工作表上的单元格和其他工作簿中的数据。引用其他工作簿中的单元格被称为链接或外部引用(外部引用是指对其他 Excel 工作簿中的工作表单元格或区域的引用或对其他工作簿中定义名称的引用)。

3) 公式引用的类型

为满足不同用途的需要,Excel 提供了三种不同的引用类型,即相对引用、绝对引用和混合引用。

(1) 相对引用。公式中的相对单元格引用(如 A1)是基于包含公式和单元格引用的单元格的相对位置进行的。如果公式所在单元格的位置改变,引用也随之改变。如果多行或多列地复制或填充公式,引用会自动调整。在默认情况下,新公式使用相对引用。

(2) 绝对引用。公式中的绝对单元格引用(如"＄A＄1")总是在特定位置引用单元格。如果公式所在单元格的位置改变,绝对引用将保持不变。如果多行或多列地复制或填充公式,绝对引用将不作调整。例如,将包含在公式中的绝对引用"＄A＄1"从单元格 B2 复制或填充到单元格 B3,则仍然是"＄A＄1"。

按【F4】键可以实现相对引用、绝对引用和混合引用之间的转变。绝对引用的表达方式为"＄A＄1",也就是行号和列标的前面都有"＄"符号;混合引用的表达方式为"＄A1"或"A＄1",只在行号或者列标的前面加"＄"符号。

(3) 混合引用。混合引用具有绝对列和相对行或绝对行和相对列两种形式。绝对列和相对行又称为绝对引用列,采用"＄A1"的形式,表示如果公式所在单元格的位置改变,则相对引用的行改变,而绝对引用的列不改变。绝对行和相对列又称为绝对引用行,绝对引用行采用"A＄1"的形式,表示如果公式所在单元格的位置改变,则相对引用的列改变,而绝对引用的行不改变。

3. 函数的基础

Excel 函数是 Excel 内部预先定义的特殊公式,可以执行计算、分析等处理数据的任务,函数最终返回结果为值。函数由两部分组成:一是函数名称,如 SUM、AVERAGE、MAX 等都是函数名称,决定了函数的功能和用途。二是函数参数,参数规定了函数的运算对象、顺序或结构等,参数可以是一个或多个,多个参数之间以逗号分隔。参数可以是数字、文本、逻辑值、数组、单元格引用等,也可以是公式或其他函数。参数的类型和位置必须满足函数的语法要求;否则,将返回错误信息。

Excel 函数一共有 11 类,分别是数据库函数、日期与时间函数、工程函数、财务函数、信息函数、逻辑函数、查询和引用函数、数学和三角函数、统计函数、文本函数以及用户自定义函数。下面主要介绍前七类函数。

(1) 数据库函数。当需要分析数据清单中的数值是否符合特定条件时,可以使用数据库工作表函数。例如,在一个包含销售信息的数据清单中,可以计算出所有销售数值大于 1 000 且小于 2 500 的行或记录的总数。Microsoft Excel 共有 12 个工作表函数用于对存储在数据清单或数据库中的数据进行分析,这些函数的统一名称为Dfunctions,也称为 D 函数,每个函数均有 3 个相同的参数——database、field 和

criteria。这些参数指向数据库函数所使用的工作表区域。其中，参数 database 为工作表上包含数据清单的区域；参数 field 为需要汇总的列的标志；参数 criteria 为工作表上包含指定条件的区域。

（2）日期与时间函数。通过日期与时间函数，可以在公式中分析和处理日期值和时间值。

（3）工程函数。工程函数用于工程分析。这类函数中的大多数可分为三种类型，即对复数进行处理的函数、在不同的数字系统（如十进制系统、十六进制系统、八进制系统和二进制系统）间进行数值转换的函数和在不同的度量系统中进行数值转换的函数。

（4）财务函数。财务函数可以进行一般的财务计算，如确定贷款的支付额、投资的未来值或净现值，以及债券或息票的价值。财务函数中常见的参数有：

① 未来值（fv）——在所有付款发生后的投资或贷款的价值。

② 期间数（nper）——投资的总支付期间数。

③ 付款（pmt）——对于一项投资或贷款的定期支付数额。

④ 现值（pv）——在投资期初的投资或贷款的价值。例如，贷款的现值为所借入的本金数额。

⑤ 利率（rate）——投资或贷款的利率或贴现率。

⑥ 类型（type）——付款期间内进行支付的间隔，如在月初或月末。

（5）信息函数。可以使用信息函数确定存储在单元格中的数据的类型。信息函数包含一组称为 IS 的工作表函数，在单元格满足条件时返回"TRUE"。例如，如果单元格包含一个偶数值，ISEVEN 工作表函数返回"TRUE"。如果需要确定某个单元格区域中是否存在空白单元格，可以使用 COUNTBLANK 工作表函数对单元格区域中的空白单元格进行计数，或者使用 ISBLANK 工作表函数确定区域中的某个单元格是否为空。

（6）逻辑函数。使用逻辑函数可以进行真假值判断，或者进行复合检验。例如，可以使用 IF 函数确定条件为真还是假，并由此返回不同的数值。

（7）查询和引用函数。当需要在数据清单或表格中查找特定数值，或者需要查找某一单元格的引用时，可以使用查询和引用工作表函数。例如，如果需要在表格中查找与第一列中的值相匹配的数值，可以使用 VLOOKUP 工作表函数；如果需要确定数据清单中数值的位置，可以使用 MATCH 工作表函数。

任务 2　Excel 建账示例

所谓 Excel 建账，即用 Excel 建立一个工作簿，并建立若干张工作表，用以分别存放会计科目及其期初余额、记账凭证，以及根据记账凭证自动生成的总账和明细账等。

为了更好地说明建账全过程，拟以光华公司 20××年 12 月份发生的经济业务为例加以说明。光华公司 20××年 12 月份的账户及期初余额见表 8-1。

表 8-1   光华公司 20××年 12 月份的期初余额

科目编码	科目名称	期初余额	
		借方	贷方
1001	库存现金	2 019	0
1002	银行存款	336 019.05	0
100201	工行	234 834.05	0
100202	建行	101 185	0
1012	其他货币资金	500 000	0
1101	交易性金融资产	0	0
1121	应收票据	146 150	0
1122	应收账款	634 000	0
112201	南京工业品市场	100 000	0
112202	北京商贸有限公司	200 000	0
112203	合肥化工厂	334 000	0
1123	预付账款	90 000	0
1221	其他应收款	2 200	0
122101	邵斌	2 200	0
1231	坏账准备	0	3 170
1402	在途物资	0	0
1403	原材料	707 354	0
140301	甲材料	200 000	0
140302	乙材料	207 354	0
140303	丙材料	300 000	0
1405	库存商品	186 020	0
140501	A 产品	51 020	0
140502	B 产品	135 000	0
1411	周转材料	21 898.5	0
141101	包装物	21 898.5	0
1511	长期股权投资	125 000	0
151101	浙江光海物流公司	125 000	0
1601	固定资产	3 343 000	0
1602	累计折旧	0	976 257
1604	在建工程	0	0

科目编码	科目名称	期初余额	
		借方	贷方
1606	固定资产清理	0	0
1701	无形资产	71 500	0
170101	专利	71 500	0
1702	累计摊销	0	0
1801	长期待摊费用	0	0
2001	短期借款	0	250 000
2201	应付票据	0	102 375
2202	应付账款	0	529 378
220201	创雅公司	0	229 378
220202	朗格公司	0	300 000
2211	应付职工薪酬	0	86 661.7
221102	工资	0	12 500
221102	职工福利费	0	74 161.7
2221	应交税费	0	75 193.7
222101	应交增值税	0	0
22210101	销项税额	0	0
22210102	进项税额	0	0
22210103	已交税金	0	0
222102	未交增值税	0	26 733
222103	应交所得税	0	45 404.10
222104	应交城建税	0	1 871
222105	应交个人所得税	0	1 185.60
222110	应交教育费附加	0	0
2231	应付利息	0	0
2232	应付股利		
2241	其他应付款	0	43 227
224101	社保（个人）		33 227
224102	公积金		10 000
2501	长期借款	0	430 200
250101	本金	0	350 000

(续表)

科目编码	科目名称	期初余额	
		借方	贷方
250102	应计利息	0	80 200
2502	应付债券	0	50 000
2701	长期应付款	0	34 347.65
4001	实收资本	0	3 100 000
4002	资本公积	0	291 350.5
4101	盈余公积	0	150 000
410101	法定盈余公积	0	150 000
4103	本年利润	0	0
4104	利润分配	0	63 000
410401	未分配利润	0	63 000
5001	生产成本	20 000	0
500101	基本生产成本	20 000	0
500102	辅助生产成本	0	0
5101	制造费用	0	0
6001	主营业务收入	0	0
6111	投资收益	0	0
6401	主营业务成本	0	0
6402	其他业务成本	0	0
6403	税金及附加	0	0
6601	销售费用	0	0
6602	管理费用	0	0
6603	财务费用	0	0
6711	营业外支出	0	0
6801	所得税费用	0	0

假设该公司20××年12月份的具体业务如下:

(1) 2日,从工行提取备用金2 000元。

(2) 5日,采购甲材料5 000元。

(3) 6日,销售部邵斌预借差旅费1 000元。

(4) 10日,计提工人工资16 000元,管理人员工资9 000元。

(5) 11日,车间领用乙材料2 100元。

(6) 12日,销售部销售产品72 320元(含税),销售款项存入建行账户。

(7) 31日,支付本月电话费400元。

（8）31 日，支付本月建行借款利息 120 元。

（9）31 日，计提本月固定资产折旧 3 000 元。其中，生产车间折旧 2 000 元，管理部门折旧 1 000 元。

（10）31 日，结转本月完工 A 产品成本 30 100 元。

（11）31 日，结转本月销售 B 产品成本 20 100 元。

（12）31 日，结转本月损益。

（13）31 日，计算并结转应交所得税（不考虑纳税调整事项，税率为 25%）。

（14）31 日，计算本年利润。

具体操作步骤如下：

第一，创建工作簿。

新建一个工作簿，命名为公司名称，并同时保存在 D 盘的"光华公司财务表格"文件夹里。打开该工作簿，双击工作表 Sheet1 标签，更名为"封面"；将 Sheet2 命名为"会计科目"；将 Sheet3 命名为"会计凭证"。增加工作表 Sheet4、Sheet5，分别命名为"科目汇总表"和"总账汇总表"。

第二，设置会计科目工作表。

会计科目是会计记账的核心，一般分为一级科目、二级科目等，本任务中的一级科目根据小企业会计准则中的会计科目编号和名称进行设置，并在其下设置必要的明细科目。为了提高工作效率，通常以"科目编码"取代"科目名称"作为输入会计科目的依据。单击"会计科目"工作表，执行以下步骤。

（1）设置单元格格式。

① 输入基本信息。

在 A1 单元格中输入"科目编码"，在 B1 单元格中输入"科目名称"，选择 A 列，右击选择"设置单元格格式"命令，弹出"设置单元格格式"对话框，设置数字类型为文本。

② 利用数据验证对单元格进行限制。

先选中 A2 单元格，点击功能栏的"数据"，选择"数据验证"后，在对话框中输入公式，如图 8-2 所示，以此来限制单元格的编码是唯一的、不重复的。设置好后，在"出错警告"选项卡中输入错误信息提示，如图 8-3 所示。设置好 A2 单元格后，将鼠标移到 A2 单元格的右下角，向下拖动填充柄到相应的单元格。

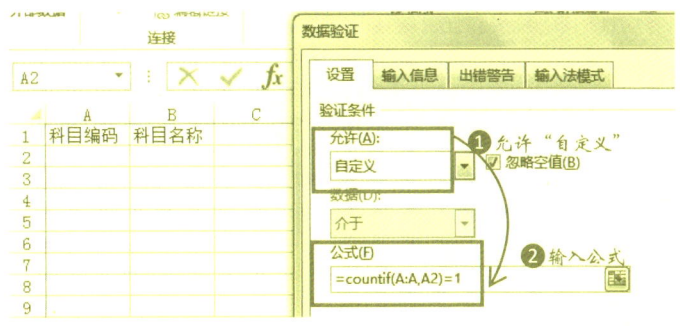

图 8-2 "数据验证"对话框

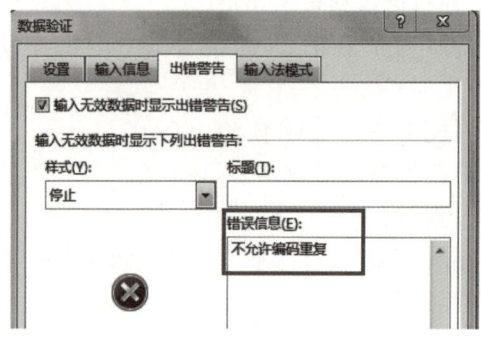

图 8-3　出错警告

【温馨提示】

这个拖动不受限制,当科目增加时可以随时往下拖动,以达到复制限制条件的作用。

在本任务中,主要涉及的函数是COUNTIF,该函数用于对指定区域中符合特定条件的单元格进行计数。语法格式为:

COUNTIF(range, criteria)

其中,参数range表示要进行计数的指定区域,可以包括数字、数组、命名区域或包含数字的引用;参数criteria用于决定要统计数字、表达式、单元格引用或文本字符串。

"=COUNTIF(A:A,A2)=1"表示的意思是A列中等于A2单元格的个数是否为1,即检测A列中A2是否为唯一值;若不是,则返回出错警告"不允许编码重复"。

还有一个COUNTIF函数的扩展,即COUNTIFS函数,用法与COUNTIF类似。但COUNTIF针对单一条件,而COUNTIFS可以实现对多个条件同时求结果,用来统计多个区域中满足给定条件的单元格的个数。

语法格式为:

COUNTIFS(criteria_range1,criteria1,criteria_range2,criteria2,…)

其中,参数criteria_range1为第一个需要计算其中满足某个条件的单元格数目的单元格区域(简称条件区域);criteria1为第一个区域中将被计算在内的条件(简称条件),其形式可以为数字、表达式或文本;同理,criteria_range2为第二个条件区域,criteria2为第二个条件,依次类推。

【温馨提示】

在A列输入科目编码时,先将A列都设为文本格式,再输入数字;或者在常规格式下,先输入单引号,再输入数字。但是切记不要先输入数字再改成文本格式,那样会引起后面的查找函数出现错误。当科目增加时,可以将A列单元格往下拖动,以达到复制限制条件的作用。

③ 美化工作表。

选择A1和B1单元格,单击"开始"功能区"字体"组中"填充颜色"下拉按钮,选择合适的颜色。对照表 8-1 中的相关信息,在 A2 单元格中按需输入科目编码及相应的子科目编码,在 B2 单元格输入对应的科目名称及子科目名称。选择 A1:B112 单元格区域,单击"开始"功能区"字体"组中"边框"下拉按钮,选择"所有框线"。单击"视图"功能区"窗口"组中"冻结窗格"下拉按钮,选择"冻结首行"命令,将 A1 和 B1 单元格及其内容固定在现有位置,不随行列的翻动而隐藏。

(2) 会计科目名称定义。

会计科目表的内容将在后面的工作表中引用,为方便引用可以将工作表部分内容定义两个名称。在定义名称时需要用到一些技巧。

【温馨提示】

在创建比较复杂的工作簿时,使用名称可以方便和有效地管理工作簿,比使用单元格引用更清楚明了,这就是定义名称的功能。例如,在会计凭证工作表中输入凭证时,只需输入四位科目代码,系统就可以自动查找相应的会计科目名称并引用。详细操作在会计凭证工作表中进行讲解。

在定义名称时需要注意以下的命名规则,以免引起错误和冲突。首先,名称中的第一个字符必须是字母、下划线"_"或反斜杠"\",字母不区分大小写;其次,名称不能与单元格引用(例如 Z\$100 或 R1C1)相同,不能将字母"C""c""R"或"r"用作已定义名称;最后,名称中不允许使用空格。定义名称的具体做法有三种:一是使用编辑栏左端的名称框;二是使用"定义名称"对话框;三是用行或列标志创建名称。

在定义名称时需要用到一些技巧。具体操作为:

① 定义"会计科目"名称。

在"公式"功能区"定义的名称"组中单击"定义名称"按钮,弹出对话框,将"名称"定义为"会计科目","范围"选择"工作簿",引用范围选择 A2:C200 区域,如图 8-4 所示。

图 8-4　定义"会计科目"名称

图 8-5　定义"科目代码"名称

② 定义"科目代码"名称。

同样在"公式"功能区"定义的名称"组中单击"定义名称"按钮,弹出对话框,将"名称"定义为"科目代码","范围"选择"工作簿","引用位置"为"= OFFSET(会计科目! \$A\$2,,,COUNTA(会计科目! \$A\$1:\$B\$200),1)",这个函数的意思是以会计科目表中 A2 单元格为起始位置,引用工作簿中的科目代码,如图 8-5 所示。

【拓展任务】

搜索 offset 函数中各参数的含义,了解函数引用的作用。

第三,设置会计凭证工作表。

(1) 设置单元格格式。

从 B3 单元格开始依次输入"凭证号""摘要""科目代码""总账科目""明细科目""借方金额""贷方金额"等单元格名称,选择各列,右击选择"设置单元格格式"命令,弹出"设置单元格格式"对话框,分别设置格式类型。

(2) 设置科目代码。

"科目代码"所在的列需要设置数据验证。选择 D4 单元格,单击"数据验证"按钮,弹出"数据验证"对话框,"允许"栏选择"序列","来源"栏输入"=科目代码",科目代码就是已经设置好的名称,这意味着"来源"栏除了可以直接输入文字外,还可以输入公式或者名称。单击"确定"按钮后,D4 单元格可以在下拉列表中选择合适的一个科目代码。数据验证的输入方法及结果如图 8-6 所示。再将鼠标移到 D4 单元格的右下角,将填充柄向下拖动,就可以使下面的单元格也具有同样的数据验证效果。

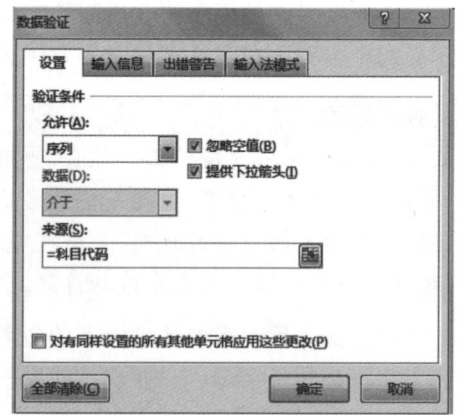

图 8-6　VLOOKUP 函数

(3) 设置总账科目和明细科目。

总账一级科目、明细账二级科目需要设置达到的效果是,一旦科目代码选好,就要自动跳出相应的科目名称。这时要用到 VLOOKUP 函数。

① 设置总账科目。

选择 E4 单元格,利用"插入函数"按钮找到 VLOOKUP 函数,弹出对话框,在第一个参数中输入"LEFT(D4,4)",意思是从 D4 单元格(即"科目代码")左边开始取 4 位数,这 4 位数科目代码就是查找值;第二个参数是查找区域,由于前面已经将会计科目设置成名称了,所以在查找区域输入"会计科目"这个名称即可;第三个参数是输入科目代码所对应的会计科目所在的列,根据会计科目名称的设置可以看出会计科目是在第 2 列,因此输入"2";第四个参数输入"0",代表精确匹配。单击"确定"按钮,再往下复制公式。

② 设置明细科目。

但是,如果在 F4 单元格仅仅输入这个函数会出现一些问题,比如当出现科目代码为 4 位数时,就会在明细科目栏又出现一次总账科目,如图 8-7 所示。

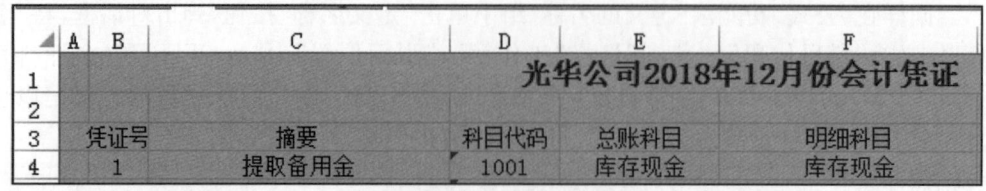

▲	A	B	C	D	E	F
1				光华公司2018年12月份会计凭证		
2						
3		凭证号	摘要	科目代码	总账科目	明细科目
4		1	提取备用金	1001	库存现金	库存现金

图 8-7　重复显示科目

因此需要在 VLOOKUP 函数前面加一个 IF 函数,用于在不存在明细科目的情况下不显示任何值。在此函数前输入"IF",在弹出的对话框中分别输入 3 个参数,意思是如果 D4 单元格的位数不是 4 位的话,那么就直接用 VLOOKUP 函数取值;否则,就显示空白值。再用 SUBSTITUTE 函数,将可能出现的空格去掉,单击"确定"按钮,往下复制公式。最终显示的结果如图 8-8 所示。

| F4 | fx | =SUBSTITUTE(IF(LEN(D4)<>4,VLOOKUP(D4,会计科目,2,0),""),"",""") |

光华公司2018年12月份会计凭证

凭证号	摘要	科目代码	总账科目	明细科目	借方金额
1	提取备用金	1001	库存现金		

图 8-8 选取明细科目

【拓展任务】

搜索 IF、SUBSTITUTE、LEN 等函数及相关函数的作用。

(4)设置金额格式。

选择 G:H 列,单击"开始"功能区"数字"组右下角按钮,跳出"设置单元格格式"对话框,选择"数值"分类,保留 2 位小数,勾选"使用千位分配符"复选框。

(5)输入会计分录。

根据公司发生的经济业务,开始输入 2018 年 12 月份的每笔分录。在 B4 单元格输入数字"1",代表 1 号凭证,C4 单元格输入摘要"收到投资",D4 单元格选择科目代码"100201",E4、F4 单元格会自动跳出总账科目名称和明细科目名称,G4 单元格输入"2 000 000"。在后面的行中也进行类似的操作,部分分录如图 8-9 所示。

光华公司2018年12月份会计凭证

凭证号	摘要	科目代码	总账科目	明细科目	借方金额	贷方金额
1	提取备用金	1001	库存现金		2,000.00	
1	提取备用金	100201	银行存款	工行		2,000.00
2	采购甲材料,验收入库	140301	原材料	甲材料	5,000.00	
2	采购甲材料,验收入库	22210102	应交税费	进项税额	800.00	
2	采购甲材料,验收入库	100201	银行存款	工行		5,800.00
3	员工预借差旅费	122101	其他应收款	邵斌	1,000.00	
3	员工预借差旅费	1001	库存现金			1,000.00
4	计提工资	500101	生产成本	基本生产成本	16,000.00	
4	计提工资	6602	管理费用		9,000.00	
4	计提工资	221101	应付职工薪酬	工资		25,000.00
5	车间领用乙材料	500101	生产成本	基本生产成本	2,100.00	
5	车间领用乙材料	140302	原材料	乙材料		2,100.00
6	销售产品	100202	银行存款	建行	74,240.00	
6	销售产品	6001	主营业务收入			64,000.00
6	销售产品	22210101	应交税费	销项税额		10,240.00
7	支付电话费	6602	管理费用		400.00	
7	支付电话费	100201	银行存款	工行		400.00
8	支付银行借款利息	6603	财务费用		120.00	
8	支付银行借款利息	100202	银行存款	建行		120.00
9	计提折旧	500101	生产成本	基本生产成本	2,000.00	
9	计提折旧	6602	管理费用		1,000.00	
9	计提折旧	1602	累计折旧			3,000.00
10	结转完工产品成本	140501	库存商品	A产品	30,100.00	
10	结转完工产品成本	500101	生产成本	基本生产成本		30,100.00

图 8-9 部分会计分录显示

（6）分录的试算平衡。

在 J3、K3、L3 单元格输入"借方金额合计""贷方金额合计"和"试算平衡"。在 J4 和 K4 单元格录入求和函数，在输入每笔分录后，通过查看 J4 和 K4 单元格来验证借贷金额是否相等，并在 L4 单元格中返回核对结果。14 笔业务的金额之和如图 8-10 所示。

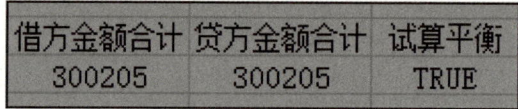

借方金额合计	贷方金额合计	试算平衡
300205	300205	TRUE

图 8-10　借贷方金额合计

【拓展任务】

计算合计数的函数是什么？试算平衡结果为"TRUE"是怎样通过函数实现的？

项 目 小 结

序号	知识点	小结内容
任务 1 Excel 简介	界面栏目	
	常用函数	
任务 2 Excel 建账	创建工作簿	
	创建工作表	

项 目 训 练

根据第二篇项目三的训练资料完成建账及会计凭证录入工作。

第四篇

外行也要懂业务——会计实务

项目九 流动资产有关的业务

【学习目标】

了解企业流动资产内容,思考各类流动资产在企业经济活动中的作用

熟悉所涉及业务的核算程序,思考对流动资产的信息如何进行会计反映

理解流动资产管理的要求,思考对流动资产相关业务如何进行有效监督

【工作任务】

掌握货币资金的内容及库存现金、银行存款的管理要求

理解企业经济往来中的债权债务关系,准确记录应收预付各项业务

初步了解企业投资业务的动机,判断并计量交易性金融资产的盈亏

掌握存货管理的内容,理解存货的收、发、存管理和会计处理方式

运用复式记账的方法,对流动资产各内容进行会计核算

【思政引导】

月末的时候公司内部进行内审,内审是对会计部门工作的再监督,有助于强化公司内部管理控制制度,及时发现问题纠正错误,堵塞管理漏洞,减少损失,保护公司资产的安全与完整,提高会计资料的真实、可靠性。内审发现库存现金盘点数和账户数之间存在不符,盘点结果如下:实有数是 1 800 元,账户金额 2 300 元,职工胡华立借据一张,金额 400 元,未经批准;职工李东预借差旅费 500 元,已经领导批准;已收款但未入账的凭证 6 张,金额 400 元。公司在库存现金管理中是否存在问题? 这部分内容的学习将会告诉你正确的处理方法。

任务 1 货币资金的核算

任何企业要进行生产经营活动都必须拥有货币资金。货币资金是指企业在生产经营过程中直接以货币形态存在的那部分经营资金。根据货币资金的存放地点及其用途的不同,货币资金分为库存现金、银行存款及其他货币资金。货币资金是流动性最强的一项资产,是流动资产的重要组成部分,并且是唯一能够直接转化为其他任何资产形态的流动资产,也是唯一能够代表企业现实购买水平的资产。

企业在组织和进行生产经营的过程中,有关商品或劳务的购买和销售、款项的支付和收取、工资和费用的支付、税费的交纳、利润的上交以及银行借款的借入和偿还等业务,都必须通过货币资金来进行。就会计核算而言,货币资金的核算并不复杂,但由于货币资金具有高度的流动性,因此,企业在组织会计核算过程中,必须遵循严格职责分

工、实行交易分开、实施内部稽核和定期轮岗制度的原则,出纳人员不得兼任稽核、会计档案保管和收入、支出、费用、债权债务账目的登记工作。单位不得由一人办理货币资金业务的全过程。加强货币资金的内部控制,对于保障企业资产安全完整,提高货币资金周转速度和使用效益,具有重要意义。

一、库存资金

1. 现金管理主要内容

现金的概念有广义和狭义之分。广义的现金是指库存现金、银行存款及其他符合现金特征的票证;狭义的现金仅指企业的库存现金,包括人民币和外币现金。我国会计界所界定的现金概念,通常指狭义的现金即库存现金,即指存放在企业财会部门由出纳人员经管的那部分货币资金,其目的是为了满足企业日常的零星开支。在企业所拥有的资产中,现金是流动性最强的一种货币性资产,可以随时用其购买所需的物资,支付有关费用,偿还债务,也可以随时存入银行。现金不仅具有普遍的可接收性和流动频繁的特点,而且极易发生差错或被挪用、侵吞、盗窃。因此,企业必须加强现金的管理和内部控制。

我国对各企事业单位的现金收支作了管理规定,要求各企事业单位必须按照这些规定使用和保管现金。

1) 现金的使用范围

企业、单位在经济往来中的结算业务,直接用现金收付的叫现金结算。为了保障国家的现金流通秩序,维护金融安全,国务院颁发了《现金管理暂行条例》,中国人民银行也颁布了《现金管理实施办法》,企业可在下列范围内使用现金:职工工资、津贴;个人劳务报酬;根据国家规定发给个人的各种奖金;各种劳保、福利费用以及国家规定的对个人的其他支出;向个人收购的农副产品和其他物资的价款;出差人员必须随身携带的差旅费;中国人民银行规定结算起点(1 000 元)以下的零星支出;中国人民银行确定的需要支付现金的其他支出。

超出上述范围的一切经济往来,企业都应通过开户银行予以结算即转账结算。转账结算与现金结算具有同等效力。企业购买国家规定的专控商品,须采取转账方式,不得以现金结算。

2) 现金的限额管理要求

为了加强企业现金的日常收支管理,企业应严格控制库存现金的限额,一般为企业3 至 5 天的日常零星开支所需的库存现金。边远地区和交通不便地区的企业的库存现金限额,可以多于 5 天,但不得超过 15 天的日常零星开支。企业必须严格遵守核定的库存现金限额,超过限额的现金,应当于当日送存开户银行。当日送存确有困难的,由开户银行确定送存时间。

3) 现金的日常收支管理

企业根据规定从开户银行提取现金,应当写明用途。由本单位财会部门负责人签字,经过开户银行审核后,予以支付现金。企业因采购地点不固定、交通不便以及其他特殊情况必须使用现金的,应向开户银行提出申请,经开户银行审核后,予以支付现金。

企业支付现金,可以从本企业库存现金限额中支付或者从开户银行提取,不得"坐支现金",即不得从本企业的现金收入中直接支付。

企业不准以不符合财务制度的凭证顶替库存现金,即不得"白条抵库存";不准谎报用途套取现金;不准用银行账户代其他单位和个人存入或支取现金;不准用企业收入的现金以个人名义存入储蓄,即不得"公款私存";不准保留账外公款,即不得设置"小金库"等。

4)现金内部控制制度

一个有效的内部控制制度,不允许由单独一人自始至终地操纵和处理一笔业务的全过程,必须在各个独立的部门之间有明确、合理的分工。企业库存现金收支与保管应由出纳人员负责,经营现金的出纳人员不得兼管收入、费用、债权债务等账簿的登记工作,以及会计档案保管工作。企业的出纳人员应定期进行岗位轮换,不得由一人长期从事出纳人员工作。对企业的库存现金,出纳人员应做到日清月结,由财务主管人员进行抽查与稽核,发现的溢缺,必须查明原因并按规定进行处理,以保证现金的正确使用和安全完整。

企业的所有现金收付业务,首先都必须办理凭证手续,即取得或填制证明收付款的原始凭证并由主管会计人员或其指定人员审核后,方可据以填制现金收款凭证或现金付款凭证。对现金收付的交易必须根据原始凭证编制收款或付款凭证并要在原始凭证盖上"现金收讫"与"现金付讫"章。

对于不真实、不合法的原始凭证不予受理;对记载不明确、手续不完善的原始凭证应退回给经办人,要求其更正或补办手续。

【拓展任务】

以案学法,请查阅违反现金管理规定的案例,增强内控意识。

2. 库存现金的核算

企业为核算库存现金的收入、支出和结存情况,应设置"库存现金"账户。"库存现金"账户属于资产类账户,其借方登记现金收入的金额,贷方登记现金支出的金额;期末借方余额表示企业实际持有的库存现金。企业内部各部门周转使用的备用金,可以单独设置"备用金"进行核算。

1)库存现金收付的总分类核算

企业应当设置库存现金总账。库存现金总账由负责总账的财会人员进行总分类核算,可直接根据现金收付款凭证逐笔登记;也可定期或于月份终了,根据现金汇总收款、汇总付款凭证登记;还可根据多栏式日记账的有关专栏合计数登记。收入现金时,借记"库存现金"账户,贷记相关账户。支出现金时,借记相关账户,贷记"库存现金"账户。

【例9-1】 某企业20×1年4月发生了部分现金收付业务,请编制会计分录。

企业应编制会计分录如下:

(1)4月14日,企业行政管理部门报销办公用品费850元。

借:管理费用   850
  贷:库存现金   850

（2）4月14日,采购员王红外出采购,预借差旅费1 200元。

借：其他应收款——王红   1 200
   贷：库存现金   1 200

（3）4月16日,王红出差回来,经审核,报销差旅费1 000元。

借：库存现金   200
  管理费用   1 000
   贷：其他应收款——王红   1 200

2）库存现金收付的明细分类核算

为了加强对现金的管理与核算,系统地了解现金收付的动态,企业库存现金的收付业务除了要进行总分类核算外,还要进行明细分类核算。大多数企业在国内交易中以人民币作为计量手段,因此会设置"现金日记账"序时记录每一笔收付业务进行明细分类核算,并由出纳人员每日根据审核无误的收付款凭证,按照业务发生的先后顺序,逐日逐笔进行登记。每日终了,应当计算当日的现金收入合计数、现金支出合计数和结余数,并将结余数与实际库存数核对,做到账款相符。每月终了,应将"现金日记账"当月最后一天的余额与"库存现金"总分类账借方余额核对相符,做到账账相符。

3. 库存现金的清查

为了加强对出纳工作的监督,及时、准确地反映库存现金的余额,防止各种不法行为的发生,确保库存现金的安全、完整,除必须实行钱、账分管,经常核对账目外,还应该经常对库存现金进行清查,做到日清月结,保证账款相符。库存现金的清查工作应由内部审计或稽核人员进行。

1）库存现金清查核算的账户设置

为了核算企业在清查财产过程中查明的各种财产盘盈、盘亏和毁损的价值,应设置"待处理财产损溢"账户。

【温馨提示】

企业财产清查可以是定期的,也可是不定期的,可能是全面清查,也可能是局部清查,但无论是哪一种清查,都会经历"发现问题""解决问题"的过程。"待处理财产损溢"就是这个过程中的"过渡性账户"。财产清查发现盘盈、盘亏、毁损等情况时,先记入"待处理财产损溢"账户的借方或贷方,以调整账簿记录,使账实相符;按照相关制度及时报经批准后,再在相反方向结转,表示处理完毕。因此,该账户处理前的借方余额,反映企业尚未处理的各种财产的净损失;处理前的贷方余额,反映企业尚未处理的各种财产的净溢余。期末,经批准处理后该账户应无余额,若期末结账前仍未批准的,应在对外提供财务报告时先行处理。

2）库存现金清查的会计处理

企业每日终了结算现金收支、财产清查等发现有待查明原因的现金短缺或溢余时,应通过"待处理财产损溢"账户核算。属于现金短缺,应按实际短缺的金额,借记"待处理财产损溢——待处理流动资产损溢"账户,贷记"库存现金"账户;属于现金溢余,按实

际溢余的金额,借记"库存现金"账户,贷记"待处理财产损溢——待处理流动资产损溢"账户。待查明原因后作如下处理:

属于现金短缺,属于应由责任人赔偿的部分,借记"其他应收款——应收现金短缺款(××个人)"账户,贷记"待处理财产损溢——待处理流动资产损溢"账户;属于应由保险公司赔偿的部分,借记"其他应收款——应收保险赔款"账户,贷记"待处理财产损溢——待处理流动资产损溢"账户;属于无法查明的其他原因,根据管理权限,经批准后处理,借记"管理费用——现金短缺"账户,贷记"待处理财产损溢——待处理流动资产损溢"账户。

属于现金溢余,属于应支付给有关人员或单位的,应借记"待处理财产损溢——待处理流动资产损溢"账户,贷记"其他应付款——应付现金溢余(××个人或单位)"账户;属于无法查明原因的现金溢余,经批准后,借记"待处理财产损溢——待处理流动资产损溢"账户,贷记"营业外收入——现金溢余"账户。

【例 9-2】 企业现金清查时,发现库存现金短缺 500 元,原因待查。请编制相关的会计分录。

企业应编制会计分录如下:

借:待处理财产损溢——待处理流动资产损溢	500
贷:库存现金	500

经查明原因,应由出纳人员赔偿 350 元,其余 150 元经批准作为管理费用,编制如下会计分录:

借:其他应收款——应收现金短缺款(出纳××)	350
管理费用	150
贷:待处理财产损溢——待处理流动资产损溢	500

二、银行存款

1. 银行结算方式

银行存款是企业存放在银行或其他金融机构的货币资金。凡是独立核算的企业都必须在当地银行开设账户,以办理存款、取款和支付结算。结算方式是指用一定的形式和条件来实现企业间或企业与其他单位和个人间货币收付的程序和方法,分现金结算和支付结算两种。企业除了按核定限额留存的库存现金外,其余的货币资金都必须存入银行。企业与其他单位之间的一切货币收付业务,除了在规定范围内可以用现金支付的款项外,都必须通过银行办理支付结算。

1) 银行存款开户的有关规定

按照我国 2003 年 9 月 1 日施行的《人民币银行结算账户管理办法》的规定,企业应当在当地银行或其他金融机构开立银行结算账户,用来办理存款、取款和转账等结算。单位银行结算账户按用途分为基本存款账户、一般存款账户、临时存款账户和专用存款账户。基本存款账户是企业办理日常结算和现金收付的账户。企业的工资、奖金等现金的支取,只能通过基本存款账户办理;一般存款账户是企业在基本存款账户以外的银行借款转存、与基本存款账户的企业不在同一地点的附属非独立核算单位的账户,企业可以通过本账户办理转账结算和现金交存,但不能办理现金支取;临时存款账户是企业因临时经营活动需要开立的账户,企业可以通过本账户办理转账结算和根据国家现金管理的规定办理现金收付;专用存款账户是企业因特定用途需要开立的账户,企业通过本账户只能办理具有特定用途的款项的存取和转账。

企业可以自主选择银行,银行也可以自愿选择存款人。但一个企业只能在一家银行的一个营业机构开立一个基本存款账户,不得在多家银行机构开立基本存款账户(但国家另有规定的除外),不得在同一家银行的几个分支机构开立一般存款账户。

企业在银行开立账户后,可到开户银行购买各种银行往来使用的凭证(如送款单、进账单、现金支票、转账支票等),用来办理银行存款的收付款项。

2) 支付结算方式的种类及主要规定

支付结算是指单位、个人在社会经济活动中使用票据、信用卡和汇兑、托收承付、委托收款等结算方式进行货币收付及其资金清算的行为。企业应严格按照国家有关支付结算办法,正确地进行银行存款收支业务的结算。具体办理支付结算业务时,必须根据不同性质的款项收支,考虑结算金额的大小、结算距离的远近、利息支出和对方信用等因素,进行综合分析,选择适当的支付结算办法,以缩短结算时间,减少结算资金占用,加速资金周转。

根据《支付结算办法》的规定,目前企业可采用的支付结算办法主要有以下几种,它们的基本规定和账务处理不尽相同。

(1) 银行汇票。银行汇票是汇款人将款项交存当地银行,由银行签发给汇款人持往异地办理转账结算,或支取现金的票据。银行汇票的汇款金额起点为 500 元,提示付款期为 1 个月,一律记名,可以背书转让(背书是指在票据背面或者粘单上记载有关事项并签章的票据行为)。银行汇票在商品交易活动中具有极大的灵活性,是方便企事业单位和个人以满足其异地采购活动等需要而创设的一种支付结算工具。银行汇票适用于先收款后发货或钱货两清的商品交易。

(2) 商业汇票。商业汇票是由收款人或付款人(或承兑申请人)签发,由承兑人承兑,并于到期日向收款人支付款项的票据。商业汇票一律记名。允许背书转让,但背书应连续。商业汇票的承兑期限由交易双方商定,但最长不得超过 6 个月。按承兑方式不同,商业汇票分商业承兑汇票和银行承兑汇票两种。商业承兑汇票是按交易双方的约定,由收款人签发交付款人承兑,或由付款人签发并承兑的票据;银行承兑汇票是由收款人或承兑申请人签发,并由承兑申请人向开户银行申请,经银行审查同意承兑的票据。银行承兑汇票由银行负责承兑,其信用程度高于商业承兑汇票,在付款人拒付时,银行负有连带责任。商业汇票适用于同城或异地在银行开立存款账户的法人以及其他组织之间,订有购销合同的商品交易的款项结算(必须具有真实的交易关系或债权债务关系)。

(3) 银行本票。银行本票是指申请人将款项交存银行,由银行签发给申请人凭以办理转账结算或支取现金的票据。银行本票为不定额本票,可以用于转账;注明"现金"字样的,可支取现金,银行本票的提示付款期为 2 个月,银行本票见票即付,资金转账速度是所有票据中最快、最及时的。单位和个人在同城范围内的商品交易和劳务供应以及其他款项的结算可采用这种方式。

(4) 支票。支票是银行的存款人签发给收款人办理结算或委托开户银行将款项支付给收款人的票据。支票分为现金支票、转账支票和普通支票。现金支票只能用于支取现金(如图9-1所示);转账支票只能用于转账(如图9-2所示);支票上印有"现金"或"转账"字样的为普通支票,普通支票可以用于支取现金,也可以用于转账。在普通支票左上角划两条平行线的,为划线支票,划线支票只能用于转账,不得支取现金。支票一律记名。中国人民银行总行批准的地区转账支票可以背书转让。支票的提示付款期限为自出票日起10日内,中国人民银行另有规定的除外。支票适用于全国各单位之间的商品交易、劳务供应及其他款项的结算。为防范支付风险,异地使用支票的单笔金额上限为50万元。对于超过规定限额的支付,收付款人可约定采用其他支付方式。

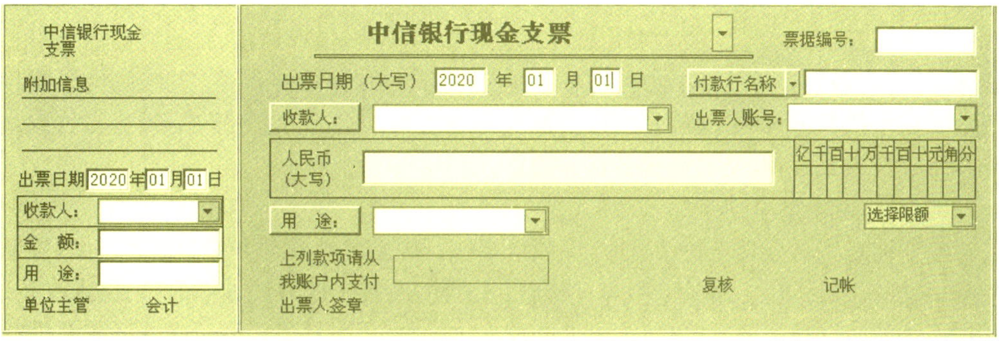

图 9-1　现金支票

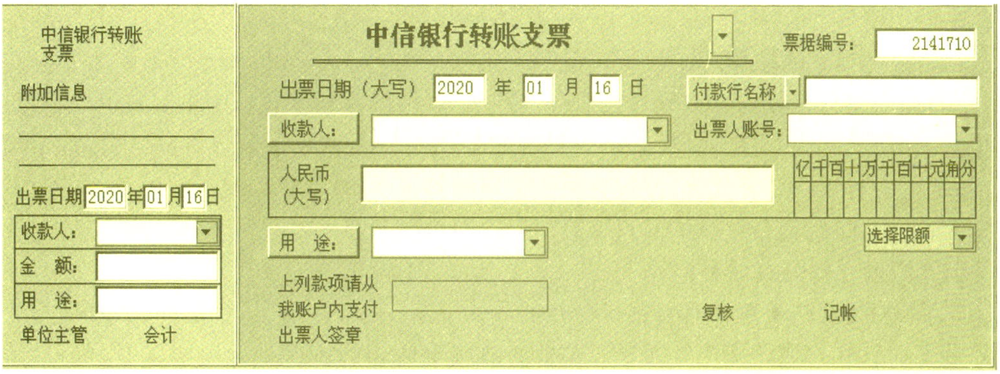

图 9-2　转账支票

(5) 银行卡。银行卡是指经批准由商业银行(含邮政金融机构)向社会发行的具有消费信用、转账结算、存取现金等全部或部分功能的信用支付工具。

(6) 汇兑。汇兑是汇票人委托银行将款项汇给外地收款人的结算方式。汇兑分为信汇和电汇两种,信汇是指汇款人委托银行通过邮寄方式将款项划转给收款人。电汇是指汇款人委托银行通过电报将款项划给收款人。这两种汇兑方式由汇款人根据需要选择使用。汇兑适用于单位和个人各种款项的结算。

(7) 委托收款。委托收款是收款人委托银行向付款人收取款项的结算方式。同城和异地均可采用,无金额起点限制。委托收款结算款项划回的方式分为邮寄和电报两种。委托收款适用于在银行开户的单位和个人的商品交易、劳务供应款项以及其他应收款项的结算。

(8) 信用证。信用证是进口方银行应进口方的要求,向出口方(受益方)开立的、以受益人按规定提供的有关单据和汇票为前提支付款项的书面承诺。信用证是一种有条件的银行予以付款的票据。这一结算方式是国际结算的一种主要方式。

(9) 网上支付。网上支付是电子支付的一种形式,是指电子交易的当事人包括消费者、商户、银行或者支付机构,使用电子支付手段通过信息网络进行的货币支付或资金流转。网上支付主要有网上银行和第三方支付两种。网上银行简称网银,就是银行在互联网上设立虚拟银行柜台,借助于网络与信息技术手段在互联网上实现款项收支。第三方支付是指具备一定实力和信誉保障的非银行机构,借助通信、计算机和信息安全技术,采用与各大银行签约的方式,在用户与银行支付结算系统间建立连接的电子支付模式。在手机端进行的互联网支付,又称为移动支付。第三方支付包括线上支付方式和线下支付方式两种,交易流程各有其特点。

3) 银行结算纪律

企业通过银行办理支付结算时,应当认真执行国家各项管理办法和结算制度,保证结算活动的正常运行。结算原则为,恪守信用,履约付款;谁的钱进谁的账,由谁支配;银行不垫款。结算纪律有:单位和个人办理支付结算,不准签发没有资金保证的票据或远期支票,套取银行信用;不准签发、取得和转让没有真实交易和债权债务的票据,套取银行和他人资金;不准无理拒绝付款,任意占用他人资金;不准违反规定开立和使用账户。

2. 银行存款的核算

企业对银行存款的存取和转账业务,应制定严格的收付款凭证的编制与审批手续,建立一套严密的内部控制制度。企业发生的各项银行存款收付业务,都必须按规定填制或取得各种银行结算凭证,经过有关人员审核签证后,才能据以填制银行存款的收款或付款凭证,进行银行存款的收付核算。

1) 银行存款的总分类核算

为了总括反映核算和监督银行存款的收入、支出和结存情况,企业应设置"银行存款"账户。该账户属于资产类账户。企业将款项存入银行或其他金融机构时,借记"银行存款"账户,贷记"库存现金"或有关账户;提取或支付存款时,借记"库存现金"或有关账户,贷记"银行存款"账户。如果因银行破产发生损失,应将损失记入"营业外支出"账户。期末借方余额表示银行存款的实有数额。"银行存款"总账与"库存现金"总账一样,应由不从事出纳工作的会计人员负责登记。登记时,既可以根据银行存款收付凭证逐笔登记,也可以定期填制汇总收付款凭证汇总登记,还可以根据多栏式银行存款日记账汇总登记。

【例 9-3】 某企业于 20×1 年 5 月 1 日发生了部分银行存款收付业务,请编制会计分录。

企业应编制会计分录如下：

（1）签发转账支票一张，支付前欠 B 公司的购货款 18 500 元。

借：应付账款——B 公司　　　　　　　　　　　　　　　18 500
　　贷：银行存款　　　　　　　　　　　　　　　　　　　　　18 500

（2）收回 A 公司所欠货款 20 000 元。

借：银行存款　　　　　　　　　　　　　　　　　　　　20 000
　　贷：应收账款——A 公司　　　　　　　　　　　　　　　　20 000

2）银行存款的明细分类核算

为了加强对银行存款的管理，随时掌握银行存款收付的动态和结余的金额，企业应设置"银行存款日记账"，由企业的出纳人员进行银行存款的明细分类核算。银行存款日记账一般为三栏式的订本账，出纳人员应根据审核无误的银行存款收付款凭证和现金付款凭证，按照银行存款业务发生的先后顺序逐日逐笔登记，每日终了，应结出余额。该明细账应按照银行或其他金融机构的名称、存款种类分别设置。银行存款日记账格式根据企业具体情况，还可设置多栏式日记账。

此外，企业应加强对银行存款的管理，并定期对银行存款进行检查，如果有确凿证据表明存在银行或其他金融机构的款项已经部分不能收回，或者全部不能收回的，例如，吸收存款的单位已宣告破产，其破产财产不足以清偿的部分，或者全部不能清偿的，应当作为当期损失，冲减银行存款，借记"营业外支出"账户，贷记"银行存款"账户。

3. 银行存款的清查

银行存款的清查即银行存款的核对，其主要目的是为了保证银行存款的安全与完整。银行存款的核对包括三个方面：一是银行存款日记账与银行存款收付款凭证及现金收付款凭证要相互核对，保证账证相符；二是银行存款日记账与银行存款总账要定期核对，保证账账相符；三是银行存款日记账与银行转来的对账单要定期核对，保证账实相符。

通过核对，往往会发现双方账目不相符。其主要原因一是双方记账可能有差错，如错账漏账等，应及时查明更正；二是存在未达账项，企业应编制"银行存款余额调节表"进行列示。未达账项有以下四种：

（1）企业已收，银行未收款　例如，企业已经收到客户转来的转账支票，但未到银行办理入账手续。

（2）企业已付，银行未付款　例如，企业已经开出现金支票，但持票人未到银行办理手续。

（3）银行已收，企业未收款　例如，银行将企业存款利息自动入账，但企业未收到收账通知。

（4）银行已付，企业未付款　例如，银行扣除企业借款利息，企业未收到付款通知。

【温馨提示】

未达账项不是错账、漏账,因此,不须根据调节表作任何账务处理,双方账面仍保持原有的余额,待收到有关凭证之后(即由未达账项变成已达账项),再同正常业务一样进行处理。

【拓展任务】

查阅银行存款余额调节表的格式,分析调节后的余额表示的含义。

三、其他货币资金

1. 其他货币资金概述

其他货币资金是指企业除库存现金、银行存款以外的其他各种货币资金,包括外埠存款、银行本票存款、银行汇票存款、银行本票存款、信用证保证金存款和存出投资款等。

由于这些资金的存放地点和用途都与库存现金和银行存款不同,因此需要单独设置"其他货币资金"账户进行核算,用来反映其他货币资金增减变化和结存情况。该账户属于资产类账户,其借方登记其他货币资金的增加数,贷方登记其他货币资金的减少数;期末借方余额,表示其他货币资金的结余数。"其他货币资金"账户下应设置"外埠存款""银行汇票""银行本票""信用卡""信用证保证金""存出投资款"等明细账户,并按外埠存款的开户银行,银行汇票或本票、信用证的收款单位等设置明细账。有信用卡业务的企业应当在"信用卡"明细账户中按开出信用卡的银行和信用卡种类设置明细账。

2. 其他货币资金的核算

当企业以其他货币资金形式采购物资时,大致可以分为办理(开立)、收到发票账单和退回余款三个阶段。这类业务的账务处理如表9-1所示。

表9-1　　　　其他货币资金主要业务的账务处理

时间	账务处理
1. 办理或开立时	借:其他货币资金——×× 贷:银行存款
2. 收到发票账单	借:在途物资、材料采购(信用卡计入相关费用) 应交税费——应交增值税(进项税额) 贷:其他货币资金——××
3. 收到多余退款	借:银行存款 贷:其他货币资金——××

【例9-4】　某公司要求银行办理银行汇票7 500元,公司填送"银行汇票申请书",将7 500元交存银行,取得银行汇票。根据银行盖章的委托书存根联,请编制会计分录。

公司应编制会计分录如下:

借:其他货币资金——银行汇票存款　　　　　　　　　　　　　　　　7 500
　　贷:银行存款　　　　　　　　　　　　　　　　　　　　　　　　　　7 500

公司采购取得增值税专用发票，记载采购买价 6 000 元，确认可抵扣的增值税进项税款为 780 元。公司采用实际成本法核算原材料。公司使用银行汇票支付 6 780 元款项后，应根据发票账单及开户银行转来的银行汇票有关副联等凭证核对无误，编制会计分录如下：

借：在途物资　　　　　　　　　　　　　　　　　　　　　　　　6 000
　　应交税费——应交增值税（进项税额）　　　　　　　　　　　　 780
　　　贷：其他货币资金——银行汇票存款　　　　　　　　　　　　　　　　6 780

银行汇票使用完毕，应转销"其他货币资金——银行汇票存款"账户余额 720 元，编制会计分录如下：

借：银行存款　　　　　　　　　　　　　　　　　　　　　　　　　720
　　　贷：其他货币资金——银行汇票存款　　　　　　　　　　　　　　　　　720

【温馨提示】

　　如果企业采用银行本票结算方式，则取得的银行本票只办理全额结算，不退回多余款项，结算后仍有多余款项，可采用支票、现金等其他方式退回企业。

　　如果该 7 500 元汇票因超过付款期限或其他原因未曾使用而退还款项时，应编制会计分录如下：

借：银行存款　　　　　　　　　　　　　　　　　　　　　　　　7 500
　　　贷：其他货币资金——银行汇票存款　　　　　　　　　　　　　　　7 500

企业用货币资金进行证券投资时，应在"其他货币资金——存出投资款"明细账中进行核算。企业向证券公司划出资金时，应按实际划出的金额，借记"其他货币资金——存出投资款"账户，贷记"银行存款"账户；购买股票、债券等时，应按实际发生的金额，借记"交易性金融资产"等账户，贷记"其他货币资金——存出投资款"账户。具体业务处理将在任务 3 中阐述。

任务 2　应收及预付款项的核算

应收及预付款项主要是指企业在生产经营过程中发生的各项债权，包括应收款项和预付款项。应收款项包括应收票据、应收账款和其他应收款等；预付款项主要是指企业按照合同规定预付的账款。

随着市场经济的发展，社会竞争的加剧，企业为了扩大市场占有率，越来越多地运用商业信用进行促销，应收款项占企业总资产的比例越来越大。由于应收款项具有应收而未收的特点，它既在一定程度上反映了企业的经营绩效，也有可能因日后无法收回造成坏账损失，严重影响企业的经营业绩。因此，企业必须加强应收款项的管理，根据企业的业务情况，严格控制应收账款的限额和回收的时间，采取有效措施，组织催收，避免企业的资金被其他单位长期占用，以提高资金的使用效率。

一、应收票据

1. 应收票据概述

随着赊销、赊购等商品交易方式的不断发展与活跃,企业相互间的结算关系也由单一依赖银行信用逐步转为银行信用与商业信用相结合。

商业汇票结算方式的出现和逐渐被企业广泛使用就是这一转变的重要方面之一。应收票据是指企业持有的、尚未到期兑现的商业票据。商业票据是一种载有一定付款日期、付款地点、付款金额和付款人的无条件支付证券,也是一种可以由持票人自由转让给他人的债权凭证,因而具有较强的法律约束力。在我国,除商业汇票外,大部分票据如支票、银行本票、银行汇票均为即期票据,可以即刻收款或存入银行成为货币资金,不需要作为应收票据核算。因此,我国的应收票据即指商业汇票。商业汇票是建立在真实的交易关系或债权债务关系基础上的一种信用凭证,通过这种形式使得商业信用票据化。

商业汇票的付款期限最长不得超过 6 个月。利息金额相对来说不大,用未来现金流量的现值入账不但计算麻烦,而且其折价还要逐期摊销,过于繁琐,所以根据重要性原则简化了核算。应收票据一般按其面值计价。日期的计算分三种情况:定日付款的自出票日起计算并在汇票上记载具体到期日;出票后定期付款的付款期限自出票日起按月计算并在汇票上记载;见票后定期付款的汇票付款期限自承兑或拒绝承兑日起按月计算并在汇票上记载;商业汇票的提示付款期限,自汇票到期日起 10 日。未到期应收票据可以到银行申请贴现。

【知识拓展】

票据贴现是企业与银行之间的票据转让行为,一般用来解决短期资金需要。企业持有的应收票据到期前,可以持未到期的汇票向其开户银行申请贴现,将未到期的票据"背书",经银行受理后,由银行按票据的到期值扣除贴现息后的余额支付给企业。贴现息以贴现率、票据到期值、贴现期的乘积计算得到,其中贴现期是贴现日至到期日的期间,一般以实际天数表示。

2. 应收票据的核算

为了总括核算和监督企业应收票据的发生和到期收回等情况,企业应设置"应收票据"账户,进行应收票据的总分类核算。

"应收票据"账户属于资产类账户,其借方登记取得的应收票据的面值,贷方登记到期收回票款或到期前向银行贴现的应收票据的票面余额,或因未能收回票款而转作应收账款的应收票据账面金额;期末借方余额,反映企业持有的商业汇票的票面金额。同时,企业应当再设置"应收票据备查簿",逐笔登记商业汇票的种类、号数和出票日、票面金额、交易合同号和付款人、承兑人、背书人的姓名或单位名称、到期日、背书转让日、贴现日、贴现率和贴现净额以及收款日和收回金额、退票情况等资料。商业汇票到期结清票款或退票后,在备查簿中应予注销。

1) 应收票据取得的会计处理

企业取得商业汇票有两种情况:一是企业因销售商品、产品、提供劳务等而收到开出、承兑的商业汇票,按应收票据的面值,借记"应收票据"账户,按实现的营业收入,贷记"主营业务收入"等账户,按增值税专用发票上注明的增值税额,贷记"应交税费——应交增值税(销项税额)"账户;二是企业收到应收票据以抵偿应收账款时,按应收票据面值,借记"应收票据"账户,贷记"应收账款"账户。

【例 9-5】 甲企业于 20×1 年 4 月 5 日销售一批商品给乙企业,销售收入为 600 000 元,增值税额为 78 000 元,商品已经发出,已办妥托收手续。适用的增值税税率为 13%。4 月 18 日,甲企业收到乙企业寄来的一张 3 个月期的商业承兑汇票,面值为 678 000 元。请编制相关的会计分录。

甲企业应编制会计分录如下:

4 月 5 日,销售商品确认收入时:

借:应收账款——乙企业 678 000
    贷:主营业务收入 600 000
        应交税费——应交增值税(销项税额) 78 000

4 月 18 日,收到商业承兑汇票时:

借:应收票据——乙企业 678 000
    贷:应收账款——乙企业 678 000

2)应收票据转让的会计处理

这类业务主要是指企业可能因购置物资、偿还前欠货款等原因,将持有的未到期的商业汇票背书转让给其他单位或个人的行为。

企业将持有的应收票据背书转让时,按应计入取得物资成本的价值,借记"材料采购"或"原材料""库存商品"等账户,按增值税专用发票上注明的经增值税发票综合服务平台确认的可抵扣增值税额,借记"应交税费——应交增值税(进项税额)"账户,按商业汇票的票面金额,贷记"应收票据"账户,如有差额,借记或贷记"银行存款"等账户。

企业持有的应收票据到期前,可以持未到期的汇票向其开户银行申请贴现,以便获得所需资金。企业持未到期的应收票据向银行贴现,应按实际收到的金额(即减去贴现后的净额),借记"银行存款"账户,按贴现息部分,借记"财务费用"等账户,按商业汇票的票面金额,贷记"应收票据"或"短期借款"账户。

【温馨提示】

贴现后的票据,如果在到期时票据承兑人无力向贴现银行支付票款,则申请贴现的企业应承担偿还票据金额的连带责任,与银行间因为票据追索权而形成贷款关系,因此会记入"短期借款"账户。

【课中练】

公司 6 月 15 日销售一批商品,收到客户交来一张期限为 3 个月的不带息商业承兑汇票,面值为 169 500 元。则该票据到期日是哪天? 若贴现率为 5%,若公司 7 月 15 日申请贴现,则可以实际收到多少款项?

3）应收票据到期的会计处理

企业应收票据到期,应分别情况处理:企业收回应收票据时,应按票据面值借记"银行存款"账户,贷记"应收票据"账户。企业到期不能收回的应收票据,按账面金额转入"应收账款"账户。

【例9-6】 根据[例9-5]的资料,7月18日,甲企业上述票面金额为678 000元的应收票据到期收回,存入银行。请编制相关的会计分录。

甲企业应编制会计分录如下:

借:银行存款   678 000
　　贷:应收票据——乙企业   678 000

若乙企业到期无力支付票款,则甲企业应编制会计分录如下:

借:应收账款——乙企业   678 000
　　贷:应收票据——乙企业   678 000

二、应收账款

1. 应收账款概述

应收账款是指企业因销售商品、提供劳务等业务,应向购货单位或接受劳务的单位收取的款项。凡不是因销售活动、提供劳务而发生的应收款项,不应列入应收账款,如各种应收取的赔款和罚款、应向职工收取的各种垫付款、应收债务人的利息、应收已宣告分配的股利、企业付出的各种存出保证金和押金、预付款项等。

【小思考】

收取的垫付款项等属于什么核算内容?

企业应收账款的确认一般应与收入实现的确认是同步进行的。对于收入确认的具体条件将在项目四中详细介绍,这里不再赘述。

应收账款的入账价值是指应向客户收取的款项,包括销售货物或提供劳务的价款、增值税款以及代购货方垫付的运杂费等。在确认应收账款的入账价值时,应考虑有关的折扣、折让因素。折扣包括商业折扣和现金折扣两种,是收入实现时必须要考虑的可变对价因素。

【知识拓展】

按照《企业会计准则第14号——收入》的规定,若折扣、折让会影响与客户签订的合同的交易价格,企业应谨慎确认这部分可变对价因素。如果在转移商品控制权转移时即可确认折扣折让因素,则应当根据事实和情况以预期价值或最有可能的金额来估计相关金额计入交易价格,从而确认应收账款的入账金额。

1）商业折扣与会计记录无关

商业折扣是指企业为了促进销售在商品价目单原定价格的基础上给予购货方的价格扣除。商业折扣通常以百分比表示,如5%、10%及15%等。企业采用商业折扣,一方面,可以使商品价目单相对比较稳定,商品的实际售价发生变动时只需提高或降低商业折扣;另一方面,可将商业折扣作为一种促销手段,对于购买数量较大的顾客给予价格上的优惠,即采取"薄利多销"的策略。

由于商业折扣是在交易成立及实际付款之前予以扣除,因此,对应收账款和销售收入均不产生影响。企业销售商品时,商品价目单上的价格扣除商业折扣后的净额才是真正的销售价格,据此确认销售收入和应收账款。

2)现金折扣与会计记录有关

现金折扣是指企业为了鼓励客户在一定时期内早日偿还货款而给予的一种折扣优待。现金折扣通常按以下方式表示,"2/10,1/20,n/30"(即10天内付款,给予2%的现金折扣;20天内付款,给予1%的现金折扣,30天内付清全部款项)。现金折扣对于销货企业称为销货折扣,对于购货企业称为购货折扣。

由于现金折扣在商品销售后发生,现金折扣会影响应收账款的账务处理。对于现金折扣有两种方法:总价法与净价法。

(1)总价法。总价法是将未减现金折扣前的金额确认为销售收入和应收账款。这种方法把现金折扣理解为鼓励客户提早付款而获得的经济利益。销售方给予客户的现金折扣,从融资角度出发,属于一种理财费用,作为当期财务费用处理。总价法可以较好地反映销售的总过程,但在客户可能享受现金折扣的情况下,会高估应收账款和销售收入。

(2)净价法。净价法与总价法是相对的,是指将减去现金折扣后的金额确认为销售收入和应收账款。这种方法把客户取得现金折扣视为正常现象,认为一般客户都会提前付款,而将由于客户超过折扣期限而多收入的金额,视为提供信贷获得的收入,于收到账款时入账,作为冲减财务费用处理。

在我国会计实务中,如果企业确认收入实现时有确定依据证明客户不能享受现金折扣,则企业应收账款采用总价法核算。即企业在确定商品销售收入时,不考虑各种预计可能的发生的现金折扣。现金折扣在实际发生时计入发生当期财务费用。如果企业能够确定客户可以享受现金折扣,则企业采用净价法核算。

【例9-7】 某企业赊销商品一批,商品标价10 000元,商业折扣20%,增值税税率为13%,现金折扣条件为"2/10,n/20"。企业销售商品时代垫运费300元。若企业在销售时对客户的资金情况进行调研,有充足依据证明客户不能享受折扣,则企业应收账款按总价法核算。请计算应收账款的入账金额。

$$应收账款的入账金额 = 10\ 000 \times (1-20\%) \times (1+13\%) + 300 = 9\ 340(元)$$

【课中练】

请采用净价法计算应收账款的入账金额。

2. 应收账款的核算

企业应设置"应收账款"账户,用来核算和监督企业应收账款的发生和收回情况。不单独设置"预收账款"账户的企业,预收的账款也在"应收账款"账户核算。

"应收账款"账户属于资产类账户,用来核算企业因销售商品、对外提供劳务等业务,应向购货单位或接受劳务的单位收取的款项。其借方登记赊销时发生的应收账款金额,贷方登记客户归还或已结转坏账损失或转作商业汇票结算方式的应收账款金额;期末借方余额,反映企业尚未收回的应收账款。若企业将预收账款合并记入"应收账款"账户核算,"应收账款"账户可能会出现贷方余额,其贷方余额,反映企业预收的账款。该账户应按不同的购货单位或接受劳务的单位设置明细账户,进行明细核算。

应收账款的核算主要包括以下两个环节。

1) 应收账款发生的会计处理

企业发生应收账款时,按应收金额,借记"应收账款"账户,按实现的营业收入,贷记"主营业务收入"等账户,按增值税专用发票上注明的增值税额,贷记"应交税费——应交增值税(销项税额)"账户。企业代购货单位垫付的包装费、运杂费,借记"应收账款"账户,贷记"银行存款"等账户。

2) 应收账款收回的会计处理

收回应收账款时,借记"银行存款"等账户,贷记"应收账款"账户。收回代垫费用时,借记"银行存款"账户,贷记"应收账款"账户。如果企业应收账款改用商业汇票结算,在收到承兑的商业汇票时,按账面价值,借记"应收票据"账户,贷记"应收账款"账户。

【例 9-8】 某有限责任公司于 20×1 年 9 月 8 日销售给某水泥厂钢材 10 吨,单价 3 000 元,计货款 30 000 元。以银行存款代垫运杂费为 400 元。公司将相关单据随同钢材一并交给水泥厂。为鼓励该厂及早偿还货款,公司许诺给予该厂折扣优待,即 10 天内付款,货款折扣 2%;20 天内付款,折扣 1%;30 天内全价付款。有证据表明该厂因一时资金周转困难,1 个月内付款,享受折扣的可能性为零,因此采用总价法进行核算。后该厂在 20 天内付款。请进行相关业务的会计处理。

(1) 9 月 8 日销售时,公司开具增值税专用发票,计算销售额、销项税额及价税合计。

$$销售额 = 10 \times 3\ 000 = 30\ 000(元)$$
$$销项税额 = 30\ 000 \times 13\% = 3\ 900(元)$$
$$价税合计 = 30\ 000 + 3\ 900 = 33\ 900(元)$$

根据有关发票,该公司应编制会计分录如下:

借:应收账款		34 300
贷:主营业务收入		30 000
应交税费——应交增值税(销项税额)		3 900
银行存款		400

(2) 买方水泥厂在 20 天内付款时,公司按协议计算出折扣额,根据实收金额开具正式收款收据。同时,水泥厂也应出具折扣证明单交公司一同入账(假设计算现金折扣时不考虑增值税,以下例题类同)。

$$折扣额 = 30\ 000 \times 1\% = 300(元)$$
$$水泥厂实际付款金额 = 30\ 000 - 300 + 3\ 900 + 400 = 34\ 000(元)$$

公司应编制会计分录如下:

借:银行存款   34 000
  财务费用   300
  贷:应收账款   34 300

【拓展任务】

若水泥厂可以在 10 天内付款,请编制会计分录,并思考该笔业务应当如何填制专用记账凭证。

三、预付账款

1. 预付账款概述

预付账款是企业按照有关合同,预先支付给供货方(包括提供劳务者)的款项,如预付的材料货款、商品采购货款等。

【温馨提示】

预付账款和应收账款一样,都是企业的短期债权,但是两者又有区别。应收账款是企业因销售商品或提供劳务而产生的债权;而预付账款是企业因购货或接受劳务而产生的债权。故两者应分别进行核算。

2. 预付账款的核算

企业为核算企业按照购货合同规定预付给供应单位的款项及结算情况,应设置"预付账款"账户进行核算。"预付账款"账户属于资产类账户,其借方登记企业向供货方预付的货款,贷方登记企业收到所购货物时结转的预付款项。期末如为借方余额,反映企业实际预付的款项;期末如为贷方余额,反映企业尚未补付的款项。该账户应按供货单位设置明细账,进行明细核算。预付款项情况不多的企业,也可以不设置"预付账款"账户,而将预付的款项直接记入"应付账款"账户的借方。

【温馨提示】

通过"应付账款"账户核算预付货款业务,会使应付账款的某些明细账户出现借方余额。在期末编制资产负债表时,若"应付账款"账户所属明细账户有借方余额的,应将该部分借方余额列示在资产负债表的资产方。

预付账款的会计处理主要包括预付款项、收到货物以及补付或退回多余货款等业务事项。企业因购货而预付的款项,借记"预付账款"账户,贷记"银行存款"账户。收到所购物资时,根据发票账单等列明应计入购入物资成本的金额,借记"材料采购"或"原材料""库存商品"等账户,按确认可以抵扣的增值税专用发票上注明的增值税额,借记"应交税费——应交增值税(进项税额)"账户,按应付金额,贷记"预付账款"账户。补付的款项,借记"预付账款"账户,贷记"银行存款"账户;退回多付的款项,借记"银行存款"账户,贷记"预付账款"账户。

【例 9-9】 某企业于 20×1 年 6 月 28 日按照合同规定开出转账支票一张,为预付给甲单位购买原材料的款项 70 000 元。企业于 7 月 5 日收到原材料,并验收入库。取得的增值税专用发票上注明价款 70 000 元,增值税额 9 100 元。7 月 10 日,企业向甲单位补付剩余货款。请编制相关业务的会计分录。

企业应编制会计分录如下:

(1) 6 月 28 日,预付货款时:

借:预付账款——甲单位	70 000
贷:银行存款	70 000

(2) 7 月 5 日,收到原材料时:

借:原材料	70 000
应交税费——应交增值税(进项税额)	9 100
贷:预付账款——甲单位	79 100

(3) 7 月 10 日,补付货款时:

借:预付账款——甲单位	9 100
贷:银行存款	9 100

【温馨提示】

若实际收到的材料价款为 60 000 元,增值税额为 7 800 元,企业收回多余货款 2 200 元,则企业应编制如下会计分录:

借:原材料	60 000
应交税费——应交增值税(进项税额)	7 800
贷:预付账款——甲单位	67 800

同时:

借:银行存款	2 200
贷:预付账款——甲单位	2 200

四、其他应收款

1. 其他应收款概述

其他应收款是指除应收账款、应收票据、预付账款等以外的其他各种应收、暂付款项,通常与应收账款和预付账款等项目分开,以便会计信息的使用者把这些项目与购销业务发生的应收款项项目识别清楚。它主要包括以下内容:企业应收的保险公司或其他单位和个人的各种赔款;企业应收的各种罚款;企业应收的各种存出保证金;企业应收的出租包装物的租金;企业应向职工收取的各种垫付的款项以及其他不属于上述各项的其他应收款项。

其他应收款所包括的内容是相当繁杂的。在实际生活中,由于一些企业内部管理不严,其他应收款长期得不到清理,致使其他应收款金额巨大,因此,企业必须加强对其他应收款的管理和控制。

2. 其他应收款的核算

企业为核算和监督其他应收款项的结算情况,应设置"其他应收款"账户。该账户属于资产类账户,用来核算企业除应收票据、应收账款、预付账款、应收股利、应收利息、长期应收款等以外的其他各种应收及暂付款项,应向职工收取的各种垫付款项,以及已不符合预付账款性质而按规定转入的预付账款等。其借方登记企业发生的各种其他应收款的增加,贷方登记企业其他应收款的收回;期末余额一般在借方,反映企业尚未收回的其他应收款。该账户应按其他应收款的项目分类,并按不同的债务人设置明细账,进行明细分类核算。

企业发生其他各种应收款项时,借记"其他应收款"账户,贷记有关账户;收回各种款项时,借记有关账户,贷记"其他应收款"账户。

【例 9-10】 A 公司租入包装物一批,以银行存款向出租方支付押金 4 000 元。请编制相关的会计分录。

公司应编制会计分录如下:

借:其他应收款——存出保证金　　　　　　　　　　　　　　　　　　4 000
　　贷:银行存款　　　　　　　　　　　　　　　　　　　　　　　　　　4 000

若租入的包装物按期退回,A 公司收到出租方退还的押金 4 000 元,已存入银行。公司应编制会计分录如下:

借:银行存款　　　　　　　　　　　　　　　　　　　　　　　　　　4 000
　　贷:其他应收款——存出保证金　　　　　　　　　　　　　　　　　4 000

五、应收款项减值

1. 应收款项减值损失的确认

应收账款减值的会计处理有直接转销法和备抵法。我国企业会计准则规定采用备抵法。采用这种方法,企业应当在资产负债表日根据《企业会计准则第 22 号——金融工具确认和计量》对应收款项的账面价值进行检查,有客观证据表明该应收款项发生减值的,应当将该应收款项的账面价值减记至预计未来现金流量现值,减记的金额确认为信用减值损失,计提坏账准备。

【知识拓展】

根据《企业会计准则第 14 号——收入》《企业会计准则第 22 号——金融工具确认和计量》《企业会计准则第 37 号——金融工具列报》等相关规定,应收账款属于以摊余成本计量的金融资产,企业管理该金融资产的业务模式是以收取合同现金流量为目标,即若未包含重大融资成分或不考虑不超过 1 年的合同中的融资成分,则应收账款以交易价格进行初始计量。

表明应收款项发生减值的客观证据包括下列各项:
(1)债务人发生严重财务困难。
(2)债务人违反了合同条款,如发生违约或逾期等。

（3）债权人出于经济或法律等方面因素的考虑,对发生财务困难的债务人作出让步。

（4）债务人很可能倒闭或进行其他财务重组。

（5）其他表明应收款项发生减值的客观证据。

但对已确认为坏账的应收账款,并不意味着企业放弃其追索权,一旦重新收回,应及时入账。

现行企业会计制度规定,计提坏账准备的方法由企业自行确定。企业应当列出目录,具体注明计提坏账准备的范围、提取方法、账龄的划分和提取比例,根据管理权限,经股东大会或董事会,或经理(厂长)会议或类似机构批准,并按照法律、行政法规的规定报有关各方备案,并备置于公司所在地,以供投资者查阅。

2. 应收款项减值核算的账户设置

企业应设置"坏账准备"账户和"信用减值损失"账户,核算和监督应收款项的减值情况,通过账户之间的调整关系,在财务报表上列示应收款项的净额。

"坏账准备"属于资产类账户,是"应收票据""应收账款""预付账款""其他应收款""长期应收款"等账户的备抵账户,用来核算应收款项的坏账准备的计提、转销等情况。其贷方登记当期计提的坏账准备金额,以及收回已转销的坏账损失,借方登记实际发生的坏账损失金额和冲减的坏账准备金额;该账户期末贷方余额,反映企业已计提但尚未转销的坏账准备。应特别注意的是,平时"坏账准备"账户可能出现借方余额也可能出现贷方余额,但"坏账准备"账户年末余额一定为贷方余额,并且等于本年估计的坏账损失。该账户可按应收款项的类别进行明细核算。

【知识拓展】

备抵账户是用来抵减被调整账户的余额,以求得被调整账户的净额而设置的。例如,"累计折旧"账户就是一个典型的资产类备抵账户,调整"固定资产"账户,即固定资产净值＝"固定资产"账户余额－"累计折旧"账户余额。备抵账户与被调整账户反映的经济内容相同,但从账户结构上看,余额的方向相反。调整方式是相加还是相减则取决于被调整账户余额与调整账户余额是在同一方向还是相反方向。类似的备抵账户还有"坏账准备""存货跌价准备""长期投资减值准备""固定资产减值准备""无形资产减值准备"等账户。

"信用减值损失"账户属于损益类账户,核算企业按照《企业会计准则第 22 号——金融工具确认和计量》的要求计提的各项金融工具减值准备所形成的预期信用损失,企业应按照金融资产减值损失的项目进行明细核算。其借方登记发生的减值应减记的金额,贷方登记企业计提的坏账准备,相关资产的价值又得到恢复时,在原已计提的减值准备金额内登记的恢复增加的金额;期末,将余额转入"本年利润"账户后,该账户无余额。

3. 应收款项减值损失的计量

一般企业对于单项金额重大的应收款项,应当单独进行减值测试。有客观证据表明其发生了减值的,应当根据其未来现金流量现值低于其账面价值的差额,确认减值损失,计提坏账准备。对于单项金额非重大的应收款项可以单独进行减值测试,确定减值损失,计提坏账准备;也可以与经单独测试后未减值的应收款项一起按类似信用风险特征划分为若干组合,再按这些应收款项组合在资产负债表日余额的一定比例计算确定减值损失,计提坏账准备。根据应收款项组合余额的一定比例计算确定的坏账准备,应当反映各项目实际发生的减值损失,即各项组合的账面价值超过其未来现金流量现值的金额。

企业应当根据以前年度与之相同或相类似的、具有类似信用风险特征的应收款项组合的实际损失率为基础,结合现时情况确定本期各项组合计提坏账准备的比例,据此计算本期应计提的坏账准备。

当期坏账准备可按以下公式计算:

$$\begin{matrix} \text{当期应提取(或调整)} \\ \text{的坏账准备} \end{matrix} = \begin{matrix} \text{当期按应收款项计算} \\ \text{应提坏账准备金额} \end{matrix} \pm \begin{matrix} \text{调整前"坏账准备"账户} \\ \text{的贷方(或借方)余额} \end{matrix}$$

4. 应收款项减值的会计处理

资产负债表日,有客观证据证明应收账款发生减值的,按应减记的金额,借记"信用减值损失"账户,贷记"坏账准备"账户。本期应计提的坏账准备大于其账面余额的,应按其差额计提;应计提的坏账准备小于其账面余额的差额作相反的会计分录。

对于确实无法收回的应收款项,按管理权限报经批准后作为坏账,转销应收款项,借记"坏账准备"账户,贷记"应收票据""应收账款""预付账款""其他应收款""长期应收款"等账户。

已确认并转销的应收款项以后又收回的,应按实际收回的金额,借记"应收票据""应收账款""预付账款""其他应收款""长期应收款"等账户,贷记"坏账准备"账户;同时,借记"银行存款"账户,贷记"应收票据""应收账款""预付账款""其他应收款""长期应收款"等账户。

【例 9-11】 20×1 年 12 月 31 日,甲公司对应收乙公司 1 000 000 元的账款进行减值测试,甲公司根据乙公司的资信情况确定 10% 计提坏账准备。假设公司"坏账准备"账户期初余额为零。请编制计提 20×1 年年末坏账准备的会计分录。

公司 20×1 应编制会计分录如下:

借:信用减值损失 　　　　　　　　　　　　　　　　　　　　　　　100 000
　　贷:坏账准备 　　　　　　　　　　　　　　　　　　　　　　　　　　100 000

【温馨提示】

首次计提坏账准备时,计提坏账准备金额与年末"坏账准备"账户的余额相等。

【例 9-12】 承[例 9-11],甲公司于 20×2 年 7 月 15 日对乙公司的应收款项实际发生坏账损失 40 000 元。请编制确认坏账损失的会计分录。

公司确认坏账时,应编制会计分录如下:

借:坏账准备 　　　　　　　　　　　　　　　　　　　　　　　　　40 000
　　贷:应收账款——乙公司 　　　　　　　　　　　　　　　　　　　　40 000

【例 9-13】 承[例 9-11]和[例 9-12],甲公司于 20×2 年 12 月 31 日甲公司对应收乙公司 1 300 000 元的账款进行减值测试,甲公司根据乙公司的资信情况确定,决定仍按 10% 计提坏账准备。请编制计提 20×2 年年末坏账准备的会计分录。

$$\begin{array}{l}20\times2\ \text{年}\ 12\ \text{月}\ 31\ \text{日公司}\\ \text{应计提(调整)的坏账准备}\end{array} = 1\ 300\ 000\times10\%-(100\ 000-40\ 000)=70\ 000(\text{元})$$

借：信用减值损失——计提的坏账准备　　　　　　　　　　　　　　70 000
　　贷：坏账准备　　　　　　　　　　　　　　　　　　　　　　　　　70 000

【温馨提示】

　　平时"坏账准备"账户可能出现借方余额也可能出现贷方余额，但"坏账准备"账户年末余额一定为贷方余额，即为本年年末采用一定测试方法确定的坏账损失。因此，各期估计坏账损失应同账面上原有的"坏账准备"账户余额进行比较，并调整"坏账准备"账户使之与估计的本期坏账准备相符。结合[例9-13]说明以后年度计提准备的方法。在做题时始终分为三个步骤：

　　第一步，坏账准备贷方(即贷方余额)应保持的数额。

坏账准备贷方要保持的数额 = 当年应收账款的年末余额×计提比例

　　[例9-13]20×2年年末"坏账准备"账户的年末余额=当年应收账款的年末余额×计提比例=1 300 000×10%=130 000(元)

　　第二步，看计提准备已经有了多少，找出计提前坏账准备账户的余额(即本年年末计提前的坏账准备账户的余额)。

　　[例9-13]计提前坏账准备账户的余额=100 000-40 000=60 000(元)

　　第三步，比较第一步和第二步的大小，确定本年年末应计入或应冲销的坏账准备金额。

　　当期应计提或冲销的坏账准备=期末应收款项的期末余额×估计比例-"坏账准备"调整前账户余额(若为借方余额则减负数)

　　[例9-13]当期应计提的坏账准备=期末"坏账准备"的期末余额-"坏账准备"调整前账户余额=130 000-60 000=70 000(元)

　　【例9-14】 承[例9-11][例9-12]和[例9-13]，甲公司于20×3年5月20日收到20×2年甲公司已经转销的乙公司坏账30 000元，已存入银行。请编制相应的会计分录。

　　20×3年5月20日已确认坏账又收回时：

借：应收账款——乙公司　　　　　　　　　　　　　　　　　　　30 000
　　贷：坏账准备　　　　　　　　　　　　　　　　　　　　　　　30 000
借：银行存款　　　　　　　　　　　　　　　　　　　　　　　　30 000
　　贷：应收账款——乙公司　　　　　　　　　　　　　　　　　　30 000

【温馨提示】

　　当年收到以前年度核销的坏账的处理，一定要做两笔会计分录。这是根据国际惯例来做的。我们知道，应收账款都有明细账，西方国家定期对企业进行信用的评级，在这种情况，做两笔分录，就能够看出来核销的这个单位，企业都已经有证据表明这笔款项收不回来了，在这种情况下，对方还把款项还给了企业，将来在信用评级时，会给对方加分，说明对方的信誉较好。

根据上述业务的处理,甲公司对乙公司"坏账准备"账户的登记情况如表9-2所示。

表9-2 坏账准备账户

借方		坏账准备	贷方
		20×1年期末余额	100 000
20×2年7月15日确认坏账时	40 000	20×2年实际计提	70 000
		20×2年期末余额	130 000
		20×3年5月20日已核销又收回	30 000
		20×3年5月31日	160 000

【拓展任务】

若20×3年12月31日,甲公司对应收乙公司账款1 500 000元进行减值测试,甲公司根据乙公司的资信情况确定仍然按10%计提坏账准备。则20×3年年末计提坏账准备多少元?

任务3 交易性金融资产的核算

一、交易性金融资产概述

以公允价值计量且其变动计入当期损益的金融资产称为"交易性金融资产"。企业管理人员对该金融资产进行管理的业务目标是以"交易"为目的,即通过频繁地购买和出售等交易性活动,赚取买卖差价,使企业闲置资金能够在金融工具的短期价格波动中获得投资回报。例如,企业以赚取差价为目的从市场购入的股票、债券、基金等。企业持有的直接指定为以公允价值计量的且其变动计入当期损益的衍生金融工具也属于该内容。

【知识拓展】

企业对于交易性金融资产的活动属于对外投资业务。所谓投资是企业为了获得收益和实现资本增值向投资单位投放资金的经济行为,通常是指企业为通过分配来增加财富和为谋求其他利益而将资产让渡给其他单位所获得的另一项资产。对外投资主要有各种实物投资、债券投资、股票投资和其他股权投资等形式。企业开展对外投资活动通常要达到如下目的:一是有效地利用暂时闲置的资金以获取一定的经济利益;二是为了影响和控制其他企业的经营与财务政策,以保证本企业正常经营业务的顺利进行和经营规模的扩大;三是为了积累巨额资金,为满足企业未来某些特定用途做准备。

投资者采取的投资形式,可以是将企业的部分资产转让给其他单位使用,由其创造效益后,通过分配收益和改善贸易关系等达到获取利益的目的;也可以是将货币资金、实物资产等让渡给其他单位或直接投资股票、债券等金融资产,通过金融资产的买卖获得增值。其中,金融资产从广义上看既有债权投资也有股权投资,既有以获利为目标的证券投资也有对被投资单位控制或影响的权益投资。

根据《企业会计准则第 22 号——金融工具确认和计量》的规定,企业持有的货币资金、应收票据、应收账款、其他应收款、债券投资、股票投资、基金投资等均可列为企业的金融资产,都是企业作为投资者用以获利的金融工具。在日常核算中,企业应当根据其管理金融资产的业务模式和合同现金流量特征,将金融资产划分为以下三类,此分类一经确定,不得随意变更:

(1) 以摊余成本计量的金融资产。例如,企业正常商业往来形成的应收款项、普通债券投资等。

(2) 以公允价值计量且其变动计入其他综合收益的金融资产。例如,企业持有的可以随时向银行出售的应收账款等。

(3) 以公允价值计量且其变动计入当期损益的金融资产。例如,股票、基金、可转换债券等。

二、交易性金融资产的核算

1. 交易性金融资产的账户设置

为了核算交易性金融资产的取得、持有期间现金股利或利息的收取、处置等业务,企业应当设置"其他货币资金""交易性金融资产""应收股利""应收利息""公允价值变动损益""投资收益"等账户。

(1)"交易性金融资产"账户。该账户属于资产类账户,用来核算企业为交易目的所持有的债券投资、股票投资、基金投资等交易性金融资产的公允价值。其借方登记企业取得交易性金融资产的公允价值、资产负债表日交易性金融资产的公允价值高于其账面余额的差额、出售时结转的公允价值变动损失等内容,贷方登记出售交易性金融资产的账面余额、资产负债表日交易性金融资产的公允价值低于其账面余额的差额、出售时结转的成本和公允价值变动收益等内容;期末借方余额,反映企业持有的交易性金融资产的公允价值。该账户可按交易性金融资产的类别和品种,分别"成本""公允价值变动"等进行明细核算。

(2)"应收股利"账户。该账户属于资产类账户,用来核算企业应收取的现金股利和应收取其他单位分配的利润。该账户期末借方余额,反映企业尚未收回的现金股利或利润。该账户应按被投资单位进行明细核算。

(3)"应收利息"账户。该账户用来核算企业因企业交易性金融资产、其他债权投资等应收取的利息。该账户期末借方余额,反映企业尚未收回的利息。该账户应按借款人或被投资单位进行明细核算。

【温馨提示】

一般来说,利息的偿付方式有还本时一次付息和分次付息两种方式。如果是分次付息,对于债务方应当记入"应付利息"账户,债权方相应就应当记入"应收利息"账户;而如果是一次还本付息方式的,债务方应当应付利息计入负债价值中,对债权方来说应收取的利息部分就应当计入到资产价值中。

（4）"公允价值变动损益"账户。该账户属于损益类账户，用来核算企业交易性金融资产、交易性金融负债以及采用公允价值模式计量的投资性房地产等公允价值变动形成的应计入当期损益的利得或损失。其借方登记账户资产负债表日，企业应按交易性金融资产的公允价值高于其账面余额的差额，或出售交易性金融资产时将原计入该金融资产的公允价值变动转出等；期末，应将该账户余额转入"本年利润"账户，结转后该账户无余额。该账户可按交易性金融资产、交易性金融负债、投资性房地产等进行明细核算。

（5）"投资收益"账户。该账户属于损益类账户，用来核算企业因交易性金融资产、长期股权投资等确认的投资收益或投资损失。其借方登记在对外投资活动中发生的交易费用、在持有期间及处置投资资产时发生的投资损失等，贷方登记在投资资产持有期间取得的投资收益以及处置投资资产实现的投资利得；期末，应将该账户余额转入"本年利润"账户，结转后该账户无余额。该账户可按投资项目进行明细核算。

2. 取得交易性金融资产的账务处理

交易性金融资产在初始确认时以公允价值入账，一般是以市场交易价格为基础确定的。取得时所支付的价款中包含的已宣告但尚未发放的现金股利或已到期但尚未领取的利息，单独确认为应收项目。交易时发生的外部交易费用计入当期损益，冲减投资收益。

企业取得交易性金融资产，应当按照该金融资产取得时的公允价值作为其初始确认金额，借记"交易性金融资产——成本"账户，按发生的交易费用，借记"投资收益"账户，按已到付息期但尚未领取的利息或已宣告但尚未发放的现金股利，借记"应收利息"或"应收股利"账户，一般情况下企业是从证券市场购入交易性金融资产的，因此按实际支付的金额，贷记"其他货币资金——存出投资款"账户。在交易过程中发生的交易费用记入"投资收益"账户的借方。发生交易费用取得增值税专用发票的，其进项税额经税务机关确认后，可从当期销项税额中扣除，借记"应交税费——应交增值税（进项税额）"账户。

【温馨提示】

取得交易性金融资产所支付的价款中包含了已宣告但尚未发放的现金股利或已到期但尚未领取的债券利息，不构成交易性金融资产的初始入账金额，应单独确认为应收项目，记入"应收股利"或"应收利息"账户。

3. 持有交易性金融资产的账务处理

持有交易性金融资产期间，应收取的被投资单位宣告发放的现金股利或在资产负债表日按分期付息、一次还本债券投资的票面利率计算的分期利息，符合条件的应当确认为投资收益，借记"应收股利"或"应收利息"账户，贷记"投资收益"账户。实际收到款项时，借记"其他货币资金"账户，贷记"应收股利"或"应收利息"账户。

资产负债表日，交易性金融资产应当按照公允价值计量，公允价值与账面余额之间的差额计入当期损益。当公允价值高于其账面余额时，借记"交易性金融资产——公允价值变动"账户，贷记"公允价值变动损益"账户；公允价值低于其账面余额的差额作相反的会计分录。

4. 出售交易性金融资产的账务处理

企业出售交易性金融资产时,应将扣除手续费后的出售净额与账面余额之间的差额计入投资收益。企业应按实际收到的金额,借记"银行存款"等账户,按该金融资产的账面余额,贷记"交易性金融资产"账户,按其差额,贷记或借记"投资收益"账户。

【例 9-15】 20×1 年 5 月 10 日,甲公司以 620 万元(含已宣告但尚未领取的现金股利 20 万元)购入乙公司股票 200 万股作为交易性金融资产,另支付手续费 6 万元。5 月 30 日,甲公司收到现金股利 20 万元。20×1 年 6 月 30 日,该股票每股市价为 3.2 元,20×1 年 8 月 10 日,乙公司宣告分派现金股利,每股 0.2 元,于 8 月 20 日发放。至当年 12 月 31 日,甲公司仍持有该交易性金融资产。期末,每股市价为 3.6 元。20×2 年 1 月 3 日,以 630 万元出售该交易性金融资产。假定甲公司每年 6 月 30 日和 12 月 31 日对外提供财务报告,假设不考虑相关税费。

要求:

(1) 编制上述经济业务的会计分录。

(2) 计算该交易性金融资产的累计损益。

(1) 企业应编制会计分录如下:

① 20×1 年 5 月 10 日,购入时:

借:交易性金融资产——成本	6 000 000	
应收股利	200 000	
投资收益	60 000	
贷:其他货币资金		6 260 000

② 20×1 年 5 月 30 日,收到股利时:

借:银行存款	200 000	
贷:应收股利		200 000

③ 20×1 年 6 月 30 日,公允价值变动时:

借:交易性金融资产——公允价值变动(200×3.2－600)	400 000	
贷:公允价值变动损益		400 000

④ 20×1 年 8 月 10 日,宣告分派时:

借:应收股利(0.20×200)	400 000	
贷:投资收益		400 000

⑤ 20×1 年 8 月 20 日,收到股利时:

借:其他货币资金	400 000	
贷:应收股利		400 000

⑥ 20×1 年 12 月 31 日,公允价值变动时:

借:交易性金融资产——公允价值变动(200×3.6－200×3.2)	800 000	
贷:公允价值变动损益		800 000

⑦ 20×2年1月3日,出售交易性金融资产时:

借:其他货币资金   6 300 000
  投资收益   900 000
  贷:交易性金融资产——成本   6 000 000
       ——公允价值变动   1 200 000

（2）计算该交易性金融资产的累计损益。

$$-6+40+40+80-90=64(万元)$$

【课中练】

如果[例9-15]中公司一直持有该交易性金融资产,20×2年6月30日每股市价为3.3元,则公司如何进行账务处理?

【知识拓展】

金融资产在转让时,还应当按照卖出价扣除买入价后的余额作为销售额计算增值税,通过"应交税费——转让金融商品应交增值税"账户进行核算。按现行增值税相关规定,应将含税销售额换算为不含税销售额,一般计税方式税率为6%,简易计税方式征收率为3%,金融商品转让不得开具增值税专用发票。若盈亏相抵出现负差,可结转下一纳税期与下期转让金融商品销售额相抵,但年末仍出现负差的,不得转入下一会计年度。

任务4　存货的核算

存货作为企业生产制造及销售过程中关键的基础物料,在企业的重要地位不言而喻。存货不仅占用的资金大,而且品种繁多,与其他类型的资产相比,具有下列特点:一是流动性强、周转快;二是存在形式经常发生变化,但总会以某种形式存在,人们可通过盘点和计量确认其数量;三是存货存在于企业生产经营全过程,某些存货还会随着工艺过程的深入而发生有规律的变化。在会计核算上,存货对应的会计账项很多,存货项目的真实性与正确性,直接影响其他会计账项。因此,存货会计的主要目的如下:一是确定期末存货数量,以便计算列入资产负债表中的存货价值;二是计算确定销货成本,以便和当期营业收入相配比,从而正确合理地确定本期损益。

一、存货概述

1. 存货范围

存货是指企业在日常活动中持有以备出售的产成品或商品、处在生产过程中的在产品、在生产过程或提供劳务过程中耗用的材料和物料等。

根据《企业会计准则第1号——存货》的规定,存货在同时满足以下两个条件时,才能加以确认:一是该存货包含的经济利益很可能流入企业;二是该存货的成本能够可靠地计量。存货在企业的不同生产过程和阶段中具有不同实物形态。只有符合存货的定义,同时满足上述的两个条件,才能确认为企业的存货。

存货一般依据企业的性质、经营范围,并结合存货的用途进行分类。不同行业的企业,存货的内容和分类有所不同。作为服务性企业,如旅馆、律师事务所、证券公司、美容室等,既不生产产品,也不经销产品,这些单位一般存有各种物料用品,如办公用品、用具备品、消耗用品等供业务活动时使用这些货品就作为存货;商品流通企业也有可能有少量物料用品,但它的资金有很大部分投放在准备出售的商品上,称为库存商品;产品制造企业以加工或生产产品为主,故其存货的构成最为复杂。存货具体分为以下几种:

(1) 原材料,是指企业生产过程中经加工改变其形态或性质并构成产品主要实体的各种原料以及主要材料、辅助材料、外购半成品、修理用备件、包装材料和燃料等。

(2) 在产品,是指企业正在制造尚未完工的产品,包括正在各个生产工序加工的产品和已加工完毕,但尚未检验或者已检验但尚未入库的相关的产品。

(3) 半成品,是指经过一定生产过程,并已检验合格,交付半成品库保管,但尚未制造完工成为产成品,仍需进一步加工的中间产品。半成品不包括从一个车间转给另一车间继续加工的自制半成品以及不能单独计算成本的自制半成品(这类自制半成品属于在产品)。

(4) 产成品,是指工业企业已经加工完成并验收入库,可以按合同规定的条件向相关单位予以交货,或者可以对外销售的产品,企业接受外来原材料加工制造的代制品和为外单位加工修理的代修理品,制造和修理完成验收入库以后应该视同企业的产品。

(5) 商品,是指商品流通企业外购或委托加工完成验收入库用于销售的各种产品。

(6) 包装物,是指包装本企业商品而储备的各种包装容器。不包含包装材料(包装材料在原材料核算),仅指出租、出售、出借的包装物(除此以外的包装物应作为固定资产或低值易耗品核算)。

(7) 低值易耗品,是指不作为固定资产的各种用具物品。

(8) 委托代销商品,是指企业委托其他单位代销的商品。

【温馨提示】

为建造固定资产等各项工程而储备的各种材料,虽然也具有存货的某些特征,但它们并不符合存货的定义,因此不能作为企业的存货进行核算。企业的特准储备以及按国家指令专项储备的资产也不符合存货的定义,因而也不属于企业的存货。

2. 存货成本的确定

正确估价存货是企业正确计算损益的重要前提。《企业会计准则第1号——存货》规定,各种存货应当以其成本入账。存货成本包括采购成本、加工成本和其他成本。

企业可以通过外购、自制半成品、委托加工物资、接受投资、接受捐赠、非货币性资产交换、债务重组等不同的方式取得存货,不同存货的成本构成内容不同。通过购买而取得的原材料、商品、低值易耗品等存货的成本由采购成本构成;通过进一步加工而取得的产成品、在产品、半成品、委托加工物资等存货的成本,由采购成本、加工成本以及使存货达到目前场所和状态所发生的其他成本构成。

采购成本主要是指企业外购存货所发生的各类合理的、必要的相关支出。一般包括购买价款、相关税费、运输费、装卸费、保险费以及其他可归属于存货采购成本的费用。

1）购买价款

购买价款是指企业购入的材料或商品的发票账单上列明的价款，不包括可以抵扣的增值税额。一般来讲，企业购入的存货应根据发票金额确认购货价格。但在某些情况下，发票金额与实际付款不一致，存在折扣，购货价格指已扣除商业折扣但包含现金折扣的金额，现金折扣不得抵减有关项目的成本，而应作为理财收益，冲减当期财务费用。

2）相关税费

相关税费是指企业购买材料或商品发生的进口关税、消费税等价内税和不能抵扣的增值税进项税额等应计入采购成本的税费。

【知识拓展】

在商品交易中，交易者要交纳流转税。对于流转税，根据其是否包括在商品价值中，可以分为价内税和价外税两种，其处理方法也不相同。

价内税是指商品价格中已包括了税金，如消费税、资源税、城市维护建设税等，是存货采购成本的组成部分。价外税是指税金不包括在商品价格中的税金，如增值税。对于价外征收的增值税企业采购物资时与货款一并支付，一般纳税人企业取得增值税专用发票或完税证明，经税务综合服务平台确认可以抵扣的，不计入所购物资的采购成本，而作为进项税额单独核算。而一般纳税人企业和小规模纳税人企业不能抵扣的税款，则需要计入采购成本。

3）其他可直接归属于存货采购的费用

其他可直接归属于存货采购的费用是指存货采购过程中发生的运输费、装卸费、保险费、包装费、仓储费、运输途中的合理损耗、入库前的挑选整理费等。这些费用能够分清费用负担对象的，应当直接计入所负担对象的采购成本；如果不能够归属于某负担对象的，应当选择合理的分配方法，分配计入有关存货的采购成本。

【温馨提示】

所谓合理的分配方法，是指能够表明各种存货对共同采购费用的分担关系，如重量、体积、件数、价值等。在实际工作中，可以根据具体情况选择采用。

至于加工成本是指存货在加工过程中发生的除直接材料以外的追加费用，包括直接人工和按照一定方法合理分配的制造费用。其中，直接人工是指企业在生产产品的过程中，直接从事产品生产的工人工资、奖金、津贴、福利费等职工薪酬。制造费用是指企业为生产产品和提供劳务而发生的各项间接费用。企业应当根据制造费用的性质，合理地选择制造费用分配方法。在同一生产过程中，同时生产两种或两种以上的产品，并且每种产品的加工成本不能直接区分的，其加工成本应当按照合理的方法在各种产品之间进行分配。而其他成本是指除采购成本以外的,使存货达到目的场所和状态发生的其他支出,如为特定客户设计产品所发生的设计费用。

【小思考】

为什么这里的"加工成本"不包括直接材料?

二、原材料

原材料是工业企业的主要存货,是企业用于制造产品并构成产品实体的购入物品及购入后供生产耗用但不构成产品实体的辅助性物品。原材料具体包括原料及主要材料、辅助材料、外购半成品、修理用备件及燃料等。企业原材料品种规格不一,收发频繁,且在存货中占有较大比重,企业应严格执行材料收发凭证的填制、传递和审核的制度,加强材料入库、出库的收发手续管理,对于落实经济责任,保护财产物资安全完整,提高经济效益有着重要的意义。

企业原材料的日常核算,可以采用实际成本计价或计划成本计价。即使在同一个企业,对于不同的材料,也可以分别采用实际成本计价和计划成本计价两种计价方法进行日常核算,这都取决于企业的实际需要。这里主要介绍原材料按实际成本计价的核算。

原材料按实际成本计价是指每种材料的收、发、存核算均按实际成本计价。其核算特点是从原材料收发凭证到明细分类和总分类全部按实际成本计价。实际成本法一般适用于规模较小、存货品种单一、采购业务不多的企业。

1. 原材料按实际成本核算的账户设置

原材料按实际成本计价,企业主要设置"原材料"和"在途物资"两个账户进行收、发、存业务日常核算。另外,还应设置"应付账款""预付账款""应交税费——应交增值税(进项税额)"等账户进行款项、税费等业务的核算。

(1)"原材料"账户。该账户属于资产类账户,用来核算和监督原材料的收入、发出和结存情况。其借方登记外购、自制、委托加工完成、其他单位投入、盘盈等原因增加的原材料实际成本,贷方登记领用、发出加工、对外销售以及盘亏、毁损等原因减少的库存材料的实际成本;期末借方余额反映库存材料的实际成本。"原材料"账户应按材料的保管地点,材料的类别、品种和规格设置材料明细账(或原材料卡片)。原材料明细账应根据收料凭证和发料凭证逐笔登记。

(2)"在途物资"账户。该账户属于资产类账户,用来核算已付款或已开出承兑商业汇票,但尚未到达或尚未验收入库材料的实际采购成本。该账户的借方登记已支付或已开出承兑的商业汇票材料的实际成本,贷方登记已验收入库材料的实际成本;其余额在借方,反映已经付款或已经开出承兑的商业汇票,但尚未验收入库的在途物资的实际成本。该账户应按供货单位设置明细账户,进行明细分类核算。

(3)"应付账款"账户。该账户属于负债类账户,用来核算企业购买材料、商品和接受劳务供应等应付给供应单位的款项。本账户的贷方登记企业因购入材料、商品等所欠的款项,借方登记偿还应付款项的数额;余额一般在贷方,表示尚未偿还的应付账款的数额。

【小思考】

请说明"应付账款"账户如果出现借方余额的含义。

2. 外购原材料的核算

外购原材料,由于结算方式和采购地点的不同,材料入库和货款的支付在时间上不一定完全同步。企业从本地采购的材料,通常在货款支付后就能立即收到材料。从外地采购的材料,由于材料运输时间和结算凭证的传递以及承付时间的不一致,经常会发生结算凭证已到、货款已支付,但材料尚在运输途中的情况;有时也会发生材料已到,而结算凭证尚未到达、货款也未支付的情况。因此,材料采购要根据具体情况进行账务处理。

1)单货同到

对于结算凭证等单据与材料同时到达的采购业务,企业在收到发票账单、材料验收入库后,应根据结算凭证、发票账单和收料单等凭证,借记"原材料""应交税费"等账户,贷记"银行存款""应付账款""应付票据"等账户。

小规模纳税人企业或购入物资不能取得增值税专用发票的一般纳税人企业,购入物资时按购入物资应支付的金额(含支付的增值税款),借记"在途物资""原材料""销售费用"账户,贷记"银行存款""应付账款""应付票据"等账户。本篇下述所列明的会计事项,除特别注明外,均指能取得增值税专用发票的一般纳税人的账务处理。关于增值税的具体业务处理会在项目十一的任务1流动负债中详细阐述。

【知识链接】

《中华人民共和国增值税暂行条例》,参见 http://www.chinatax.gov.cn/chinatax/n810341/n810755/c2931048/content.html。

【例9-16】 某工厂为增值税一般纳税人,购入一批A材料,取得的增值税专用发票上注明的货款为20 000元,经确认可抵扣的增值税额为2 600元。A材料已验收入库,货款已通过银行支付。请编制相关的会计分录。

工厂应编制会计分录如下:

借:原材料——A材料   20 000
    应交税费——应交增值税(进项税额)   2 600
    贷:银行存款   22 600

2)单到货未到

对于已经支付货款或已经开出承兑的商业汇票,但材料尚未运达的采购业务,应根据结算凭证、发票账单等单据,借记"在途物资""应交税费"等账户,贷记"银行存款""应付票据"等账户;待收到材料后,根据收料单,借记"原材料"账户,贷记"在途物资"账户。

【例9-17】 某公司向外地单位购入B材料计30 000元,经平台确认可抵扣的增值税为3 900元,已收到银行转来外地单位的结算凭证和发票,货款已经支付,材料尚未到达。请编制相关的会计分录。

根据收到的结算凭证和发票账单,公司应编制会计分录如下:

借：在途物资　　　　　　　　　　　　　　　　　　　　　　　30 000
　　应交税费——应交增值税(进项税额)　　　　　　　　　　　3 900
　　贷：银行存款　　　　　　　　　　　　　　　　　　　　　　　　33 900

当材料运达并验收入库时,根据收料单编制会计分录如下：

借：原材料——B材料　　　　　　　　　　　　　　　　　　　30 000
　　贷：在途物资　　　　　　　　　　　　　　　　　　　　　　　　30 000

【温馨提示】

在材料收入业务较少的企业中,材料收入的总分类核算可以根据收料凭证逐日编制记账凭证,并据以登记总分类账;在材料收入业务较多的企业中,则可以根据收料凭证,整理汇总,定期编制"收料凭证汇总表",月终一次登记总分类账,进行总分类核算。

---

3) 货到单未到

对于材料已到,结算凭证未到,货款尚未支付的采购业务,一般在短时间内,发票账单就可能到达。为了简化核算手续,在月份内发生的,可以暂不进行账务处理,而只将收到的材料登记明细分类账,待收到发票账单,再按实付货款登记总账。如果月末结算凭证仍未到达企业,则应先按材料的暂估价,借记"原材料"账户,贷记"应付账款——暂估应付账款"账户。下月初用红字作同样的记录,予以冲销。待企业于下月实际付款或开出、承兑商业汇票时,按正常程序,借记"原材料""应交税费——增值税(进项税额)"账户,贷记"银行存款"等账户。

【例 9-18】 某公司向外地单位购入 B 材料,材料已经运到并验收入库,但发票结算凭证尚未到达,货款尚未支付。月末按暂估价为 30 500 元入账。请编制会计分录。

月末,企业应编制会计分录如下：

借：原材料——B材料　　　　　　　　　　　　　　　　　　　30 500
　　贷：应付账款——暂估应付账款　　　　　　　　　　　　　　　30 500

下月初,用红字编写与上列会计分录相同的记账凭证,冲销暂估入账的记录。

借：原材料——B材料　　　　　　　　　　　　　　　　　　　30 500 ①
　　贷：应付账款——暂估应付账款　　　　　　　　　　　　　　　30 500

【知识拓展】

采用预付货款方式采购材料,根据有关规定,预付材料价款时,应借记"预付账款"账户,贷记"银行存款"账户。已经预付货款的材料验收入库,应根据发票账单所列的价款、税额等,借记"原材料""应交税费——应交增值税(进项税额)"账户,贷记"预付账款"账户;预付款项不足,应按所需补付的金额,借记"预付账款"账户,贷记"银行存款"账户;退回多付的款项,应借记"银行存款"账户,贷记"预付账款"账户。

---

① □□代表红字。

3. 发出原材料的核算

1) 发出材料的计价方法

存货流转包括实物和成本流转两个方面。理论上讲存货的成本流转与实物流转应当一致,但在实际工作中,这种情况非常少。因为企业的存货进出量很大,存货的品种繁多,单位成本多变。同一种存货尽管单价不同,但均能满足生产和销售的需要,无须逐一辨认哪一批实物被发出,从而成本与实物相分离。这样就出现了存货成本流转的假设。采用某种假设,在期末存货和发出存货之间分配成本,就产生了不同的存货成本分配方法,即发出存货的计价方法。

存货计价方法的选择是制定企业会计政策的一项重要内容。选择不同的存货计价方法将会导致不同的报告利润和存货估价,并对企业的税收负担、现金流量产生影响。我国《企业会计准则第1号——存货》规定,企业应当采用先进先出法、加权平均法(包括月末一次加权平均法和移动加权平均法)或者个别计价法确定发出存货的实际成本,但一旦选择某种方法以后不得随意变更。

【小思考】

"不得随意变更"这一规定遵循了什么会计信息质量要求?

发出存货的主要计价方法如表9-3所示。

表9-3　　　　　　　　发出存货计价方法的比较

计价方法	基本原理	计算公式（或具体操作）	适用范围	优　点	缺　点	其　他
个别计价法	指每次发出存货的实际成本按其购入时的实际成本分别计价的方法	每次(批)存货发出成本＝该次(批)存货发出数量×该次(批)存货实际收入的单位成本	适用于容易识别、存货品种数量不多、单位成本较高的存货计价	计算发出存货的成本和期末存货的成本比较合理、准确	实务操作的工作量繁重,困难较大	假设存货的成本流转与实物流转是一致的。这种方法的前提是需要对发出和结存存货的批别进行具体认定,以辨认其所属的收入批别(又称个别认定法、具体辨认法、分批实际法)
先进先出法	指以先购入的存货先发出为假设条件,按照货物购入的先后顺序确定发出存货和期末存货实际成本的方法	收入存货时,逐笔登记收入存货的数量、单价和金额;发出存货时,按照先进先出的原则逐笔登记存货的发出成本和结存金额。本期发出存货成本＝$\sum$发出存货数量×先收到存货的单价	存货收发业务不多,且存货单价基本稳定	① 符合实物流转过程;② 期末存货成本比较接近现行市价;③ 企业不能随意挑选存货计价以调整当期利润	① 工作比较繁琐;② 不太符合配比。物价上涨时,会高估当期利润和库存存货的价值;反之,会低估	在物价持续上升时,期末存货成本接近于市价,而发出成本偏低,利润偏高;反之,则利润偏低

(续表)

计价方法	基本原理	计算公式(或具体操作)	适用范围	优 点	缺 点	其 他
月末一次加权平均法	指以期初存货数量和本期收入存货数量为权数,于月末一次计算存货平均单价,据以计算当月发出存货和月末结存存货实际成本的方法	注①	存货收发业务不多的企业	①只在月末一次计算加权平均单价,比较简单;②在市场价格上涨或下跌时所计算出来的单位成本平均化,对存货成本的分摊较为折中	平时无法从账上提供发、存存货的单价及金额,不利于加强存货管理	在物价持续上升或下跌时,单位成本平均化,即存货成本波动不大,对利润的影响不会很大
移动加权平均法	指每次收货以后,立即根据库存存货数量和总成本,计算出新的平均单位成本的一种方法	移动加权平均法与月末一次加权平均法的计算原理基本相同,只是要求在每次收入存货时重新计算加权平均单价注②	存货收发业务不多的企业	①能使管理当局及时了解存货结存情况;②计算的单位成本以及发出和结存的存货成本比较客观	①每次收货都计算平均单价,工作量较大;②对收发货较频繁的企业不适用	

注①:存货单位成本 $= \dfrac{\text{期初存货成本} + \text{本期收入存货成本}}{\text{期初存货数量} + \text{本期收入存货数量}}$

本期发出存货成本 $=$ 本期发出存货数量 $\times$ 加权平均单价

注②:移动加权平均单价 $= \dfrac{\text{以前结存成本} + \text{本批收入存货成本}}{\text{以前结存数量} + \text{本批收入存货数量}}$

本期发出存货成本 $=$ 本期发出存货数量 $\times$ 移动加权平均单价

【例 9-19】 某企业 20×1 年 1 月甲材料年初结存数量 3 000 件,结存金额 8 700 元。1 月进货情况如表 9-4 所示。

表 9-4　　　　　　　　　　　　本月甲材料进货情况

日期	单价(元/件)	数量(件)	金额(元)
9 日	3.10	4 100	12 710
12 日	3.20	6 000	19 200
20 日	3.30	4 500	14 850
26 日	3.40	1 800	6 120

该企业 1 月 10 日、13 日、25 日分别销售甲材料 2 500 件、5 500 件和 7 000 件。请分别采用月末一次加权平均法和先进先出法计算甲材料本年 1 月的销售成本、期末结存金额。

(1) 月末一次加权平均法:

$$月末一次加权平均单价 = \frac{8\ 700 + 12\ 710 + 19\ 200 + 14\ 850 + 6\ 120}{3\ 000 + 4\ 100 + 6\ 000 + 4\ 500 + 1\ 800} = 3.1742(元)$$

1月销售数量 = 2 500 + 5 500 + 7 000 = 15 000(件)

1月销售成本 = 15 000 × 3.1742 = 47 613(元)

1月末存货结存金额 = (8 700 + 12 710 + 19 200 + 14 850 + 6 120) - 47 613
$$= 13\ 967(元)$$

【温馨提示】

[例9-19]中,可以根据月末一次加权平均单价先计算期末结存金额,再倒挤本期销售成本。即:

1月末存货结存数量 = (3 000 + 4 100 + 6 000 + 4 500 + 1 800) - 15 000 = 4 400(件)

1月末存货结存金额 = 4 400 × 3.1742 = 13 966.48(元)

1月销售成本 = (8 700 + 12 710 + 19 200 + 14 850 + 6 120) - 13 966
$$= 47\ 613.52(元)$$

(2) 先进先出法:材料明细账如表9-5所示。

表9-5   材料明细账

存货类别: 计量单位:件
存货编号: 最高存量:
存货名称及规格:甲   最低存量:

20×1年		凭证号数	摘 要	收 入			发 出			结 存		
月	日			数量	单价	金额	数量	单价	金额	数量	单价	金额
1	1		期初结存							3 000	2.90	8 700
	9	(略)	购入	4 100	3.10	12 710				3 000	2.90	8 700
										4 100	3.10	12 710
	10		领用				2 500	2.90	7 250	500	2.90	1 450
										4 100	3.10	12 710
	12		购入	6 000	3.20	19 200				500	2.90	1 450
										4 100	3.10	12 710
										6 000	3.20	19 200
	13		领用				500	2.90	1 450	5 100	3.20	16 320
							4 100	3.10	12 710			
							900	3.20	2 880			
	20		购入	4 500	3.30	14 850				5 100	3.20	16 320
										4 500	3.30	14 850
	25						5 100	3.20	16 320	2 600	3.30	8 580
							1 900	3.30	6 270			
	26		购入	1 800	3.40	6 120				2 600	3.30	8 580
										1 800	3.40	6 120
	31		本月合计	16 400		52 880	15 000		46 880	2 600	3.30	8 580
										1 800	3.40	6 120

1 月销售成本 = 2 500 × 2.90 + 500 × 2.90 + 4 100 × 3.10 + 6 000 × 3.20 + 1 900 × 3.30

= 46 880(元)

1 月末结存金额 = 2 600 × 3.30 + 1 800 × 3.40 = 14 700(元)

或: = (8 700 + 12 710 + 19 200 + 14 850 + 6 120) − 46 880 = 14 700(元)

2) 发出材料的账务处理

企业材料的日常领发业务频繁,为了简化核算,平时一般只登记材料明细分类账,反映各种材料的收发和结存数量,月末根据按实际成本计价的发料凭证,按领用部门和用途汇总编制"发料凭证汇总表",据以登记总分类账,进行材料发出的总分类核算。

企业发出材料,凡车间生产产品领用的,借记"生产成本"账户;车间管理及一般消耗领用的,借记"制造费用"账户;厂部管理及一般消耗领用的,借记"管理费用"账户;专设销售机构领用的,借记"销售费用"账户;委托加工发出的,借记"委托加工物资"账户,贷记"原材料"账户。基建工程部门领用的,借记"在建工程"账户,贷记"原材料"账户;但福利等部门领用的外购原材料,按实际成本加上不予抵扣的增值税额等,借记"应付职工薪酬"等账户,按实际成本贷记"原材料"账户,按不予抵扣的增值税额,贷记"应交税费——应交增值税(进项税额转出)"等账户。企业出售材料结转发出材料成本时,应借记"其他业务成本"账户,贷记"原材料"账户。

【例 9-20】 某企业为一般纳税人,20×1 年 8 月,按照领用部门和用途归类汇总编制的"发料凭证汇总表"如表 9-6 所示,据以进行本月材料发出的总分类核算。

表 9-6　　　　　　　　　　　发料凭证汇总表

20×1 年 8 月　　　　　　　　　　　　　　　单位:元

应借账户	原材料			
	原料及主要材料	辅助材料	燃料	合计
生产成本	100 000	20 000	3 000	123 000
制造费用		8 000	2 000	10 000
销售费用	4 000			4 000
管理费用	3 500			3 500
本月发生合计	100 000	35 500	5 000	140 500

企业编制会计分录如下:

借:生产成本　　　　　　　　　　　　　　　　　　　　123 000

　　制造费用　　　　　　　　　　　　　　　　　　　　 10 000

　　销售费用　　　　　　　　　　　　　　　　　　　　　4 000

　　管理费用　　　　　　　　　　　　　　　　　　　　　3 500

　　贷:原材料　　　　　　　　　　　　　　　　　　　　140 500

按照实际成本计价的材料收发核算,从材料日常收发凭证到明细分类核算和总类核算,都是按照实际成本计价的。这对于材料收发业务频繁的企业,材料计价的工作量是极为繁重的,而且,这种计价方法难以看出收入材料的实际成本与计划成本相比是节约还是超支,难以从账簿中反映材料采购业务的经营成果。因此,这种计价方法一般适用于规模较小、存货品种简单、采购业务不多的企业

【知识拓展】

而对于材料收发业务频繁的企业,则应在其具备材料计划成本资料的条件下,采用计划成本计价方法。即材料的日常收、发、存核算都按预先确定的计划成本计价,但在期末时应调整为实际成本,并按成本与可变现净值孰低法进行期末计量。其主要特点是:平时所有收发凭证按材料的计划成本计价;总账及明细分类账,按计划成本登记;材料的实际成本与计划成本的差异,通过"材料成本差异"账户进行核算。月份终了,通过分配材料成本差异,将发出原材料的计划成本调整为实际成本。这种计价方法可以简化会计处理工作,有利于考核采购部门的业绩。

【拓展任务】

查阅相关案例,了解存货计划成本法核算的基本内容。

三、其他存货

1. 委托加工物资

1）委托加工物资概述

委托加工物资是指企业现有的材料物资不能直接用于产品生产,需要送到外单位进行加工的物资。

委托加工物资在加工过程中将会改变原有的实物形态,形成一种新的物资,必须重新对委托加工物资进行计价。其实际成本包括:加工中实际耗用物资的实际成本,支付的加工费及往返运杂费,支付的税金包括应由委托加工物资成本负担的增值税和消费税

2）委托加工物资的核算

为了核算和监督企业委托外单位加工的各种材料的实际成本,企业需要设置"委托加工物资"账户。该账户属于资产类账户,其借方登记委托加工物资的实际成本,贷方登记加工完成并验收入库物资的实际成本和退回物资的实际成本;期末借方余额,反映企业委托外单位加工但尚未加工完成物资的实际成本和发出加工物资的运杂费等。企业应按加工合同和受托加工单位设置明细账户,反映加工单位名称、加工合同号数,发出加工物资的名称、数量,发生的加工费用和运杂费、退回剩余物资的数量、实际成本,以及加工完成物资的实际成本等,进行明细核算。

委托加工物资核算的具体步骤如表9-7所示。

表9-7   委托加工物资核算步骤

步骤	账务处理
拨付委托加工物资	借:委托加工物资 　　贷:原材料、库存商品

（续表）

步骤		账务处理
支付加工费、增值税		借：委托加工物资 　　应交税费——应交增值税（进项税额） 　贷：银行存款
交纳消费税	用于直接销售	借：委托加工物资 　贷：应付账款、银行存款
	用于连续生产	借：应交税费——应交消费税 　贷：应付账款、银行存款
收回委托加工物资		借：原材料、库存商品 　贷：委托加工物资

【例9-21】　某企业委托另一企业加工一批材料（非应税消费品），价格为8 000元，支付的加工费为1 500元，取得加工劳务的增值税专用发票，并经税务管理平台确认可抵扣进项税额为195元。往返运杂费500元，经确认可抵扣增值税进项税额为45元。材料加工完成后验收入库。增值税提供加工修理修配劳务的税率为13％，运输服务的税率为9％。请编制相关的会计分录。

该企业应编制会计分录如下：

（1）发出材料，用以委托加工时：

借：委托加工物资　　　　　　　　　　　　　　　　　　　　　　8 000
　贷：原材料　　　　　　　　　　　　　　　　　　　　　　　　　　8 000

（2）支付加工费和运杂费，同时计算增值税时：

借：委托加工物资　　　　　　　　　　　　　　　　　　　　　　2 000
　　应交税费——应交增值税（进项税额）　　　　　　　　　　　　240
　贷：银行存款　　　　　　　　　　　　　　　　　　　　　　　　2 240

（3）按实际成本收回委托加工材料时：

借：原材料　　　　　　　　　　　　　　　　　　　　　　　　10 000
　贷：委托加工物资　　　　　　　　　　　　　　　　　　　　　10 000

【温馨提示】

若委托加工物资为我国税法规定的15种应税消费品，则加工成本中不仅包括加工费、代垫辅助材料费等，还应当包括消费税，因为消费税是价内税。这部分消费税按照税法规定是由受托方代收代交的。

2. 低值易耗品

1）低值易耗品概述

低值易耗品是指不能作为固定资产的各种用具物品，如工具、管理用具、玻璃器皿，以及在经营过程中周转使用的包装容器等。

【知识拓展】

低值易耗品与固定资产同属企业的劳动资料,可多次使用而不改变原有的实物形态,使用过程中需要进行维修,报废时有残值等,但低值易耗品属于价值较低或使用年限较短、易损易耗的工具、设备。因此,低值易耗品被视同存货,作为流动资产核算和管理。

2)低值易耗品的核算

为了核算和监督低值易耗品的收入、发出和结存情况,企业应设置"周转材料——低值易耗品"账户。该账户的借方登记入库的低值易耗品成本,贷方登记发出的低值易耗品成本;期末借方余额,通常反映企业期末结存低值易耗品的金额。

购入、自制、委托外单位加工完成并已验收入库的低值易耗品,比照"原材料"账户的相关规定进行账务处理。这里主要介绍低值易耗品摊销的核算。

低值易耗品可以在生产经营过程中多次重复使用,而不改变其原有的实物形态,其价值是逐步损耗的。在价值补偿上,低值易耗品损耗的价值是以摊销的形式计入成本、费用中,其摊销方法有一次转销法和五五摊销法。一次转销法是将其价值一次全部计入有关资产成本或当期损益,适用于价值较低或极易损坏的低值易耗品的摊销。五五摊销法是领用时先摊销账面价值的一半,报废时再摊销另一半,这种方法既适用于价值较低、使用期限较短的低值易耗品,也适用于每期领用数量和报废数量大致相等的低值易耗品。在这种方法下要单独设置"周转材料——低值易耗品"的三级明细账"在用""在库""摊销"分别进行核算。

【温馨提示】

如果低值易耗品已经发生毁损、遗失等,不能再继续使用的,应将其账面价值,全部转入当期成本、费用。企业对在用低值易耗品,以及使用部门退回仓库的低值易耗品,应当加强实物管理,并在备查簿上进行登记。

3. 包装物

1)包装物概述

包装物是指为了包装企业的存货而储备的各种包装容器。例如,桶、箱、瓶、坛、袋等。包装物具体包括生产过程中用于包装产品并作为产品的组成部分的包装物、随同产品出售而不单独计价的包装物、随同产品出售但单独计价的包装物、出租或出借给购买单位使用的包装物。

【温馨提示】

下列各项不属于包装物的核算范围:各种包装材料,如纸、绳、铁丝、铁皮等,它们应在"原材料"账户内核算;用于储存和保管产品、材料而不对外销售的包装物,应按其价值的大小和使用年限的长短,分别在"固定资产"或"周转材料——低值易耗品"账户核算;计划上单独列作企业商品、产品的自制包装物,应作为库存商品处理,不属于包装物的范围。

2) 包装物的核算

为了核算和监督包装物的收入、发出和结存情况,企业应设置"周转材料——包装物"账户,用来核算企业库存的各种包装物的实际成本或计划成本。该账户属于资产类账户,其借方登记企业购入、自制、委托加工完成、盘盈等各种途径取得的包装物的实际成本(或计划成本),贷方登记企业发出、领用、对外销售、盘亏、毁损、出租、出借等各种原因减少的包装物的实际成本(或计划成本);期末借方余额,反映库存各种包装物的实际成本(或计划成本)。该账户应按包装物的品种设置明细账户,进行明细分类核算。

【温馨提示】

包装物数量不多的企业,可将包装物并入"原材料"账户核算。包装物采用计划成本进行核算的企业,包装物收发等应分摊的成本差异,应通过"材料成本差异"账户核算。

企业购入、自制、委托外单位加工完成验收入库的包装物的核算,与原材料收入的核算基本相同;包装物的摊销方法有一次转销法和五五摊销法,与低值易耗品基本相同。这里主要介绍包装物发出的账务处理。

(1) 生产领用的包装物。企业在生产过程中领用的包装物,用于包装产品构成产品组成部分应计入产品成本,借记"生产成本"账户,贷记"周转材料——包装物"账户。

(2) 随同商品出售的包装物,分两种情况:随同商品出售而不单独计价的包装物,应于包装物发出时,计入销售费用中,即借记"销售费用"账户,贷记"周转材料——包装物"账户;随同产品出售单独计价的包装物,应于销售发出时,视同材料销售处理,借记"其他业务成本"账户,贷记"周转材料——包装物"账户。销售收入,记入"其他业务收入"账户。

【知识拓展】

企业还会发生出租出借包装物的业务,企业为保护自己的权益会收取一定的押金。那么这部分押金通过什么账户核算?如果企业到期未收回包装物而将押金没收,该如何处理?

首先,企业收取的押金在对方归还包装物时要予以退回,具有偿还性质,因此可以作为负债,记入"其他应付款"账户。收取押金时,记入该账户的贷方,归还或没收时,记入该账户的借方。

其次,若企业到期未收回包装物,之前所收取的押金便会被没收,成为企业的收入,要视为销售额计算交纳增值税。但要注意的是,这部分押金是包含增值税的销售额,需要计算不含税销售额,以此来确定增值税额。

不含税销售额 = 含税销售额 ÷ (1+增值税税率或征收率)

4. 库存商品

库存商品包括库存的外购商品、自制商品产品、存放在门市都准备出售的商品、发出展览的商品以及寄存在外库或存放在仓库的商品等。工业企业的库存商品主要是指产成品。产成品是指企业已经完成全部生产过程并已验收入库合乎标准规格和技术条件，可以按照合同规定的条件送交订货单位，或者可以作为商品对外销售的产品。企业接受外来原材料加工制造的代制品和为外单位加工修理的代修品，制造和修理完成验收入库后，视同企业的产成品。

为了核算和监督库存商品的收发和结存情况，企业应设置"库存商品"账户。该账户属于资产类账户，其借方登记验收入库的库存商品的成本，贷方登记发出库存商品的成本，期末借方余额反映企业结存库存商品的实际成本。

工业企业的库存商品，一般应按实际成本进行核算　在这种情况下，产成品的收入、发出和销售，平时只记数量不记金额；月度终了，计算生产完工验收入库产成品的实际成本。按实际成本，借记"库存商品"账户，贷记"生产成本"等账户；对发出和销售的产成品，可以采用先进先出法、月末一次加权平均法、移动加权平均法或者个别计价法等方法确定其实际成本。核算方法一经确定，不得随意变更。如需变更，应在财务报表附注中予以说明。结转成本时，借记"主营业务成本"账户，贷记"库存商品"等账户。

【例 9-22】　某企业月终汇总编制的"库存商品入库汇总表"如表 9-8 所示。请编制产品入库的会计分录。

表 9-8　　　　　　　　　　　库存商品入库汇总表

产品名称	单 位	数 量	单位成本	总成本
A 产品	件	500	300	150 000
B 产品	件	400	400	160 000
合 计	—	900	—	310 000

根据上述"库存商品入库汇总表"，编制会计分录如下：

借：库存商品——A 产品　　　　　　　　　　　　　　　　　　　　　　150 000
　　　　　　——B 产品　　　　　　　　　　　　　　　　　　　　　　160 000
　贷：生产成本——基本生产成本　　　　　　　　　　　　　　　　　　310 000

【例 9-23】　某企业月末汇总的发出商品中，当月已实现销售的 A 产品 400 件，单位成本 300 元，计 12 000 元；B 产品 300 件，单位成本 400 元，计 12 000 元。请编制相关的会计分录。

企业应编制会计分录如下：

借：主营业务成本　　　　　　　　　　　　　　　　　　　　　　　　24 000
　贷：库存商品——A 产品　　　　　　　　　　　　　　　　　　　　12 000
　　　　　　——B 产品　　　　　　　　　　　　　　　　　　　　　12 000

【知识拓展】

当企业用自产的产品对外投资或用于本企业集体福利以及对外投资或捐赠、分配股利时，按税法规定，这类事项属于视同销售行为，因此，企业在发出商品时，应按商品售价计算增值税，计入销项税额，但发出商品应按成本计价，并以按成本计价的商品与按售价计算的增值税额之和，计入发出商品的受益项目。

【例9-24】 某企业本月领用A产品400件专门用于本企业的职工宿舍楼建筑工程,A产品的售价400/件,A产品单位成本300元。企业应编制会计分录如下:

借:应付职工薪酬   18 080
　　贷:库存商品——A产品   16 000
　　　　应交税费——应交增值税(销项税额)   2 080

借:主营业务成本   1 200
　　贷:原材料   12 000

【温馨提示】

按照增值税法规定,将自产的货物用于集体福利的业务属于视同销售业务,应当计征销项税额。该笔业务中将产品用于专门的职工宿舍楼建设,属于视同销售的情形,因此贷记"应交税费——应交增值税(销项税额)"账户。

四、存货清查

由于存货的种类繁多,收发频繁,日常收发过程中可能发生计量错误、计算错误、自然损耗,还可能发生损坏、变质以及贪污、盗窃等情况,造成账实不符,形成存货的盘盈、盘亏和毁损。因此,存货要定期或不定期地盘点,对于盘盈、盘亏和毁损,企业应及时填写有关存货盘点报告单,及时查明原因,按照规定程序报批处理。

1. 存货盘盈的核算

发生存货的盘盈,应及时办理入账手续,根据存货盘点报告表上所列示的盘盈数,调整存货账户的实存数,即借记"原材料"等账户,贷记"待处理财产损溢——待处理流动资产损溢"账户;其盘盈的存货,通常是由企业日常收发计量或计算上的差错所造成的,盘盈报经有关部门批准后,可冲减管理费用,即借记"待处理财产损溢——待处理流动资产损溢"账户,贷记"管理费用"等账户。

【拓展任务】

存货的盘点前需要准备"盘点报告单""实存账存对比表"等,试设计一份库存现金盘点需要使用的表单。

【例9-25】 企业根据"实存账存对比表"所列盘盈材料3 000元,编制记账凭证,调整材料账存数。请编制相关的会计分录。

企业应编制会计分录如下:

借:原材料   3 000
　　贷:待处理财产损溢——待处理流动资产损溢   3 000

经查明盘盈的原因是由于计量差错所导致的。在有关部门核实后,编制记账凭证,结转记入"待处理财产损溢"账户,应编制会计分录如下:

借:待处理财产损溢——待处理流动资产损溢   3 000
　　贷:管理费用   3 000

2. 存货盘亏和毁损的核算

发生存货盘亏和毁损时,应按盘亏存货的账面价值、已提存货跌价准备,借记"待处理财产损溢——待处理流动资产损溢""存货跌价准备"账户,按盘亏存货的账面余额,贷记"原材料""库存商品"等账户,并按规定结转不能抵扣的增值税进项税额,借记"待处理财产损溢"账户,贷记"应交税费——应交增值税(进项税额转出)"账户。

【温馨提示】

根据增值税法规定,非正常损失的购进货物的进项税额和非正常损失的在产品、产成品所耗用的购进货物或应税劳务的进项税额不准从销项税额中抵扣。这里的非正常损失是指因管理不善造成货物被盗、丢失、霉烂变质以及因违法造成被依法没收、销毁、拆除等情形,不包括自然灾害造成的损失。

报经批准后,再根据造成盘亏和毁损的原因,具体问题具体分析,作出相应的处理。企业发生存货盘亏及毁损时,应先结转到"待处理财产损溢"账户,经批准后分别处理后对入库的残料价值,记入"原材料"等账户;对于应由保险公司和过失人支付的赔款,记入"其他应收款"账户;属于一般经营损失的部分,记入"管理费用"账户;属于非常损失的部分,记入"营业外支出——非常损失"账户。

【例 9-26】 根据"实存账存对比表"盘亏原材料 5 000 元,编制记账凭证,调整原材料账存数。请编制相关的会计分录。

企业应编制会计分录如下:

```
借:待处理财产损溢——待处理流动资产损溢                          5 650
    贷:原材料                                                    5 000
        应交税费——应交增值税(进项税额转出)                       650
```

经查明原因如下:管理过失造成的损失 2 340 元,非常事故造成的损失中由保险公司同意赔款 2 340 元,其他列入营业外支出。企业在有关部门批准后,结转"待处理财产损溢"账户,应编制会计分录如下:

```
借:其他应收款——某管理员                                       2 340
              ——保险公司                                       2 340
    营业外支出——非常损失                                         970
    贷:待处理财产损溢——待处理流动财产损溢                         5 650
```

五、存货减值

企业期末存货价值通常是由实际成本来确定的。但是,由于存货市价的下跌,存货陈旧、过时、毁损等原因,导致存货的价值减少,采用历史成本不能真实地反映存货的价值,根据《企业会计准则第 1 号——存货》的规定,资产负债表日企业存货应采用成本与可变现净值孰低法计量。

1. 成本与可变现净值孰低法的含义

《企业会计准则第 1 号——存货》规定,资产负债表日,存货应当按照成本与可变现净值孰低计量。即当成本低于可变现净值时,期末存货按成本计价;当可变现净值低于成本时,期末存货按可变现净值计价。预计可变现净值应以当期取得的最可靠的证据为基础预计。

成本与可变现净值孰低法中的"成本"是指存货的实际成本,如企业在存货成本的日常核算中采用计划成本等简化核算方法,则"成本"为经过调整后的成本;"可变现净值"是指在正常生产经营过程中,以存货的估计售价减去至完工时估计将要发生的成本、估计的销售费用以及相关税费后的金额,而并不是指存货的现行售价。

可变现净值 = 存货估计售价 - 至完工估计将要发生的成本 - 估计销售费用及相关税金

【小思考】

采用孰低法这一规定遵循了什么会计信息质量要求?

2. 存货减值的账务处理

当成本低于可变现净值时,不需作账务处理,资产负债表中的存货仍按期末账面价值列示;当可变现净值低于成本时须在当期确认存货跌价损失,但不直接冲减有关存货账户,而是设置"存货跌价准备"账户,核算企业提取的存货跌价准备。该账户属于资产类账户,是存货项目的备抵账户。期末,企业计算出存货可变现净值低于成本的差额,借记"资产减值损失"账户,贷记"存货跌价准备——计提的存货跌价准备"账户;如已计提跌价准备的存货价值以后又得以恢复,应按恢复增加的数额,冲减的跌价准备金额(应以"存货跌价准备"账户的余额冲减至零为限),借记"存货跌价准备——计提的存货跌价准备"账户,贷记"资产减值损失"账户。

【知识拓展】

企业生产经营过程中存在诸多不确定因素,因此站在资产管理的角度,应当对其真正的价值进行计量,避免形成虚假的泡沫。一方面,要对资产负债表日可能发生的损失进行预计,及时处理不良资产,不高估资产;另一方面也要对资产进行持续监督,当有证据表明损失因素消失,且企业会计准则允许恢复其价值的,要转销之前已经计提的资产"减值准备",不滥用准备,不低估资产。但应该注意的是,并不是所有资产的"减值"都可以恢复。

与"存货跌价准备"账户类似的备抵账户还有"坏账准备""固定资产减值准备""长期投资减值准备""合同资产减值准备"等账户。它们作为备抵账户,在资产负债表日与被调整的账户形成抵减关系,以可靠反映相关资产的账面价值。各项"准备"的提取遵循"孰低"选择,有的是以账面成本与可变现净值比较,有的是账面价值与可收回金额进行比较;"准备"的转回是有条件的,有的可以恢复,有的则只有遇到出售、对外投资、抵偿债务等处置时才可能转销。

【例9-27】 某企业对期末存货采用成本与可变现净值孰低法计价。20×1年年末,甲种存货的实际成本为100 000元,可变现净值为97 000元;20×2年年末,该存货的可变现净值为95 000元,20×3年年末,可变现净值为101 000元。请编制相关的会计分录。

根据上述资料,该企业计算各年应提取的存货跌价准备,并编制各年有关的会计分录如下：

（1）20×1年年末计提存货跌价准备时：

借：资产减值损失　　　　　　　　　　　　　　　　　　　3 000
　　贷：存货跌价准备——计提的存货跌价准备　　　　　　　　　　3 000

（2）20×2年年末计提存货跌价准备时：

"存货跌价准备"账户期末余额 ＝ 100 000 － 95 000 ＝ 5 000(元)
实际计提的存货跌价准备金额 ＝ (100 000 － 95 000) － 3 000 ＝ 2 000(元)

借：资产减值损失　　　　　　　　　　　　　　　　　　　2 000
　　贷：存货跌价准备——计提的存货跌价准备　　　　　　　　　　2 000

【温馨提示】

当期末存货可变现净值低于成本,则必须在当期确认存货跌价损失,计提存货跌价准备。其计算过程为：

首先,计算存货可变现净值低于成本(账面余额)的差额,作为"存货跌价准备"账户的本期期末贷方余额。其次,将"存货跌价准备"账户的本期期末贷方余额与调整前"存货跌价准备"账户的余额比较,若应提数大于已提数,应按其差额补提;否则,应按差额冲销。

（3）20×3年年末应冲销存货跌价准备时：

"存货跌价准备"账户期末余额为零。

应冲销的存货跌价准备金额为 5 000 元。

借：存货跌价准备　　　　　　　　　　　　　　　　　　　5 000
　　贷：资产减值损失　　　　　　　　　　　　　　　　　　　5 000

项目小结

序号	知识点	小结内容
任务1 货币资金 的核算	库存现金	
	银行存款	
	其他货币资金	

(续表)

序号	知识点		小结内容
任务2 应收及预付款项的核算	内容	应收票据	
		应收账款	
		预付账款	
		其他应付款	
	应收账款减值		
任务3 交易性金融资产的核算	交易性金融资产		
任务4 存货的核算	内容	原材料	
		其他存货	
	存货减值		

项目训练

【训练资料】 育新玩具有限公司20×1年7月1日各账户期初余额如表9-9所示。

表9-9 科目余额表

科目名称	借方余额	科目名称	贷方余额
库存现金	3 900	短期借款	100 000
银行存款	3 487 200	应付票据	600 000
交易性金融资产	50 000	应付账款	852 200
应收票据	738 000	其他应付款	65 000
应收账款	900 000	应付职工薪酬	330 000
坏账准备	−2 700	应交税费	9800
预付账款	30 000	应付利息	3 000
其他应收款	15 000	长期借款	1 330 000
原材料	508 000	股本	16 000 000
周转材料	75 000	盈余公积	200 000
库存商品	191 000	未分配利润	200 000
长期股权投资	750 000		

科目名称	借方余额	科目名称	贷方余额
固定资产	14 200 000		
累计折旧	−2 300 000		
在建工程	450 000		
无形资产	718 000		
累计摊销	−12 3400		
合计	19 690 000	合计	19 690 000

公司原材料采用实际成本法计价,其中有生产工程车用的钢板 500 千克,价值 41 000 元。

7 月份发生以下涉及流动资产的经济业务:

(1) 收到银行付款通知,用银行存款支付到期的商业承兑汇票 300 000 元和前欠货款 200 000 元。

(2) 购入生产工程车用的钢板一批 2 000 千克,用银行存款支付货款 160 000 元和增值税额 20 800 元。材料已验收入库,增值税专用发票经税务管理平台确认可以抵扣。

(3) 向客户销售遥控工程车产品 4 000 台,开出的增值税专用发票上注明销售价款 200 000 元,增值税额为 26 000 元。该批产品已发出,已收到款项 130 000 元,余款尚未收到。该销售行为符合商品销售收入确认条件。

(4) 公司将持有的作为交易性金融资产的股票投资出售,资产账面价值 50 000 元,所售价款 51 000 元已存入银行(不考虑转让金融商品的增值税)。

(5) 通过网银支付工资 1 330 000 元。

(6) 归还短期借款本金 100 000 元,利息 3 000 元,利息部分已预提。

(7) 收到应收账款 900 000 元,存入银行。

(8) 根据公司实际情况,经过减值测试提取 27 000 元坏账准备。

(9) 公司采用商业承兑汇票结算方式向客户销售产品一批,开出的增值税专用发票注明价款 250 000 元,增值税额为 32 500 元,收到金额为 282 500 元的商业承兑汇票 1 张。该销售符合商品销售收入确认条件,产品已经发出。

(10) 用银行存款交纳税费 9 800 元。

【训练要求】

1. 分析上述业务并编制会计分录。

2. 本月生产工程车领用钢板 1 800 千克,计算工程车用的钢板月末一次加权平均单价及领用钢板的成本。

3. 经核对,企业有一笔银行存款利息 6 276 元,银行已自动入账,但企业未收到入账通知。计算企业实际可以动用的银行存款数额。

项目十　非流动资产有关的业务

【学习目标】

了解企业非流动资产内容,思考非流动资产与流动资产管理的不同要求

熟悉所涉及业务核算程序,思考对非流动资产的信息如何进行会计反映

【工作任务】

了解非流动资产的内容及管理要求

理解固定资产确认、计量以及相关业务账务处理方式

掌握固定资产折旧的计算方法及会计账户的设置使用

掌握无形资产确认、计量、记账等相关业务处理方式

运用复式记账的方法,对非流动资产各内容进行会计核算

【思政引导】

公司销售部的文员小张来找李小康办理借款手续。小张说:"要买一台激光打印机,这是领导批的借款单。"李小康一边审核这张借款单,准备填制记账凭证,一边提醒小张说:"记得开好发票,买回来先办固定资产验收手续,然后才能报账。"小张问道:"不是有发票交给你们做账就行吗? 去哪个部门办验收手续啊?"李小康心想:"我要遵循会计准则的规定,坚持准则,在处理业务过程中,严格按照会计法律制度办事,不为主观或他人意志所左右。"于是耐心地解释,"你买的这个打印机属于固定资产,一用好几年,和一般的材料不一样。咱们单位固定资产都是由行政部负责统一管理的,他们验收了,你拿来验收单,我们才能入账,然后才能作其他相关业务的核算。"你知道李小康说到的"固定资产"包括哪些物资吗? 公司为什么有这样的规定吗? 学习了以下的内容你就能知道答案了。

任务1　固定资产的核算

固定资产是企业的主要劳动手段,属于物质资料生产过程中用来改变或影响劳动对象的主要劳动资料,它是企业发展生产事业的物质技术基础,管好用好固定资产,促进固定资产不断增值和提高固定资产的使用效益,是会计工作的重要任务。

由于固定资产在企业生产经营活动中所起的作用与持续时间、价值转移及补偿方式与其他资产存在着差别,会计核算内容也就有所不同。企业应根据《企业会计准则第4号——固定资产》的规定,结合本单位的实际情况,制定固定资产目录,包括每类或每项固定资产的使用寿命、预计净残值、折旧方法等并编制成册,经股东大会或董事会、经理(厂长)会议或类似机构批准,按照法律、行政法规等的规定报送有关各方备案。固定

资产目录一经确定不得随意变更。如需变更,仍应履行上述程序,并按《企业会计准则第 28 号——会计政策、会计估计变更和差错更正》的规定处理。

一、固定资产概述

1. 固定资产的特征

《企业会计准则第 4 号——固定资产》规定,固定资产是指符合下列特征的有形资产:一是为生产商品、提供劳务、出租或经营管理而持有的,而不像商品一样为了对外出售。这一特征是固定资产有别于商品等流动资产的重要标志。二是使用寿命超过一个会计年度。使用寿命是指企业使用固定资产的预计期间,或者该固定资产所能生产产品或提供劳务的数量。这一特征表明固定资产能在 1 年以上的时间里为企业创造经济利益。就固定资产不同的具体实物形态而言,固定资产一般包括房屋、建筑物、机器、机械、运输工具等。

【拓展任务】

从固定资产存在的形态来看,固定资产可区分为动产和不动产,这个分类会影响固定资产的增值税处理。请查阅资料,了解 2009 年"增值税转型改革"和 2016 年"全面实施营改增政策"中关于不动产处置的增值税相关规定。

2. 固定资产的确认

固定资产的确认是指企业在什么时候和以多少金额将固定资产作为企业所拥有或控制的资源进行反映。固定资产只有在同时满足下列两个条件的,才能予以确认:

(1) 与该固定资产有关的经济利益很可能流入企业 这一条件要求企业必须要有一定的证据对所确认固定资产未来经济利益流入企业的确定程度作出可靠的估计,只有在企业确认通过该项资产很可能获得报酬时才确认为企业的固定资产。

【温馨提示】

这个条件实质上是涉及固定资产所有权问题。如果一个企业对某项固定资产拥有所有权,说明与该项固定资产所有权相关的风险和报酬已经转归企业,该项资产在未来所能带来的经济利益也是应该流入企业的。但在实务上,有时即使企业对该项固定资产没有所有权,如果企业能够控制资产带来经济利益,使之能够流入企业,则该项固定资产也应作为企业的固定资产予以确认,如融资租入的固定资产。

(2) 该固定资产的成本能够可靠计量 这是资产确认的重要前提。如果企业对固定资产拥有或控制,那么其成本在大多数情况下容易确定。例如,外购固定资产,在交易时就确定了它的大部分价值;自建的资产,可以根据企业购买的材料、发生的人工费和建造过程中的其他投入对其成本进行可靠地计量等。

【温馨提示】

由于企业的经营内容、经营规模等各不相同,固定资产的标准也不可能强求绝对一致,企业在对固定资产进行确认时,应当按照《企业会计准则第 4 号——固定资产》的规定,根据固定资产定义和确认条件,考虑企业的具体情形加以判断。例如,企业的环保设备和安全设备等资产,虽然不符合固定资产定义的要求,即不能直接为企业带来经济利益,但这类资产却有助于企业从其他相关资产上获得经济利益,因此也应当确认为固定资产。企业应合理确定本企业固定资产范围,制定出适合本企业实际情况的固定资产目录、分类方法、每类或每项固定资产的折旧年限、折旧方法,作为固定资产核算的依据。

3. 固定资产的分类

固定资产按其经济用途可分为经营用固定资产和非经营用固定资产两大类;按其使用情况可分为使用中固定资产、未使用固定资产和不需用固定资产;按其所有权可分为自有固定资产和租入固定资产等。

为了更好地进行固定资产的管理和核算,在实际工作中,企业是按经济用途和使用情况,并考虑提供某些特殊资料的要求,对固定资产进行综合分类。

(1) 生产用固定资产,是指参加生产(经营)过程或直接服务于生产经营过程的固定资产。它包括房屋、建筑物、机器、机械设备、运输工具、器具以及其他生产经营用固定资产。

(2) 非生产用固定资产,是指不直接服务于生产经营过程的固定资产。它包括作为企业内部生活福利设施用的食堂、医务室、托儿所、浴室、理发室、职工活动室等部门所使用的各种固定资产。

(3) 租出固定资产,是指按规定出租、出借给外单位使用的固定资产。

(4) 未使用固定资产,是指已完工或已购建的尚未交付使用的新增固定资产以及因进行改、扩建等原因暂停使用的固定资产。

(5) 不需用固定资产,是指本企业多余或不适用、不需用,准备调配处理的固定资产。

(6) 土地,是指过去已经估价单独入账的土地。因征用土地而支付的补偿费,应计入与土地有关的房屋、建筑物的价值内,不单独作为土地价值入账。企业取得的土地使用权不作为固定资产管理,应作为无形资产核算。

(7) 融资租入固定资产,是指企业采取融资租赁方式租入的固定资产,在租赁期内,应视同自有固定资产进行管理。

【小思考】
对于融资租入固定资产,承租企业并没有取得固定资产的所有权,为什么会列入承租企业固定资产进行管理?

4. 固定资产的计量

固定资产计量是指如何确定企业以各种方式取得的固定资产的入账价值、发生的后续支出以及如何在资产负债表上列示其价值(即期末价值)。

(1) 固定资产的初始计量。固定资产应当按照成本进行初始计量。它包括企业购建某项固定资产达到预定可使用状态前所发生的一切合理、必要的支出。这些支出既有直接发生的,如固定资产的购买价款、运杂费、包装费和安装成本等,也有间接发生的,如应承担的借款利息、外币借款折合差额以及应分摊的其他间接费用等。同时,还应包括企业为取得固定资产而交纳的契税、耕地占用税、车辆购置税等相关税费。但为建造固定资产发生的罚息支出不能计入固定资产成本,应在发生时计入当期损益。企业购置计算机硬件所附带的、未单独计价的软件,与所购置的计算机硬件一并作为固定资产管理。已达到预定可使用状态但尚未办理竣工决算手续的固定资产,可先按估计价值记账,待确定实际价值后,再进行调整。

(2)固定资产的后续支出。固定资产的后续支出通常包括固定资产在使用过程中发生的日常修理费、大修理费用、更新改造支出、房屋的装修费用等。发生的后续支出若符合固定资产确认条件,应当计入固定资产成本;否则,应当在发生时计入当期损益。

(3)固定资产的期末减值。固定资产因发生损坏、技术陈旧或其他原因,导致其可收回金额低于其账面价值,这种情况称之为固定资产减值。其中,可收回金额应当根据资产的公允价值减去处置费用后的净额与资产预计未来现金流量的现值两者之间较高者确定。处置费用包括与资产处置有关的法律费用、相关税金、搬运费以及为使资产达到可销售状态所发生的直接费用等。固定资产减值损失一经确认,在以后会计期间不得转回,以确保企业的财务状态和经营业绩更加真实可靠,避免企业利用资产减值进行盈余管理,保护投资者利益。

【温馨提示】

企业应当在会计期末判断固定资产是否存在可能发生减值的迹象,执行《企业会计准则第8号——资产减值》有关规定。固定资产减值准备应按单项资产计提。

二、固定资产核算的账户设置

固定资产核算包括固定资产取得、折旧、减值以及处置等业务处理。为了组织固定资产的核算,企业一般需设置"固定资产""累计折旧""工程物资""在建工程""固定资产清理""固定资产减值准备"等账户。

(1)"固定资产"账户。该账户属于资产类账户,用来核算企业持有的固定资产原价。建造承包商的临时设施,以及企业购置计算机硬件所附带的、未单独计价的软件,也在该账户核算。其借方登记增加固定资产的原始价值,贷方登记减少固定资产的原始价值;期末余额在借方,反映企业现有固定资产的原价。该账户可按固定资产类别和项目进行明细核算。

(2)"累计折旧"账户。该账户属于资产类账户,也是"固定资产"的调整账户,用来核算企业所提取的固定资产的累计折旧数额。其贷方登记企业按月计提的折旧数;借方登记因固定资产减少而转销的折旧数;期末余额在贷方,反映现有固定资产的累计折旧额。"固定资产"账户余额减去"累计折旧"账户余额就是固定资产净值。

(3)"工程物资"账户。该账户属于资产类账户,用来核算企业为基建工程、改造工程、大修理工程准备的各种物资的实际成本,包括为工程准备的材料、尚未交付安装的需要安装设备的实际成本,以及预付大型设备款和基本建设期间根据项目概算购入为生产准备的工具及器具等的实际成本。其借方登记购入工程物资的实际成本,贷方登记工程领用、工程完工后剩余结转等原因减少的工程物资的实际成本;期末余额在借方,反映企业库存工程物资的实际成本。该账户应设置"专用材料""专用设备""预付大型设备款"和"为生产准备的工具及器具"等明细账户,进行明细核算。

(4)"在建工程"账户。该账户属于资产类账户,用来核算企业基建、更新改造等在建工程发生的支出。其借方登记企业各项在建工程的实际支出,贷方登记工程完工交付使用而结转的实际工程成本;期末余额在借方,反映企业各项尚未完工工程的实际成本。该账户应按照工程项目设置"建筑工程""安装工程""在安装设备""待摊支出"和"其他支出"等明细账户,进行明细核算。

(5)"固定资产清理"账户。该账户属于资产类账户,用来核算企业因出售、报废、毁损、对外投资、非货币性资产交换、债务重组等原因转出的固定资产价值以及在清理过程中发生的清理收入和清理费用等。其借方登记转入清理的固定资产的净值、发生的清理费用和应交税费等,贷方登记清理固定资产的变价收入和应由保险公司或过失人承担的损失;期末余额反映企业尚未清理完毕的固定资产的净值以及清理净收入(清理收入减去清理费用)。清理完毕后,企业应将清理净损益结转至资产处置损益或营业外收支账户,结转后该账户无余额。该账户应按照被清理的固定资产设置明细账户,进行明细分类核算。

(6)"固定资产减值准备"账户。该账户属于资产类账户,也是固定资产的备抵账户,用来核算固定资产减值准备的计提和转销情况。其贷方登记固定资产减值准备的计提数,借方登记转销数;期末贷方余额,反映企业已提取的固定资产减值准备。资产减值一经确认,在以后会计期间不得转回。

【知识拓展】

工程物资、在建工程发生减值的,可以单独设置"工程物资减值准备""在建工程减值准备"账户,比照"固定资产减值准备"账户进行处理。资产减值损失一经确认,在以后会计期间不得转回。

三、固定资产的核算

1. 固定资产的取得与计价

根据不同的来源渠道,固定资产取得时的价值构成也有所不同。这里主要介绍外购固定资产和自行建造固定资产的核算。

1)外购的固定资产

(1)购置的不需要经过建造过程即可使用的固定资产,应按外购固定资产的成本,包括购买价款、进口关税、其他税费以及使固定资产达到预定可使用状态前所发生的可归属于该项资产的场地整理费、运输费、装卸费、安装费和专业人员服务费等作为入账价值。如果以一笔款项购入多项没有单独标价的固定资产,应当按照各项固定资产的公允价值比例对总成本进行分配,分别确定各项固定资产的成本。

企业购置固定资产时,按确认的固定资产入账价值,借记"固定资产"账户,按确认可抵扣的增值税专用发票上注明的税额,借记"应交税费——应交增值税(进项税额)"账户,按实际支付的价款,贷记"银行存款"等账户。

【例10-1】 企业购入不需要安装的设备一台,价值为160 000元,增值税税率为13%,取得增值税专用发票并确认可抵扣税款。另支付运杂费5 000元、包装费1 000元,但只取得增值税普通发票。款项由银行存款支付。请编制相关的会计分录。

企业应编制如下会计分录:

借:固定资产　　　　　　　　　　　　　　　　　　　　　166 000
　　应交税费——应交增值税(进项税额)　　　　　　　　　20 800
　　贷:银行存款　　　　　　　　　　　　　　　　　　　　186 800

【温馨提示】

按照增值税相关规定,一般纳税人凭增值税专用发票及其他合法扣税凭证注明的税款进行抵扣,普通发票一般不能作为扣税凭证。

(2) 购入需要经过安装才可达到固定资产预定使用状态的固定资产,应先通过"在建工程"账户核算,安装完毕达到预定可使用状态再记入"固定资产"账户。企业购入固定资产时,按实际支付的价款(包括买价、相关税费、包装费、运输费等),借记"在建工程"账户,贷记"银行存款"等账户;发生的安装费用,借记"在建工程"账户,贷记"银行存款""原材料"等账户;达到预定可使用状态时,按其实际成本(包括买价、税金、包装费、运输费和安装费等)作为固定资产的实际成本转账,借记"固定资产"账户,贷记"在建工程"账户。购置过程取得增值税专用发票并确认可抵扣的,还应借记"应交税费——应交增值税(进项税额)"账户。

【例10-2】 企业购入一台需要安装的设备,增值税专用发票上的设备买价为100 000元,增值税税率为13%,经税务管理平台确认可抵扣增值税额。设备价款已由银行存款支付,设备已运达企业,交付安装,支付安装费800元,未取得安装费增值税专用发票。安装完毕设备交付使用。请编制相关的会计分录。

企业应编制会计分录如下:

① 支付价款、税费时:

借:在建工程　　　　　　　　　　　　　　　　　　　　　100 000
　　应交税费——应交增值税(进项税额)　　　　　　　　　13 000
　　贷:银行存款　　　　　　　　　　　　　　　　　　　　113 000

② 支付安装费用时:

借:在建工程　　　　　　　　　　　　　　　　　　　　　　　800
　　贷:银行存款　　　　　　　　　　　　　　　　　　　　　　800

③ 安装完成交付使用时:

借:固定资产　　　　　　　　　　　　　　　　　　　　　100 800
　　贷:在建工程　　　　　　　　　　　　　　　　　　　　100 800

2) 自行建造的固定资产

企业根据生产经营的特殊需要,利用自有的人力、物力条件自行建造固定资产,即称为自制、自建固定资产。企业自行建造的固定资产,按建造该项资产达到预定可使用状态前所发生的必要支出作为入账价值，包括工程用物资成本、人工成本、应予以资本化的固定资产借款费用、交纳的相关税金以及应分摊的其他间接费用等。

【知识拓展】

　　资本化的借款费用就是指把借款的利息支出计入到资产的成本中去。这部分借款利息支出是在固定资产达到预定可使用状态前发生的，从本质上属于固定资产取得所发生的合理、必要的支出。而如果是达到了预定可使用状态之后发生的，则要将借款利息部分费用化，记入"财务费用"账户。

　　自行建造的固定资产按营建方式的不同，可分为自营工程和出包工程。

　　(1) 自营工程。自营工程是企业利用自身的生产能力进行的固定资产建造工程，较为常见的是企业通过这种方式自制一些专用设备。企业根据工程需要自行组织工程物资，自行施工建造，使工程达到预计的使用状态。

　　企业将购入的工程所需专用材料通过"工程物资"账户核算。购入工程物资时，按支付的价款，借记"工程物资""应交税费——应交增值税（进项税额）"账户，贷记"银行存款"等账户。工程耗用的材料、人工以及应计入成本的其他费用和交纳的有关税费，通过"在建工程"账户核算，施工时，借记"在建工程"账户，贷记"工程物资""应付职工薪酬"等账户，设备施工完毕达到可使用状态时，将"在建工程"账户中归集的全部实际支出作为固定资产入账价值，借记"固定资产"账户，贷记"在建工程"账户。如果所建造的固定资产已达到预定可使用状态，但尚未办理竣工结算的，应当自达到可使用状态之日起，按照工程预算、造价或者工程实际成本等估计的价值转入固定资产，并按有关计提固定资产折旧的规定，计提固定资产折旧，待办理了竣工决算手续后再作调整。

　　【例 10-3】 某公司自行建造一座仓库，购入为工程准备的各种物资 200 000 元，支付增值税额 26 000 元(经税务管理平台确认可予以抵扣)，全部用于工程；另外还领用了企业生产用的原材料一批，实际成本为 20 000 元；发生工程人员工资 50 000 元，工程完工交付使用。请编制相关的会计分录。

　　公司应编制会计分录如下：

　　① 购入为仓库在建工程准备的物资时：

借：工程物资	200 000
应交税费——应交增值税（进项税额）	26 000
贷：银行存款	226 000

　　② 仓库在建工程领用工程物资时：

借：在建工程——仓库	200 000
贷：工程物资	200 000

　　③ 仓库在建工程领用原材料时：

借：在建工程——仓库	20 000
贷：原材料	20 000

　　④ 发生仓库在建工程人员工资时：

借：在建工程——仓库   50 000

    贷：应付工资   50 000

⑤ 仓库在建工程完工交付使用时：

借：固定资产   270 000

    贷：在建工程——仓库   270 000

（2）出包工程。出包工程是指企业委托建筑公司等其他单位进行的固定资产建造工程，多为房屋、建筑物的新建、改建及扩建工程等。固定资产建造工程支出由承包单位核算，出包企业只需按出包合同规定向承包单位支付工程价款，并将支付的全部工程价款作为固定资产成本入账即可。

出包工程企业按规定预付承包单位的工程价款时，借记"在建工程——××工程"账户，贷记"银行存款"等账户；工程完工收到承包单位账单，补付或补记工程价款时，借记"在建工程——××工程""应交税费——应交增值税（进项税额）"账户，贷记"银行存款"等账户；工程完工交付使用时，按实际发生的全部支出，借记"固定资产"账户，贷记"在建工程——××工程"账户。

【例 10-4】 甲公司于 20×1 年 6 月 2 日将一幢新建厂房工程出包给乙公司承建，按规定先向承包单位预付工程价款 400 000 元，以银行存款转账支付；20×1 年 8 月 2 日，工程达到预定可使用状态后，收到承包单位的有关工程结算单据，其中增值税专用发票注明工程款 530 000 元，增值税额 47 700 元，专用发票经税务管理平台确认可抵扣。甲公司以银行存款补付余款。20×1 年 8 月 3 日，工程经验收后交付使用。请编制相关的会计分录。

甲公司应编制会计分录如下：

① 20×1 年 6 月 2 日，预付工程款时：

借：在建工程——厂房   400 000

    贷：银行存款   400 000

② 20×1 年 8 月 2 日，补付工程款时：

借：在建工程——厂房   130 000

      应交税费——应交增值税（进项税额）   47 700

    贷：银行存款   177 700

③ 20×1 年 8 月 3 日，工程验收交付使用：

借：固定资产   530 000

    贷：在建工程——厂房   530 000

总之，自营工程和出包工程建设方式不同，核算也不相同。但不管何种方式下，自行建造固定资产从发生第一笔购置支出到固定资产完工交付使用，通常需要经历一段较长的建造期间。因此，企业需先通过"在建工程"账户归集固定资产建造期间实际发生的各项支出，并按工程项目设置明细账户。所建造的固定资产达到预定可使用状态时，再从"在建工程"账户转入"固定资产"账户。工程项目较多且工程支出较大的企业，应当按照工程项目的性质分别核算各工程项目的成本。

2. 固定资产的折旧

固定资产折旧是指在固定资产使用寿命内,按照确定的方法对应计折旧额进行的系统分摊。固定资产折旧是固定资产在使用过程中,由于磨损和其他经济原因而逐渐转移的价值。这部分转移的价值以折旧费用的形式计入成本费用中,并从企业营业收入中得到补偿,转化为货币资金。

【温馨提示】

所谓应计折旧额,是指应当计提折旧的固定资产的原价扣除其预计净残值后的金额。已计提减值准备的固定资产,还应当扣除已计提的固定资产减值准备累计金额。

1) 影响固定资产折旧的因素

影响固定资产折旧的因素,主要表现在以下几方面:一是固定资产原值,作为计算固定资产折旧的基数。二是固定资产预计净残值,是指假定固定资产的预计使用寿命已满并处于使用寿命终了时的预期状态,企业目前从该项资产的处置中获得的扣除预计处置费用后的金额。在确定预计净残值时,其金额应为其折现值。三是固定资产使用年限,固定资产使用年限的长短直接影响各期应提的折旧额。四是固定资产折旧方法。

企业应合理地确定固定资产预计使用年限和预计净残值,并选择合理的折旧方法,经股东大会或董事会、经理(厂长)会议或类似机构批准,作为计提折旧的依据。上述方法一经确定不得随意变更。

2) 计提固定资产折旧的范围

企业应当对所有固定资产计提折旧。但是,已提足折旧仍继续使用的固定资产和单独计价入账的土地除外。固定资产提足折旧后,不论是否继续使用,均不再计提折旧;提前报废的固定资产,也不再补提折旧。

固定资产应当按月计提折旧。当月增加的固定资产,当月不计提折旧,从下月起计提折旧;当月减少的固定资产,当月仍然计提折旧,从下月起不再计提折旧。

【温馨提示】

提足折旧是指已经提足该项固定资产的应提折旧总额。

3) 计提固定资产折旧方法

固定资产由于磨损和其他经济原因而转移到产品成本或期间费用中去的价值,很难用技术的方法正确测定,企业应当根据固定资产所含经济利益预期实现方式选择平均年限法、工作量法、双倍余额递减法或者年数总和法等折旧方法,同时要求企业定期对固定资产的折旧方法进行复核。如果固定资产包含的经济利益的预期实现方式有重大改变,则应当相应改变固定资产折旧方法。严格说来,各种折旧方法的根本区别就在于,将固定资产应计提折旧总额在固定资产规定的年限内进行分摊的方式不同。

（1）平均年限法。平均年限法也叫直线法，是将固定资产的折旧均衡地分摊到各期的一种方法。其计算公式为：

$$年折旧率 = \frac{1 - 预计净值率}{预计使用年限} \times 100\%$$

$$年折旧额 = 固定资产原价 \times 年折旧率$$

$$月折旧率 = \frac{年折旧率}{12} \times 100\%$$

$$月折旧额 = 固定资产原价 \times 月折旧率$$

【例 10-5】 某企业一台大型设备原值 400 000 元，预计残值率为 3%，为简化计算，假设折旧年限为 5 年。请计算该设备每年应提折旧额。

该设备每年应提折旧额计算如下：

$$预计净残值 = 400\ 000 \times 3\% = 12\ 000(元)$$

$$每年折旧额 = (400\ 000 - 12\ 000) \div 5 = 77\ 600(元)$$

在平均年限法下，每年计提的折旧额是相等的。因此，它体现了固定资产的有效使用损耗相当均衡，而技术陈旧因素基本上可以不予考虑的那种情况。典型的例子是铺筑的道路、输送管道、储存罐、栅栏等，一般的房屋也可以认为是这样的固定资产。

（2）工作量法。工作量法是根据固定资产在规定的折旧年限内可以完成工作量（如汽车的行驶里程、机器设备的工作小时等）的比例计算折旧额的一种方法。按照这种方法可以正确地为各月使用程度相对较大的固定资产计提折旧。其计算公式为：

$$单位工作量折旧额 = 固定资产原价 \times (1 - 预计残值率) \div 预计总工作量$$

$$某项固定资产月折旧额 = 该项固定资产当月工作量 \times 单位工作量折旧额$$

【例 10-6】 企业有一设备，账面原值为 260 000 元，规定的预计净残值率为 6%，预计工作总量为 200 000 小时，该月实际完成工时 180 小时。请计算该设备的月折旧额。

$$单位工作小时折旧额 = 260\ 000 \times (1 - 6\%) \div 200\ 000 = 1.22(元)$$

$$本月折旧额 = 180 \times 1.22 = 219.60(元)$$

（3）双倍余额递减法。双倍余额递减法是加速折旧法的一种，是在不考虑固定资产残值的情况下，根据每期期初固定资产账面余额和双倍的直线法折旧率计算固定资产折旧的一种方法。为了保证固定资产在规定折旧年限既不多提折旧也不少提折旧，正好使得固定资产应计提折旧总额等于固定资产的累计已计提折旧额，并且不违背加速折旧下各年折旧额逐年递减（至少后面年份的折旧额不大于前面年份的折旧额）这一要求，按照企业会计准则规定，应当在其固定资产折旧年限期满的前 2 年内，将固定资产的净值扣除净残值后的余额平均摊销。其计算公式如下：

$$年折旧率 = 2 \div 预计的折旧年限 \times 100\%$$

$$月折旧率 = 年折旧率 \div 12$$

$$月折旧额 = 固定资产账面净值 \times 月折旧率$$

【例 10-7】 以[例 10-5]为例,请用双倍余额递减法计算每年应提折旧额。

双倍余额递减法下每年应提折旧额见表 10-1。

表 10-1　　　　　　　双倍余额递减法固定资产折旧计算表　　　　　金额单位:元

年　份	折旧率	年折旧额	账面净值
第一年	40%	160 000(400 000×40%)	240 000
第二年	40%	96 000(240 000×40%)	144 000
第三年	40%	57 600(144 000×40%)	86 400
第四年	50%	37 200(86 400−12 000×50%)	49 200
第五年	50%	37 200(86 400−12 000×50%)	12 000

(4)年数总和法。年数总和法又称合计年限法,是将固定资产的原值减去净残值后的净额,乘以一个逐年递减的分数计算每年折旧额的一种方法。其计算公式如下:

年折旧率 = 尚可使用的年数÷预计使用年限的年数总和

月折旧率 = 年折旧率÷12

月折旧额 = (固定资产原值−预计净残值)×月折旧率

年数总和法也是加速折旧法的一种,按这种方法提取的折旧额在开始年度大,以后随着折旧年限增加而减少。在折旧年限相同的情况下,年数总和法比直线法和工作量法的折旧速度要快。

【例 10-8】 以[例 10-5]为例,请用年数总和法计算每年应提折旧额。

年数总额法下每年应提折旧额见表 10-2。

表 10-2　　　　　　　年数总和法固定资产折旧计算表　　　　　金额单位:元

年　份	折旧率	折旧额	账面净值
第一年	5/15	129 333(388 000×5÷15)	270 667
第二年	4/15	103 467(388 000×4÷15)	167 200
第三年	3/15	77 600(388 000×3÷15)	89 600
第四年	2/15	51 733(388 000×2÷15)	37 867
第五年	1/15	25 867(388 000×1÷15)	12 000

年数总和 = 1+2+3+4+5 = 15 = (1+5)×5÷2 = 15

第一年计算如下:

年折旧率 = 5÷15×100% = 33.33%

年折旧额 = (原值 400 000−残值 12 000)×5÷15 = 129 333(元)

【知识拓展】

　　加速折旧法也称为快速折旧法或递减折旧法,其特点是,在固定资产有效使用年限的前期多提折旧,后期则少提折旧,从而相对加快折旧的速度,以使固定资产成本在有效使用年限中加快得到补偿。加速折旧法的依据是效用递减,即固定资产的效用随着其使用寿命的缩短而逐渐降低。因此,当固定资产处于较新状态时,效用高,产出也高,维修费用较低,所取得的现金流量较大;当固定资产处于较旧状态时,效用低,产出也小,维修费用较高,所取得的现金流量较小。这样,按照收入费用配比的要求,折旧费用应呈递减的趋势。

　　综上所述,由于固定资产折旧方法的选用直接影响企业成本和费用的计算,影响企业的利润和纳税,从而影响国家的财政收入。因此,我国规定企业固定资产折旧的方法一般采用平均年限法和工作量法。经批准,企业可以采用双倍余额递减法和年数总和法计提折旧,这体现了国家的税收优惠政策。

【知识链接】

　　按照我国所得税的相关规定,在国民经济中具有重要地位且技术进步快的电子生产企业、船舶工业和船舶运输企业、飞机制造企业、汽车制造企业和汽车运输企业、化工生产企业和医药生产企业以及经财政部批准的其他企业,其机器设备可以采用双倍余额递减法或者年数总和法。企业按照上述规定,有权选择具体的折旧方法,并且在开始实行年度前报主管财政机关备案。折旧方法一经选定,不得随意调整。自2019年1月1日起,固定资产加速折旧优惠的行业范围,扩大至全部制造业领域。具体文件参见《关于扩大固定资产加速折旧优惠政策适用范围的公告》,参见http://www.chinatax.gov.cn/n810341/n810755/c4300874/content.html。

4）固定资产折旧的账务处理

　　在会计实务中,固定资产折旧的计算是通过按月编制"固定资产折旧计算表"进行的。计算出的折旧额应根据使用地点和用途不同,记入相应的成本费用账户。例如,生产部门正常使用固定资产的折旧,应借记"制造费用"账户;车间管理部门正常使用固定资产的折旧,应借记"制造费用"账户;行政管理部门正常使用固定资产的折旧,应借记"管理费用"账户;工程正常使用固定资产的折旧,应借记"在建工程"账户;未使用不需用固定资产的折旧,应借记"管理费用"账户;大修理、季节性停用固定资产的折旧应记入原成本费用账户,贷记"累计折旧"账户。

【例10-9】 企业采用平均年限法计提固定资产折旧,根据20×1年8月份"固定资产折旧计算表",确定该企业各部门应分配的折旧额为:生产车间19 000元,企业管理部门6 800元,未使用固定资产的折旧额为700元。请编制相关的会计分录。

　　企业应编制会计分录如下:

借:制造费用　　　　　　　　　　　　　　　　　　　　　　　19 000
　　管理费用　　　　　　　　　　　　　　　　　　　　　　　　7 500
　　　贷:累计折旧　　　　　　　　　　　　　　　　　　　　　　　　26 500

企业至少应当于每年年度终了,对固定资产的使用寿命、预计净残值和折旧方法进行复核。使用寿命预计数与原先估计数有差异的,应当调整固定资产使用寿命。预计净残值预计数与原先估计数有差异的,应当调整预计净残值。与固定资产有关的经济利益预期实现方式有重大改变的,应当改变固定资产折旧方法。固定资产使用寿命、预计净残值和折旧方法的改变应当作为会计估计变更。

3. 固定资产的处置

1)固定资产处置概述

固定资产满足下列条件之一的,应当予以终止确认:一是固定资产处于处置状态;二是固定资产预期通过使用或处置不能产生未来经济利益,进行处置。因此,固定资产的处置主要是指企业因出售、转让、报废和毁损、对外投资、非货币性资产交换、债务重组等对固定资产进行的清理工作。

企业在生产经营过程中,对那些不适用或不需用的固定资产,可以出售转让,对那些由于使用而不断磨损直至最终报废,或由于技术进步等原因发生提前报废,或由于遭受自然灾害等非常损失发生毁损的固定资产应及时进行清理。按规定程序办理有关手续,结转固定资产账面价值,确认和计量有关的清理收入清理费用及残料价值等。

2)固定资产处置的会计核算步骤

企业因出售、转让、报废或毁损等原因(除固定资产盘亏)减少的固定资产,要通过"固定资产清理"账户核算。会计核算一般可分以下几个步骤:

(1)固定资产转入清理。企业因出售、转让、报废或毁损的固定资产转入清理时,应按清理固定资产的账面价值,借记"固定资产清理"账户,按已提的折旧,借记"累计折旧"账户,按固定资产原价,贷记"固定资产"账户。

(2)发生清理费用、计算交纳各项税费等。固定资产清理过程中发生的清理费用(如支付清理人员的工资等),企业销售固定资产按照税法的有关规定,按其销售额计算交纳增值税等相关税费,借记"固定资产清理"账户,贷记"银行存款""应交税费"等账户。

(3)出售收入、获得保险赔偿及残料收入等。企业收回出售固定资产的价款、报废固定资产的残料价值和变价收入,收到的应由保险公司或过失人赔偿的报废、毁损的固定资产的损失等,应冲减清理支出,按实际收到的出售价款及残料变价收入等,借记"银行存款""原材料""其他应收款——保险公司"等账户,贷记"固定资产清理"账户。

(4)清理净损益的处理。若固定资产清理后发生净收益或净损失时,属于企业筹建期间的,冲减长期待摊费用,借记"固定资产清理"账户,贷记"长期待摊费用"账户;属于生产期间的,计入当期损益,应区别不同的情况进行处理。

① 因出售、转让等原因产生的固定资产处置利得或损失应计入资产处置损益。如为净损失,借记"资产处置损益"账户,贷记"固定资产清理"账户;如为净收益,借记"固定资产清理"账户,贷记"资产处置损益"账户。

② 因固定资产已丧失使用功能或因自然灾害发生毁损等原因而报废清理产生的利得或损失应记入营业外收支。属于生产经营期间由于自然灾害等非常原因造成的损失时,借记"营业外支出——非常损失"账户,属于生产经营期间正常的处理损失,借记

"营业外支出——处置非流动资产损失"账户，贷记"固定资产清理"账户；如为净收益，借记"固定资产清理"账户，贷记"营业外收入——处置非流动资产利得"账户。

【温馨提示】

　　"资产处置损益"账户属于损益类账户，用来核算企业固定资产、无形资产、在建工程等因出售、转让等原因而产生的直接计入当期损益的处置利得或损失。期末"资产处置损益"账户余额转入"本年利润"账户后，该账户无余额。

　　【例 10-10】　企业出售一台机器设备，该设备账面原价为 1 000 000 元，已提折旧 500 000 元，出售时发生清理费用 10 000 元，收到设备变价收入 800 000 元存入银行，设备已清理完毕，将出售的净损益转入资产处置损益。假设企业采用简易计税办法计算应纳增值税款，不考虑其他相关税费。请编制相关会计分录。

　　企业应编制如下会计分录：

　　① 将欲出售厂房原价和已折旧冲减净值转入"固定资产清理"账户时：

借：固定资产清理　　　　　　　　　　　　　　　　　　　　500 000
　　累计折旧　　　　　　　　　　　　　　　　　　　　　　500 000
　　贷：固定资产　　　　　　　　　　　　　　　　　　　　　　1 000 000

　　② 支付清理费用时：

借：固定资产清理　　　　　　　　　　　　　　　　　　　　10 000
　　贷：银行存款　　　　　　　　　　　　　　　　　　　　　　10 000

　　③ 收到变价收入时：

借：银行存款　　　　　　　　　　　　　　　　　　　　　　800 000
　　贷：固定资产清理　　　　　　　　　　　　　　　　　　　　800 000

　　④ 处置固定资产交纳增值税时：

借：固定资产清理　　　　　　　　　　　　　　　　　　　　15 534
　　贷：应交税费——简易计税　　　　　　　　　　　　　　　　15 534

【温馨提示】

　　该笔业务中，采用简易计税办法计算应纳增值税为：

$$800\,000 \div (1 + 3\%) \times 2\% = 15\,534(元)$$

　　⑤ 结转清理净收益时：

借：固定资产清理　　　　　　　　　　　　　　　　　　　　290 000
　　贷：资产处置损益　　　　　　　　　　　　　　　　　　　　290 000

【知识链接】

　　[例 10-10]涉及增值税规定中"销售使用过的固定资产"的相关处理。首先，要明确这里规定的固定资产不包括不动产，而是指使用期限超过 12 个月的机器、机械、运输工具以及其他与生产经营有关的设备、工具、器具等。其次，使用过的固定资产是指纳税人根据财务会计制度已经计提折旧的固定资产。

根据财政部、国家税务总局《关于全国实施增值税转型改革若干问题的通知》(财税〔2008〕170号)的规定,纳税人销售自己使用过的2009年1月1日以后购进或者自制的固定资产(进项税已抵扣),按照适用税率征收增值税。根据《财政部 国家税务总局关于全面推开营业税改征增值税试点的通知》(财税〔2016〕36号)的规定,营改增一般纳税人销售自己使用过的、纳入营改增试点实施之日(含)以后购进或自制的固定资产(进项税已抵扣),按照适用税率征收增值税。自2014年7月1日起,增值税一般纳税人销售使用过的固定资产(进项税未抵扣),可按简易办法依3%征收率减按2%征收增值税,同时不得开具增值税专用发票。关于简易计税办法的相关内容将在本篇项目三中进行介绍。

【例10-11】 企业在年终财产清查中,发现盘亏设备一台,经查账面原值为5 500元,已提折旧3 600元,编制"固定资产盘存报告单"上报,经批准其损失列作营业外支出。请编制相关的会计分录。

【温馨提示】

企业发生固定资产盘亏时,按盘亏固定资产的净值,借记"待处理财产损溢——待处理固定资产损溢"账户,按已提折旧,借记"累计折旧"账户,按固定资产的原价,贷记"固定资产"账户。盘亏的固定资产报经批准转销时,借记"营业外支出"账户,贷记"待处理财产损溢——待处理固定资产损溢"账户。

企业应编制会计分录如下:

① 结转盘亏设备的净值时:

借:待处理财产损溢——待处理固定资产损溢　　　　　　　　　　　　1 900
　　累计折旧　　　　　　　　　　　　　　　　　　　　　　　　　　3 600
　　贷:固定资产　　　　　　　　　　　　　　　　　　　　　　　　　　　5 500

② 经批准列作营业外支出时:

借:营业外支出　　　　　　　　　　　　　　　　　　　　　　　　　1 900
　　贷:待处理财产损溢——待处理固定资产损溢　　　　　　　　　　　　　1 900

任务2　无形资产的核算

一、无形资产概述

1. 无形资产的确认

无形资产是指企业拥有或者控制的没有实物形态的可辨认非货币性资产。

当同时满足下列条件的资产,才能确认为无形资产:一是符合无形资产的定义。二是与该资产相关的预计未来经济利益很可能流入企业。在判断无形资产产生的经济利益是否很可能流入企业时,需要职业判断,企业管理部门应对无形资产在预计使用年限内存在的各种因素作出稳健的估计。三是该资产的成本能够可靠计量。企业自创商誉以及内部产生的品牌、报刊名等,因其成本无法明确区分,不应当确认为无形资产。

与有形资产相比,无形资产具有以下主要特征:

(1)无形资产不具有实物形态,属于非货币性长期资产。无形资产通常表现为某种权力、某项技术或某种获取超额利润的综合能力。比如,土地使用权、非专利技术等。而某些无形资产的存在有赖于实物载体。比如,计算机软件需要存储在磁盘中。但这并没有改变无形资产本身不具有实物形态的特性。

(2)无形资产在创造经济利益方面存在较大不确定性,对无形资产进行核算时持更为谨慎的态度。

(3)持有的目的是使用而非出售。如软件公司开发的、用于对外销售的计算机软件,对于购买方而言属于无形资产,而对于开发商而言却是存货。

(4)具有可辨认性。资产在符合下列条件时,满足无形资产定义中的可辨认性标准:一是能够从企业中分离或者划分出来,并能单独或者与相关合同、资产或负债一起,用于出售、转移、授予许可、租赁或者交换;二是源自合同性权利或其他法定权利,无论这些权利是否可以从企业或其他权利和义务中转移或者分离。

【温馨提示】

商誉是企业合并成本大于合并取得被购买方各项可辨认资产、负债公允价值份额的差额,其存在无法与企业自身分离,不具有可辨认性。因此,商誉不属于《企业会计准则第 6 号——无形资产》规范的无形资产。

2. 无形资产的内容

企业应当于取得无形资产时分析判断其使用寿命,按是否能够预见为企业带来未来经济利益的使用寿命,分为可确定的无形资产和不可确定的无形资产。使用寿命如为有限的,应当估计该使用寿命的年限或者构成使用寿命的产量等类似计量单位数量。无法预见无形资产为企业带来未来经济利益的期限的,应当视为使用寿命不确定的无形资产。

无形资产主要包括以下内容:

(1)专利权。专利权是指国家专利主管机关依法授予发明创造专利申请人对其发明创造在法定期限内所享有的专有权利,包括发明专利权、实用新型专利权和外观设计专利权。

(2)非专利技术。非专利技术也称专有技术,是指不为外界所知、在生产经营活动中已采用了的、不享有法律保护的各种技术和经验。非专利技术一般包括工业专有技术、商业贸易专有技术、管理专有技术等。非专利技术可以用蓝图、配方、技术记录、操作方法的说明等具体资料表现出来,也可以通过卖方派出技术人员进行指导,或接受买方人员进行技术实习等手段实现。非专利技术具有经济性、机密性和动态性等特点。

(3)商标权。商标是用来辨认特定的商品或劳务的标记。商标权指专门在某类指定的商品或产品上使用特定的名称或图案的权利。商标权包括独占使用权和禁止权两个方面。独占使用权指商标权享有人在商标的注册范围内独家使用其商标的权利;禁止权指商标权享有人排除和禁止他人对商标独占使用权进行侵犯的权利。

(4) 著作权。著作权又称版权,是指作者对其创作的文学、科学和艺术作品依法享有的某些特殊权利。著作权包括两方面的权利,即精神权利(人身权利)和经济权利(财产权利)。前者指作品署名、发表作品、确认作者身份和保护作品的完整性、修改已经发表的作品等项权利,包括发表权、署名权、修改权和保护作品完整权;后者指以出版、表演、广播、展览、录制唱片和摄制影片等方式使用作品以及因授权他人使用作品而获得经济利益的权利。

(5) 土地使用权。土地使用权是指国家准许某企业在一定期间内对国有土地享有开发、利用、经营的权利。根据我国土地管理法的规定,我国土地实行公有制,任何单位和个人不得侵占、买卖或者以其他形式非法转让。企业取得土地使用权的方式大致有以下几种:行政划拨取得、外购取得、投资者投入取得等。

(6) 特许权。特许权又称经营特许权、专营权,是指企业在某一地区经营或销售某种特定商品的权利或是一家企业接受另一家企业使用其商标、商号、技术秘密等的权利。前者一般是由政府机构授权,准许企业使用或在一定地区享有经营某种业务的特权,如水、电、邮电通讯等专营权、烟草专卖权等;后者指企业间依照签订的合同,有限期或无限期使用另一家企业的某些权利,如连锁店分店使用总店的名称等。

3. 无形资产的计量

无形资产计量是指如何确定企业以各种方式取得的无形资产的入账价值,发生的后续支出以及如何在资产负债表上列示其价值(即期末价值)。

1) 无形资产的初始计量

无形资产取得时应按实际成本计量。企业可通过外购、自行研创、接受投资、接受捐赠等方式取得无形资产。详细内容结合无形资产取得的核算加以说明。

2) 无形资产的后续支出

无形资产的后续支出是指无形资产入账后,为确保该无形资产能够给企业带来预定的经济利益而发生的支出。比如,相关的宣传活动支出。又如,取得专利权之后,每年支付的年费和维护专利权发生的诉讼费,由于这些支出仅是为了确保已确认的无形资产能够为企业带来预定的经济利益,因而,无形资产的后续支出应在发生当期确认为管理费用。

3) 无形资产的期末计量

企业应当定期或者至少每年年度终了,检查各项无形资产预计给企业带来经济利益的能力。如果无形资产将来为企业创造的经济利益还不足以补偿无形资产成本(摊余成本),即无形资产的账面价值超过了其可收回金额,则说明无形资产发生了减值。企业应当在会计期末判断资产是否存在可能发生减值的迹象,执行《企业会计准则第6号——资产减值》的有关规定。无形资产减值准备应按单项资产计提。期末,企业所持有的无形资产的账面价值高于其可收回金额的,应按其差额,借记"资产减值损失"账户,贷记"无形资产减值准备"账户。资产减值损失一经确认,在以后会计期间不得

转回

二、无形资产的账户设置

为了核算和监督无形资产的取得和摊销等业务，企业应设置"无形资产""研发支出""累计摊销"等账户。

(1)"无形资产"账户。该账户属于资产类账户，用来核算企业持有的无形资产成本，包括专利权、非专利技术、商标权、著作权、土地使用权等。其借方登记企业购入、自行创造并按法律程序申请取得的、投资者投入的以及捐赠的各种无形资产价值等，贷方登记企业向外单位投资转出、出售无形资产的价值以及分期摊销的无形资产价值；期末借方余额，反映企业已入账但尚未摊销的无形资产价值。该账户可按无形资产项目进行明细核算。

(2)"研发支出"账户。该账户属于成本类账户，用来核算企业进行研究与开发无形资产过程中发生的各项支出，类似于"在建工程"账户。期末借方余额，反映企业正在进行无形资产研究开发项目满足资本化条件的支出。该账户可按研究开发项目，分别"费用化支出""资本化支出"进行明细核算。

(3)"累计摊销"账户。该账户属于资产类账户，是"无形资产"账户的备抵账户，用来核算企业对使用寿命有限的无形资产计提的累计摊销。其借方登记处置无形资产转出的累计销额，贷方登记企业按月计提的无形资产摊销额；期末贷方余额，反映企业无形资产的累计摊销额。该账户可按无形资产项目进行明细核算。

此外，企业无形资产发生减值的，还应当设置"无形资产减值准备"账户进行核算。

三、无形资产的核算

1. 无形资产的取得与计价

根据不同的来源渠道，无形资产取得时的价值构成也有所不同。这里主要介绍外购无形资产和自创无形资产的核算。

(1)外购的无形资产。外购无形资产的成本包括购买价款、进口关税和其他税费以及直接归属于使该项资产达到预定用途所发生的其他支出。企业购入无形资产时，应根据购入过程中所发生的全部支出，借记"无形资产"账户，贷记"银行存款"账户。

【例10-12】 A企业购入一项专利权，实际支付的价款为500 000元，以银行存款支付。假设不考虑税费，请编制相关的会计分录。

企业应编制会计分录如下：

借：无形资产——专利权 500 000
　　贷：银行存款 500 000

(2)自创的无形资产。企业自创的无形资产如专利权、专有技术等，这些无形资产一般研制过程较长，而且能否成功有很大不确定性。对于企业内部研究开发项目的研发支出，应当区分研究阶段支出与开发阶段支出。

191

【知识拓展】

内部研究开发项目的研究阶段,是指为获取新的科学或技术知识并理解它们而进行的独创性的有计划调查。其支出应当于发生时计入当期损益。内部研究开发项目的开发阶段,是指在进行商业性生产或使用前,将研究成果或其他知识应用于某项计划或设计,以生产出新的或具有实质性改进的材料、装置、产品等。对开发过程中的费用如果符合相关条件,就可资本化,计入无形资产成本。而已经计入各期费用的研究与开发费用,在该项无形资产获得成功并依法申请取得权利时,不得再将原已计入费用的研究与开发费用资本化。

企业发生的自行研究的支出和不符合资本化条件的开发阶段发生的支出,应当记入"研发支出——费用化支出"等账户;对于进入开发程序符合资本化条件发生的支出,借记"研发支出——资本化支出"账户,依法申请取得的无形资产,借记"无形资产"账户,贷记"研发支出——资本化支出""银行存款"等账户。

【例 10-13】 某企业自行研究开发一项新产品专利技术,在研究开发过程中发生材料费 4 000 000 元、人工工资 1 000 000 元,以及其他费用 3 000 000 元,总计 8 000 000 元,其中,符合资本化条件的支出为 5 000 000 元。期末,该专利技术已经达到预定用途。请列出上述成本费用发生时应编制的会计分录以及该专利技术达到预定用途时应编制的会计分录。

企业应编制会计分录如下:
① 发生研发支出时:

借:研发支出 8 000 000
　　贷:原材料 4 000 000
　　　　银行存款 3 000 000
　　　　应付职工薪酬 1 000 000

② 专利技术已经达到预定用途时:

借:无形资产——非专利技术 5 000 000
　　管理费用 3 000 000
　　贷:研发支出 8 000 000

2. 无形资产摊销

无形资产的使用期限超过一个会计年度,因此为取得无形资产而发生的支出属于资本性支出,应该把这一支出在其有效的使用期限内摊入成本费用中。这一过程称为无形资产的摊销。《企业会计准则第 6 号——无形资产》规定使用寿命不确定的无形资产不应摊销。而使用寿命有限的无形资产,有一定的有效期限,它所具有价值的权利或特权总会终结或消失,因此,企业应对已入账的使用寿命有限的无形资产在使用寿命内系统合理摊销。

无形资产摊销期限为自无形资产可供使用时起,至不再作为无形资产确认时为止,在这个期限内,应当按月进行摊销,具体要求是自达到预定用途当月起摊销,处置当月不再摊销。企业应当选择反映企业预期消耗该项无形资产所产生的未来经济利益的方式作为无形资产摊销方法。无法可靠确定消耗方式的，应当采用直线法摊销。其摊销金额为无形资产入账价值扣除残值后的金额，已经计提无形资产减值准备的，还应扣除已经提取的减值准备金额。摊销金额一般应当计入当期损益。

企业进行无形资产摊销时，对于自用的无形资产，摊销的无形资产价值，应借记"管理费用——无形资产摊销"账户，对于出租的无形资产，相关的无形资产摊销价值，应借记"其他业务成本"账户，贷记"累计摊销"账户。

【例 10-14】 某公司于 20×1 年 1 月 1 日接受 A 无形资产投资，评估价值为 88 万元。合同约定使用年限为 8 年，公司合理估计该无形资产的净残值为零，每年按照直线法摊销。请编制相关业务的会计分录。

公司应编制会计分录如下：

① 20×1 年 1 月 1 日，购入时：

借：无形资产 880 000
　　贷：银行存款 880 000

② 20×1—20×8 年，每年摊销时：

借：管理费用 110 000
　　贷：累计摊销 110 000

【知识拓展】

关于无形资产摊销的税法规定。《中华人民共和国企业所得税法实施条例》规定，无形资产按照直线法计算的摊销费用，准予扣除。无形资产的摊销年限不得低于 10 年。作为投资或者受让的无形资产，有关法律规定或者合同约定了使用年限的，可以按照规定或者约定的使用年限分期摊销。如果[例 10-14]中无形资产为外购，合同约定的摊销年限与税法规定的摊销年限不一样，使得各年摊销费用不同，这时就产生了税法处理与会计处理的差异，会影响各年资产价值的计量，这属于所得税会计的调整内容。

3. 无形资产的处置

（1）无形资产出售。企业将无形资产出售，表明企业放弃无形资产所有权。由于出售无形资产所得不符合《企业会计准则第 14 号——收入》中的收入定义，因此，根据《企业会计准则第 6 号——无形资产》规定，应将出售无形资产所得以净额反映，即将所得价款与该无形资产的账面价值之间的差额计入当期资产处置损益。

企业出售无形资产时，应按实际出售所得，借记"银行存款"等账户，按该项无形资产已计提的减值准备，借记"无形资产减值准备"账户，按已计提的摊销金额，借记"累计摊销"账户，按无形资产的账面余额，贷记"无形资产"账户，按应支付的相关税费，贷记"银行存款""应交税费"等账户，按其差额，贷记"资产处置损益"账户。

【例 10-15】 某企业将拥有的一项专利权出售，价款 250 000 元。该专利权账面原价 200 000 元，已摊销 20 000 元，未计提减值准备。假定不考虑相关税费。请编制相关的会计分录。

企业应编制会计分录如下:

借:银行存款	250 000
累计摊销	20 000
贷:无形资产	200 000
资产处置损益	70 000

【拓展任务】

　　无形资产出租与出售业务应当计征增值税。请查阅相关资料,尤其明确其适用的税率和征收率,并与不动产业务进行比较。

　　② 无形资产出租。无形资产出租是指企业将所拥有的无形资产的使用权让渡给他人,并收取租金。根据《企业会计准则第14号——收入》的规定,相关所得应按合同或协议规定计算确定,在确认租金收入的同时,还应确认相关费用。

　　由于出租企业仍拥有无形资产的所有权,因此,不应注销无形资产的账面摊余价值,出租取得的收入计入其他业务收入,发生的与出租有关各种费用支出,计入其他业务成本。

　　③ 无形资产转销。如果无形资产预期不能为企业带来经济利益,从而不再符合无形资产的定义,则应将该项无形资产的账面价值全部转入当期损益,借记"管理费用"账户,贷记"无形资产"账户。

【温馨提示】

　　企业在判断无形资产是否预期不能为企业带来经济利益时,应根据以下迹象加以判断:一是该无形资产是否已被其他新技术等所替代,且已不能为企业带来经济利益;二是该无形资产是否不再受法律的保护,且不能给企业带来经济利益。比如,甲企业的某项无形资产的法定有效年限已过,且以此生产的产品没有市场。这种情况出现时,甲企业应立即转销该无形资产。

【拓展任务】

　　若企业以无形资产进行对外投资,应如何进行账务处理?

项目小结

序号	知识点	小结内容
任务1 固定资产 的核算	特征	
	确认	
	分类	

序号	知识点		小结内容
任务1 固定资产 的核算	计量		
	账户设置		
	核算		
任务2 无形资产 的核算	特征		
	确认		
	分类		
	计量		
	账户设置		
	核算		

【训练资料】 承接本篇项目九训练资料,7月份公司发生如下涉及非流动资产的业务:

(1) 购入不需安装的设备一台,取得可抵扣的增值税专用发票上注明设备价款750 000元,增值税额97 500元。另支付运杂费3 000元,未取得可抵扣税款的票据。以上款项均以银行存款支付,设备已验收交付使用。

(2) 在建厂房工程完工交付生产部门使用,办理竣工验收移交手续。相关单据列明固定资产价值450 000元。

(3) 公司的一栋仓库经批准报废,账面原值600 000元,已提折旧540 000元。发生清理费用2 400元,取得残值收入2 400元,以上款项均通过银行存款收支。该项固定资产已清理完毕,结转清理净损益。

(4) 公司出售一台不需用设备,售价900 000元。该设备原值1 200 000元,已提折旧450 000元。公司开出增值税专用发票,注明增值税销项税额117 000元。款项已收妥入账。

(5) 本期摊销无形资产38 000元,计提固定资产折旧300 000元,其中,应计入制造费用240 000元,管理费用98 000元。

【训练要求】

1. 分析上述业务并编制会计分录。

2. 本月竣工的厂房预计净残值为20 000元,预计使用年限20年。什么时候开始计提折旧? 月折旧额为多少?

项目十一　负债与所有者权益有关的业务

【学习目标】

了解企业负债内容,思考负债在企业生产经营中的重要作用
了解企业所有者权益内容,思考所有者权益与负债的区别和关联关系
熟悉所涉及业务核算程序,思考负债和所有者权益与企业资产的关系
理解企业财务状况的构成,思考如何通过报表反映相关会计信息

【工作任务】

了解负债的内容及管理要求
理解企业银行借款的计量以及相关业务账务处理方式
掌握借款费用的计算方法及会计账户的设置使用
掌握接受资本投入等相关业务处理方式
了解企业留存收益的形成及相关业务处理方式
运用复式记账的方法,对各内容进行会计核算

【思政引导】

公司较为复杂的业务主要是各种税费的交纳,包括增值税、城市维护建设税、车船税、个人所得税和企业所得税等。一般纳税人的增值税交纳问题是需要好好规划的,李小康知道作为会计人员要遵守《中华人民共和国宪法》第56条规定:"中华人民共和国公民有依照法律纳税的义务。"要善于运用法律法规赋予的职业权利,尽职尽责,勇于承担职业责任,履行职业义务。为此每月在处理增值税业务时都特别小心,尤其是月末增值税在综合服务平台确认的时候更是需要精打细算,要根据当月的销项金额来决定进项发票的金额,以此达到较合理的避税效果。个人所得税也是工作量较大的一个工作,尤其是个税改革会有更多的附加扣除项目。这些税种都是本项目要学习的内容,接下来李小康将会一一展示他是如何进行税费处理的。

任务1　流动负债的核算

一、短期借款

1. 短期借款概述

短期借款是企业向银行或其他金融机构等借入的期限在**1年以下(含1年)**的各种借款。短期借款主要是为弥补企业流动资金不足,维持企业进行正常生产经营业务活动而借入的款项,也可能是为偿还某些负债而借入的款项。工业企业的短期借款一般包括

临时借款、结算借款、商品周转借款、专项储备借款、联营借款、预购定金借款、外汇借款。借入的期限在 1 年以上的各种借款,在"长期借款"账户核算,不在"短期借款"账户核算。

短期借款的核算通过"短期借款"账户进行。该账户的借方反映企业已经偿还的短期借款,贷方反映企业借入的短期借款;期末贷方余额反映企业尚未归还的短期借款本金。该账户应按债权人设置明细账户,并按借款种类进行明细核算。

2. 短期借款的核算

资金在借款期间会产生时间价值,也就是利息。因此,企业在归还短期借款时,除了归还借入的本金外,还应支付利息。短期借款的利息应计入当期损益。一般来说,短期借款的利息按季度、按半年支付,也会有到期时连同本金一起支付,且金额较大,为了正确计算各期利息,应采用预提的办法,按月预提利息。因此,短期借款的核算主要涉及三个方面的问题,即借款的取得、确认借款利息和归还借款。

【温馨提示】

按月预提利息费用的处理,就是执行了权责发生制的记账基础。以利息的归属期记录费用发生,同时作为负债记入"应付利息"账户("预提费用"这个账户已经不再使用);在支付利息时作为负债的偿付。

企业借入的各种短期借款,借记"银行存款"账户,贷记"应付利息"账户;发生的短期借款利息根据《企业会计准则第 17 号——借款费用》的规定,借记"在建工程""生产成本""财务费用"等账户,贷记"应付利息""银行存款"等账户;归还借款时,借记"短期借款"账户,贷记"银行存款"账户。

【例 11-1】 某企业于 20×1 年 6 月 30 日向银行借入一笔 400 000 元,期限为 3 个月的短期借款,年利率为 6%,按月计提借款利息。请编制相应的会计分录。

该企业应编制会计分录如下:

(1) 20×1 年 6 月 30 日,借入款项时:

借:银行存款	400 000
贷:短期借款	400 000

(2) 20×1 年 7 月 31 日,预提借款利息 2 000 元(400 000×6%÷12)时:

借:财务费用	2 000
贷:应付利息	2 000

(3) 20×1 年 8 月 31 日,预提借款利息时:

借:财务费用	2 000
贷:应付利息	2 000

(4) 20×1 年 9 月 30 日,归还借款及利息时:

借:应付利息	4 000
财务费用	2 000
短期借款	400 000
贷:银行存款	406 000

二、应付票据

1. 应付票据概述

应付票据是指企业购买商品和接受劳务供应等开出、承兑的商业汇票,包括银行承兑汇票和商业承兑汇票,是由出票人出票,委托付款人在指定日期无条件支付确定的金额给收款人或者持票人的票据。

为了总括地核算和监督企业商业汇票的签发、承兑和支付情况,应设置"应付票据"账户。该账户属于负债类账户,其贷方登记企业签发、承兑商业汇票的金额,借方登记企业到期支付的票款数额;期末余额在贷方,反映企业尚未到期的商业汇票的票面金额。

企业应当设置"应付票据备查簿",详细登记商业汇票的种类、号数和出票日期、到期日、票面金额、交易合同号和收款人姓名或单位名称以及付款日期和金额等资料。应付票据到期结清时,在备查簿中应予注销。

2. 应付票据的核算

1) 企业形成应付票据的核算

(1) 企业直接因商品交易的购销关系而产生,在交易双方商谈交易的条件时即商定采用商业汇票结算方式进行货款的结算。企业开出、承兑商业汇票或以承兑商业汇票应付账款时,应借记"物资采购""库存商品""应交税费——应交增值税(进项税额)"等账户,贷记"应付票据"账户。

(2) 企业因以前的商品交易而形成的尚未支付的应付账款,经购销双方商定,改为商业汇票结算方式支付货款。企业开出、承兑商业汇票抵付货款时,借记"应付账款"账户,贷记"应付票据"账户。

若企业开出承兑的是银行承兑汇票,须按票面金额支付一定的手续费,借记"财务费用"账户,贷记"银行存款"账户。

2) 应付票据到期的核算

(1) 若如期付款时,借记"应付票据"账户,贷记"银行存款"账户。若为带息票据,应于期末计算应付利息,按应计利息借记"财务费用"账户,贷记"应付票据"账户。票据到期支付本息时,按票据账面余额,借记"应付票据"账户;按应计未计的利息,借记"财务费用"账户;按实际支付的金额,贷记"银行存款"账户。

(2) 若企业无力支付票款时,按应付票据的账面余额,借记"应付票据"账户,贷记"应付账款"账户。到期不能支付的带息应付票据,转入"应付账款"账户核算后,期末时不再计提利息。银行承兑汇票到期,若付款人无款支付,承兑银行除凭票向持票人无条件付款外,对出票人尚未支付的票据金额转作逾期贷款处理,并按照每天 0.5‰ 计收利息。企业到期无力支付银行承兑汇票时,应在接到承兑银行转来的"××号汇票无款支付转入逾期贷款户"等有关凭证时,借记"应付票据"账户,贷记"短期借款"账户。对计收的利息按短期借款利息的处理办法处理。

【例 11-2】 某企业为增值税一般纳税人,原材料按实际成本进行日常核算。20×1 年 9 月 1 日,采购原材料一批。增值税专用发票上注明的货款为 200 000 元,增值税额为

26 000 元，发票经税务管理平台确认可抵扣。材料已验收入库。企业开出一张票面金额为 226 000 元，为期 6 个月的商业汇票。请编制相关的会计分录。

企业应编制会计分录如下：

① 9 月 1 日，采购原材料并入库时：

借：原材料 200 000
  应交税费——应交增值税（进项税额） 26 000
  贷：应付票据 226 000

② 票据到期，接银行付款通知时：

借：应付票据 226 000
  贷：银行存款 226 000

三、应付账款和预收账款

1. 应付账款

1）应付账款入账时间的确认

应付账款指因购买材料、商品或接受劳务供应等而应付给供应单位的款项。它是一种最常见、最普遍的流动负债，主要是买卖双方在购销活动中由于取得物资与支付货款在时间上不一致而产生的负债。

【温馨提示】

  应付账款与应付票据两者都是由于交易而引起的负债，都属于流动负债，但应付账款是尚未结清的债务，而应付票据是一种期票，是延期付款的证明，有承诺付款的票据作为凭据。

应付账款入账时间的确认，应以所购货物所有权的转移或接受劳务已发生为标志。在实际工作中，应区别情况处理，在货物和发票账单同时到达的情况下，应付账款一般是待货物验收入库后，再根据发票金额登记入账。这样处理可避免在验收时因发现货物数量或质量不符合要求而需要再调整已入账的应付账款。在货物和发票账单不是同时到达的情况下，由于应付账款要根据发票登记入账，有时货物已验收入库而发票账单未到，但这笔负债已经成立，应编制为一项负债。为在资产负债中客观地反映企业所拥有的资产和承担的债务，会计实务中采用平时应付账款可暂不入账，待月份内收到发票账单后再入账的方法；若至月份终了仍未收到发票账单的，应按估计价或计划价暂估入账，下月初用红字冲回，待以后收到发票账单时，再按具体情况处理。

2）应付账款入账金额的确定

应付账款一般按发票金额（有时加上代垫的运杂费）登记入账，而不按到期应付金额的现值入账。当购货附有现金折扣条件时，应付账款入账金额的确定与应收账款一样采用总价法和净价法。会计实务中采用总价法确认应付账款的入账金额时获得的现金折扣，被视为一种理财收益，冲减财务费用。

3) 应付账款的核算

为了核算企业应付账款的发生及偿还情况,应设置"应付账款"账户。该账户贷方登记企业因购货、接受劳务供应而产生的应付款项,以及因无款支付到期商业汇票转入的应付票据款,借方登记企业偿还、抵付的应付账款以及转销无法支付的应付账款;余额一般在贷方,表示企业尚未支付的应付账款。该账户应按供应单位设置明细账户,进行明细分类核算。

具体核算内容主要包括:

(1) 企业购入材料、商品等已验收入库,但货款尚未支付,根据有关凭证(发票账单、随货同行发票上记载的实际价款或暂估价值),借记"物资采购"等账户,按增值税专用发票上注明的增值税额,借记"应交税费——应交增值税(进项税额)"等账户,按应付的价款,贷记"应付账款"账户;企业接受供应单位提供劳务而发生的应付未付款项,根据供应单位的发票账单,借记"生产成本""管理费用"等账户,贷记"应付账款"账户。

(2) 企业支付时,借记"应付账款"账户,贷记"银行存款"等账户;企业确实无法支付的应付账款,借记"应付账款"账户,贷记"营业外收入"账户。

【例 11-3】 某企业为增值税一般纳税人。原材料按实际成本法进行日常核算。20×1 年 6 月 30 日,购入材料一批,增值税专用发票上注明价款 10 000 元,增值税额 1 300 元,材料已验收入库,发票经确认可抵扣。双方商定付款条件为"2/15、n/30",企业购进时并不能确定付款时间与金额。请编制相关的会计分录。

6 月 30 日,根据有关单据,企业应编制会计分录如下:

借:原材料   10 000
    应交税费——应交增值税(进项税额)   1 300
    贷:应付账款   11 300

若企业在 15 日内支付货款,则只需支付 11 100 元(11 300-200)。应编制会计分录如下:

借:应付账款   11 300
    贷:银行存款   11 100
        财务费用   200

若企业在现金折扣期满后支付货款,则应支付发票记载的金额。应编制会计分录如下:

借:应付账款   11 300
    贷:银行存款   11 300

2. 预收账款

预收账款是指企业按照合同规定向购货单位预先收取的款项,反映企业对客户订货、工程项目预定以及劳务提供预约,在企业产品交货、工程完工验收、劳务提供之前,预先按全货款的一定比例收取部分或全部款项而形成的一项负债。企业预收账款后,要根据合同承诺在收款后一定日期发送商品或提供劳务,如果无法履行合同交货时,要负责如数退还预收的账款并承担相应损失。这项负债需要用以后的商品、劳务等偿付。

预收账款在交付商品或提供劳务之前为流动负债,在交付商品或提供劳务之后转化为收入。

预收账款的核算,应视企业的具体情况而定。如果预收账款业务不多的,可以不设置"预收账款"账户,直接记入"应收账款"账户的贷方。"预收账款"账户用来核算和监督预收账款的形成及结算情况。该账户贷方登记企业收到购货方预付的货款及补付的货款;借方登记企业实际发出产品的价税款及退回的余额;期末贷方余额,表示企业向购货单位预收的款项;期末如为借方余额,表示企业应由购货单位补付的款项。该账户应按购货单位设置明细账户,进行明细分类核算。

企业向购货单位预收款项时,借记"银行存款"账户,贷记"预收账款"账户;销售实现时,按实现的收入和应交的增值税销项税额,借记"预收账款"账户,按实现的营业收入,贷记"主营业务收入"账户,按增值税专用发票上注明的增值税额,贷记"应交税费——应交增值税(销项税额)"等账户。购货单位补付的款项,借记"银行存款"账户,贷记该账户;退回多付的款项,作相反的会计分录。

【例 11-4】 某企业于 20×1 年 6 月 8 日按合同规定预收甲工厂一半货款 100 000 元,存入银行。并于 7 月 8 日交货时收齐全部货款。请编制相关的会计分录。

企业应编制会计分录如下:

(1)预收货款时:

借:银行存款   100 000
    贷:预收账款——甲工厂   100 000

(2)销售产品时:

借:预收账款——甲工厂   192 100
    贷:主营业务收入   170 000
        应交税费——应交增值税(销项税额)   22 100

(3)收到补收货款时:

借:银行存款   92 100
    贷:预收账款——甲工厂   92 100

【知识拓展】

这里需要注意的是,如果企业因转让商品收到的预收款是以购销双方的履约义务为前提的,即企业在按照合同约定向客户转让商品之前,客户已经支付了款项或企业已经取得了无条件收取款项权利的,则应当确认为合同负债。例如,购货企业支付的货款中包含延长保修服务费或未兑换的奖励积分等。

四、应付职工薪酬

1. 应付职工薪酬概述

应付职工薪酬是指企业在一定时期内使用职工的知识、技能、时间和精力而应该支付给职工的劳动报酬以及因解除劳动关系而应该给予职工的经济补偿。从广义上讲,职工薪酬是企业必须付出的人力成本,是吸引和激励职工的重要手段,既是职工对企业投入劳动获得的报酬,也是企业的成本费用。

《企业会计准则第9号——职工薪酬》规定,职工薪酬包括短期薪酬、离职后福利、辞退福利和其他长期职工福利。其中,短期薪酬是指企业在职工提供相关服务的年度报告期间结束后12个月内需要全部予以支付的职工薪酬,但不包括因解除与职工的劳动关系给予的补偿,具体包括职工工资、奖金、津贴和补贴,职工福利费,医疗保险费、工伤保险费等社会保险费,住房公积金,工会经费和职工教育经费,短期带薪缺勤,短期利润分享计划,其他短期薪酬。离职后福利是指除短期薪酬和辞退福利外,企业为获得职工提供的服务而在职工退休或与企业解除劳动关系后,提供的各种形式的报酬和福利。辞退福利是指企业在职工劳动合同到期之前解除与职工的劳动关系,或者为鼓励职工自愿接受裁减而给予职工的补偿。其他长期职工福利是指除短期薪酬,离职后福利、辞退福利之外所有的职工薪酬,包括长期带薪缺勤、长期利润分享计划、长期资金计划和长期残疾福利等。

【温馨提示】

职工福利费是指企业向职工提供的生活困难补助、丧葬补助费、抚恤费、职工异地安家费、防暑降温费等。职工福利费属于国家相关法律法规没有明确规定计提基础和计提比例的职工薪酬,企业应当根据历史经验数据和自身实际情况,合理预计当期应付职工薪酬金额和应计入成本费用的薪酬金额。企业发生的职工福利费,应当在实际发生时根据实际发生额,按职工提供服务的不同受益对象计入当期损益或相关资产成本,借记"生产成本""制造费用""管理费用""销售费用"等账户,贷记"应付职工薪酬——职工福利费"账户。

对职工的股份支付本质上也属于职工薪酬,但其具有期权性质,股份支付的确认和计量,由企业会计准则进行规范。

企业应设置"应付职工薪酬"账户,核算企业根据有关规定应付给职工的各种薪酬。企业按规定从净利润中提取的职工奖励及福利基金,也在"应付职工薪酬"账户核算。该账户可按"工资""职工福利""社会保险费""住房公积金""工会经费""职工教育经费""非货币性福利""辞退福利""股份支付""设定提存计划""带薪缺勤"等进行明细核算。

2. 职工薪酬的确认原则

企业应当在职工为其提供服务的会计期间,将除辞退福利外的应付的职工薪酬确认为负债,并根据职工提供服务的受益对象,分别下列情况处理:

(1)应由生产产品、提供劳务负担的职工薪酬,计入产品成本或劳务成本。

(2)应由在建工程、无形资产负担的职工薪酬,计入建造固定资产或无形资产成本。

(3)上述两项之外的其他职工薪酬,计入当期损益。

3. 职工薪酬的计量标准

1)货币性职工薪酬

计量应付职工薪酬时,国家没有规定计提基础和计提比例的,企业应当根据历史经验数据和实际情况，合理预计当期应付职工薪酬。规定了计提基础和计提比例的，应当按照国家规定的标准计提。当期实际发生金额大于预计金额的，应当补提应付职工薪酬；当期实际发生金额小于预计金额的，应当冲回多提的应付职工薪酬。

对于在职职工提供服务的会计期末以后 1 年以上到期的应付职工薪酬，企业应当选择恰当的折现率，以应付职工薪酬折现后的金额计入相关资产成本或当期损益；应付职工薪酬金额与其折现后金额相差不大的，也可按照未折现金额计入相关资产成本或当期损益。

2）非货币性职工薪酬

对于非货币性职工薪酬，企业应当按照公允价值计量，考虑薪酬提供的形式分别不同情况进行处理。企业以其自产产品作为非货币性福利发放给职工的，应当根据受益对象，按照该产品的公允价值，计入相关资产成本或当期损益，同时确认应付职工薪酬。

4. 应付职工薪酬确认的会计处理

（1）生产部门人员的职工薪酬，借记"生产成本""制造费用""劳务成本"等账户，贷记"应付职工薪酬"账户。应由在建工程、研发支出负担的职工薪酬，借记"在建工程""研发支出"等账户，贷记"应付职工薪酬"账户。行政管理人员和销售人员的职工薪酬，借记"管理费用""销售费用"账户，贷记"应付职工薪酬"账户。

（2）企业以其自产产品发放给职工作为职工薪酬的，借记"管理费用""生产成本""制造费用"等账户，贷记"应付职工薪酬"账户。

无偿向职工提供住房等固定资产使用的，按应计提的折旧额，借记"管理费用""生产成本""制造费用"等账户，贷记"应付职工薪酬"账户；同时，借记"应付职工薪酬"账户，贷记"累计折旧"账户。

租赁住房等资产供职工无偿使用的，按每期应支付的租金，借记"管理费用""生产成本""制造费用"等账户，贷记"应付职工薪酬"账户。

（3）因解除与职工的劳动关系给予的补偿，借记"管理费用"账户，贷记"应付职工薪酬"账户。

5. 应付职工薪酬发放的会计处理

（1）向职工支付工资、奖金、津贴、福利费等，从应付职工薪酬中扣除的各种款项（如代垫的家属药费、代扣的个人所得税等）等，借记"应付职工薪酬"账户，贷记"银行存款""库存现金""其他应收款""应交税费——应交个人所得税"等账户。

（2）支付工会经费和职工教育经费用于工会活动和职工培训，借记"应付职工薪酬"账户，贷记"银行存款"等账户。

（3）按照国家有关规定交纳社会保险费和住房公积金，借记"应付职工薪酬"账户，贷记"银行存款"账户。

（4）企业以其自产产品发放给职工的，借记"应付职工薪酬"账户，贷记"主营业务收入"账户；同时，还应结转产成品的成本。涉及增值税销项税额的，还应进行相应的处理。

支付租赁住房等资产供职工无偿使用所发生的租金，借记"应付职工薪酬"账户，贷记"银行存款"等账户。

（5）企业因解除与职工的劳动关系给予职工的补偿,借记"应付职工薪酬"账户,贷记"银行存款""库存现金"等账户。

【例 11-5】　A 企业本月职工薪酬总额为 1 000 000 元,其中生产工人工资600 000 元,车间管理人员工资 100 000 元,厂部管理人员工资 100 000 元,研发人员工资 50 000 元,销售人员工资 150 000 元。职工薪酬的发放根据其用途分别支付给职工个人和各个相关部门。请编制相关的会计分录。

A 企业发生职工薪酬,应编制会计分录如下:

借:生产成本	600 000	
制造费用	100 000	
管理费用	100 000	
研发支出	50 000	
销售费用	150 000	
贷:应付职工薪酬		1 000 000

A 企业支付职工薪酬,应编制会计分录如下:

借:应付职工薪酬	1 000 000	
贷:银行存款		1 000 000

【知识拓展】

　　根据我国养老保险制度等相关文件的规定,职工养老保险待遇和失业保险待遇属于"设定提存计划"。设定提存计划,是企业在向单独主体(如基金)交存固定提存金后,不再承担进一步支付提存金的法定义务和推定义务的离职后福利计划。企业应当在职工为其提供服务的会计期间,将根据设定提存计划计算的应交存金额确认为应付职工薪酬,并计入当期损益或者相关资产成本。借记"生产成本""制造费用""管理费用""销售费用"等账户,贷记"应付职工薪酬——设定提存计划"账户。

　　带薪缺勤是企业支付工资或提供补偿的职工缺勤,包括病假、婚假、产假、年休假、丧假等。企业设置"应付职工薪酬——短期带薪缺勤"账户进行核算。带薪缺勤根据其性质及其职工享有的权利,分为累积带薪缺勤和非累积带薪缺勤两类。如果带薪缺勤属于长期带薪缺勤的,企业应当作为其他长期职工福利处理。我国企业职工休婚假、产假、丧假、探亲假、病假期间的工资通常属于非累积带薪缺勤,这部分带薪权利不能结转下期的带薪缺勤,本期尚未用完的带薪缺勤权利将予以取消,并且职工离开企业时也无权获得现金支付。由于职工提供服务本身不能增加其能够享受的福利金额,企业在职工未缺勤时不应当计提相关费用和负债。通常这部分职工薪酬已经包括在企业每期向职工发放的工资等薪酬中,不必额外作相应的账务处理。

五、应交税费

　　企业根据税法规定应交纳的各种税费包括增值税、消费税、城市维护建设税、资源税、企业所得税、土地增值税、房产税、车船税、城镇土地使用税、教育费附加、矿产资源补偿费、印花税、耕地占用税和契税等。

企业应通过"应交税费"账户，总括反映各种税费的应交、交纳等情况。该账户贷方登记应交纳的各种税费等，借方登记实际交纳的税费。期末余额一般在贷方，反映企业尚未交纳的税费；期末余额如在借方，反映企业多交或尚未抵扣的税费。该账户按应交的税费项目设置明细账户进行明细核算。

企业代扣代交的个人所得税等，也通过"应交税费"账户核算，而企业交纳的车辆购置税、耕地占用税等不需要预计应交数的税金，不通过"应交税费"账户核算。

（一）应交增值税

1. 增值税概述

1）增值税的概念

增值税是指对在我国境内销售货物或者加工、修理修配劳务，销售服务、无形资产、不动产以及进口货物的增值额征收的一种流转税。也就是说，增值税是国家对商品生产和流通中各环节的新增价值或商品附加值进行征税。

【知识拓展】

税收收入是我国财政收入的最主要来源，而增值税独占鳌头。1993年12月13日，国务院颁布《中华人民共和国增值税条例》，构建起生产型增值税体系。2008年11月10日，国务院颁布修订后的《中华人民共和国增值税条例》，我国增值税由生产型转为消费型。2012年1月1日，我国开始在交通运输业、现代服务业等生产性服务业试点营业税改征增值税。自2016年5月1日起，我国全面推开营业税改征增值税试点，在中国税制中有着66年历史的营业税退出历史舞台。从这天起，增值税的征税范围由最初的只涉及生产、流通环节上的货物及部分劳务扩展到生产、流通所有环节，既有有货物，也有劳务、服务；既有有形的实物，也有无形的技术、服务；既有动产，也有不动产；既有生产流通环节的，也有生活消费环节的。简单地说，增值税就是对增值额征收的税，而增值额就是纳税人在生产销售商品或服务过程中产出或收入大于投入的部分。

2）增值税纳税义务人

增值税纳税义务人是在中华人民共和国境内销售货物或者加工、修理修配劳务（以下简称劳务），销售服务、无形资产、不动产以及进口货物的单位和个人。其中，单位是指企业、行政单位、事业单位、军事单位、社会团体及其他单位；个人是指个体工商户和其他个人。

【知识拓展】

单位以承包、承租、挂靠方式经营的，承包人、承租人、挂靠人（以下统称"承包人"）以发包人、出租人、被挂靠人（以下统称"发包人"）名义对外经营并由发包人承担相关法律责任的，以该发包人为纳税人；否则，以承包人为纳税人。

根据《中华人民共和国增值税暂行条例》的规定，可将纳税义务人按其经营规模及会计核算健全程度的不同划分为一般纳税人和小规模纳税人两类。

小规模纳税人是指会计核算不健全，年应征增值税销售额500万元及以下的单位和个人。小规模纳税人会计核算健全,能够提供准确税务资料的,可以向税务机关申请登记为一般纳税人,不再作为小规模纳税人。小规模纳税人实行简易征税办法。并且一般不使用增值税专用发票,但基于客观存在的经济往来的实情,小规模纳税人可以到税务机关代开增值税专用发票。伴随着国家"放管服(简政放权、放管结合、优化服务的简称)"改革的深入推进,小规模纳税人(其他个人除外)发生增值税应税行为,需要开具增值税专用发票的,可以自愿使用增值税发票管理系统自行开具,但销售其取得的不动产,需要开具增值税专用发票的,应当按照有关规定向税务机关申请代开。

【拓展任务】

了解近年来国家税收政策改革给企业和个人带来的"税收红利",了解"放管服"改革一系列措施给企业和个人带来的便利,以这些资料来理解国家深化改革的决心和举措。

一般纳税人是指年应税销售额超过财政部、国家税务总局规定的小规模纳税人标准的企业和企业性单位。一般纳税人实行登记制,除另有规定外,应当向税务机关办理登记手续。纳税人自一般纳税人生效之日起,按照增值税一般计税方法计算应纳税额,并可以按照规定领用增值税专用发票。

中华人民共和国境外的单位或者个人在境内销售劳务,在境内未设有经营机构的以其境内代理人为扣缴义务人;在境内没有代理人的,以购买方为扣缴义务人。

我国现行增值税规定,计算增值税的方法分为一般计税方法和简易计税方法。一般纳税人大多采用一般计税方法,按当期销售额和适用的税率计算销项税额,凭增值税专用发票及其他合法扣税凭证注明的税款进行抵扣,计算出当期应纳增值税额。发生特定应税销售行为,可以选择简易计税方法,采用规定的征收率计税,但不得抵扣进项税额。

【温馨提示】

经营规模的判断主要是依据纳税人年应征增值税的销售额。年应税销售是指纳税人在连续不超过12个月或4个季度的经营期内累计应征增值税销售额,包括纳税申报销售额、稽查查补销售额、纳税评估调整销售额。会计核算健全,是指能够按照国家统一的会计制度规定设置账簿,根据合法、有效凭证核算。

3) 增值税税率和征收率

一般计税方法采用增值税税率,简易计税方法采用征收率。

税率是增值税额与课税依据之间的比例。纳税人采用一般计税方法的,增值税适用比例税率。现行增值税税率的规定是:

① 一般纳税人销售货物、提供加工修理修配劳务、提供有形动产租赁服务或进口货物,税率为13%。

② 一般纳税人销售或进口粮食等农产品、食用植物油、食用盐、自来水、暖气、冷气、热水、煤气、石油液化气、天然气、二甲醚、沼气、居民用煤炭制品、图书、报纸、杂志、音像制品、电子出版物、饲料、化肥、农药、农机、农膜以及国务院及其有关部门规定的其

他货物,税率为 9%。

③ 一般纳税人提供交通运输、邮政、基础电信、建筑、不动产租赁服务,销售不动产,转让土地使用权,税率为 9%,其他应税行为,税率为 6%。

④ 一般纳税人出口货物,税率为零;但国务院另有规定的除外。

小规模纳税人及一般纳税人选择简易办法计税的,增值税的征收率一般为 3%,另有规定的除外。

查阅相关文件编制《增值税税率与征收率一览表》。

2. 增值税应纳税额的计算

1) 一般纳税人应纳税额的计算

我国现行增值税对一般纳税人采用扣税法计算应纳增值税。其计算公式如下:

$$应纳增值税税额 = 当期销项税额 - 当期可予抵扣的进项税额$$

增值税的课征对象是增值额,其计算方法有两种:一种是直接计算法,即先计算增值额,再根据增值额计算增值税;另一种是间接计算法,即从应税销售收入的应纳税款中扣除外购商品的已纳税款,从而求得企业新增价值部分应交纳的增值税,这种方法又称扣税法。

按照《中华人民共和国增值税暂行条例》的规定,企业因购入货物或接受应税劳务支付的增值税(即进项税额),可从销售货物或提供应税劳务收取的增值税(即销项税额)中抵扣。准予从销项税额中抵扣的进项税额通常包括以下内容:

(1)增值税专用发票,包括货物运输业增值税发票。一般纳税人企业销售货物或者提供应税劳务均应开具增值税专用发票,增值税专用发票上记载了销售货物的售价、税率以及税额等,购货方以增值税专用发票上记载的购入货物已支付的税额,作为扣税和记账的依据。

(2)完税凭证。企业进口货物一般须交纳增值税,进口货物交纳的增值税以从海关取得的完税凭证上注明的增值税额为扣税和记账的依据。

(3)购进免税农产品,按照税务机关批准的收购凭证上注明的价款或收购金额的一定比率(免税农产品为 9%)计算进项税额,并以此作为扣税和记账的依据。

企业购入货物或者接受应税劳务,没有按照规定取得并保存增值税扣税凭证,或者增值税扣税凭证上未按照规定注明增值税额及其他有关事项的,其进项税额不能从销项税额中抵扣,其已支付的增值税只能计入购入货物或接受劳务的成本。

2) 小规模纳税人应纳税额的计算

对小规模纳税人采取简易的征收方法,其应纳增值税额的计算公式如下:

$$应纳增值税额 = 不含税销售额 \times 征收率$$

3. 一般纳税人增值税的核算

1) 一般纳税人增值税核算的账户设置

由于对于增值税一般纳税人多采用间接计算法,增值税的核算内容比较多,因此,需在"应交税费"账户下同时设置"应交增值税""未交增值税""预交增值税""待抵扣进项税额""待认证进项税额""待转销项税额"等明细账户。

增值税一般纳税人应在"应交增值税"明细账内设置"进项税额""销项税额"等专栏。增值税一般纳税人核算的账户设置如表 11-1 所示。

表 11-1　　　　　　　　　增值税一般纳税人核算的账户设置

二级账户	序号	三级专栏	说明
应交增值税	1	进项税额	最常用,具体参见增值税账务处理
	2	销项税额	
	3	进项税额转出	
	4	出口退税	出口退税专用
	5	出口抵减内销产品应纳税额	
	6	减免税款	① 抵减税款部分:允许抵税的税控设备价款和技术维护费; ② 税收优惠部分:鼓励创业类、就业类,即征即退等退返税款等
	7	销项税额抵减	(差额征收)记录该企业因按规定扣减销售额而减少的销项税额
	8	已交税金	当月交纳的应交增值税
	9	转出多交增值税	期末结转使用
	10	转出未交增值税	
未交增值税			月度终了从其他账户转入的应交未交、多交或预交税额,以及当月交纳以前期间未交的增值税
待抵扣进项税额			取得不动产按规定分期待抵扣的进项税额
预交增值税			核算转让不动产,提供不动产经营租赁、建筑服务,以预收款方式销售自行开发的房地产项目等,按现行增值税制度规定应预交的增值税
待认证进项税额			核算由于未取得增值税扣税凭证或未经税务机关认证而不得从当期销项税额中抵扣的进项税额
待转销项税额			核算会计已经确认相关收入,履行增值税纳税义务以后发生的增值税额
简易计税			记录一般纳税人采用简易计税方法应交纳的增值税
转让金融商品应交增值税			
代扣代交增值税			

2) 销售物资或提供应税劳务业务的账务处理

企业对销售货物或者提供应税劳务(包括视同销售行为)的业务进行账务处理时,按照确认的应收或已收金额,借记"应收账款""应收票据""银行存款""应付股利""长期股权投资"等账户,按照规定收取的增值税,贷记"应交税费——应交增值税(销项税额)"账户,符合收入确认条件的,按照实现的销售收入,贷记"主营业务收入""其他业务收入"等账户,并同时结转销售成本;不符合收入确认条件的,贷记"原材料""库存商品"等账户。发生的销售退回,作相反的会计分录。

【温馨提示】

关于视同销售行为的说明。从会计的角度看,企业的有些交易和事项不属于销售行为,不能确认销售收入,但是按照税法的规定,应视同对外销售处理,计算应交增值税。视同销售需要交纳增值税的事项如企业将自产或委托加工的货物用于非应税项目、集体福利或个人消费,将自产、委托加工或购买的货物作为投资、分配给股东或投资者、无偿赠送给他人等。在这些情况下,企业应当借记"在建工程""长期股权投资""营业外支出"等账户,贷记"应交税费——应交增值税(销项税额)"账户。

【例 11-6】 20×1 年 8 月 25 日,甲公司将自己生产的产品对外捐赠。该批产品的成本为 300 000 元,开具的增值税专用发票上注明的价格为 380 000 元、增值税额为 49 400 元。同日,甲公司将一批自产产品对天马公司进行投资,该批商品的成本为 800 000 元,根据投资协议,该批商品不含税价值为 1 000 000 元且符合公允价值的定义,开具的增值税专用发票上注明的增值税额为 130 000 元。甲公司应编制如下会计分录:

① 企业将自产产品对外捐赠时:

借:营业外支出 349 400
　　贷:库存商品 300 000
　　　　应交税费——应交增值税(销项税额) 49 400

② 企业将自产的产品对外投资时:

借:长期股权投资——天马公司 1 130 000
　　贷:主营业务收入 1 000 000
　　　　应交税费——应交增值税(销项税额) 130 000

借:主营业务成本 800 000
　　贷:库存商品 800 000

【小思考】

为什么对外捐赠业务的账务处理没有确认收入?

3) 采购物资和接受应税劳务业务的账务处理

企业在国内发生采购物资、接受应税劳务、接受投资或捐赠转入物资等业务,应按照增值税专用发票上注明的可抵扣的增值税额,借记"应交税费——应交增值税(进项税额)"账户,按照增值税专用发票上记载的物资及劳务的成本或者按照确认的投资物资价值和捐赠物资的价值,借记"材料采购""在途物资""原材料""库存商品""委托加工物资""生产成本""制造费用""管理费用"等账户,按照应付或实际支付的总额,贷记"应付账款""应付票据""银行存款"等账户,按接受投资转入的物资价值与增值税的合计数,贷记"实收资本"账户,按确认的捐赠物资与增值税的价值,贷记"营业外收入"账户。

【例 11-7】 甲公司生产车间委托外单位修理机器设备,对方开来的增值税专用发票上注明修理费用 20 000 元,增值税额 2 600 元,款项已用银行存款支付,增值税专用发票已经税务平台确认。甲公司应编制如下会计分录:

借:管理费用   20 000

    应交税费——应交增值税(进项税额)   2 600

    贷:银行存款   22 600

如果企业购进的货物、在产品或库存商品等发生非常损失,以及将购进货物改变用途(如用于免税项目、简易计税项目、集体福利或个人消费等)时,应将原已计入进项税额并已支付的增值税转入有关的承担者予以承担,同时将其进项税额转出。转出时,借记"待处理财产损溢""在建工程""应付职工薪酬——职工福利"等账户,贷记"应交税费——应交增值税(进项税额转出)"账户;属于转作待处理财产损失的进项税额,应与遭受非常损失的购进货物、在产品或库存商品的成本一并处理。购进货物改变用途通常是指购进的货物在没有经过任何加工的情况下对内改变用途的行为,如福利部门领用原材料等。

【例 11-8】 甲公司 20×1 年 8 月份发生如下经济业务:

① 10 日,因意外火灾毁损一批库存材料,有关增值税专用发票上注明的材料成本为 10 000 元,增值税额为 1 300 元。甲公司应编制如下会计分录:

借:待处理财产损溢——待处理流动资产损溢   11 300

    贷:原材料   10 000

        应交税费——应交增值税(进项税额转出)   1 300

② 16 日,甲公司所属的职工医院维修领用原材料 5 000 元,购入该批原材料时支付的增值税额为 650 元。甲公司应编制如下会计分录:

借:应付职工薪酬——职工福利   5 650

    贷:原材料   5 000

        应交税费——应交增值税(进项税额转出)   650

4) 出口货物增值税业务的账务处理

企业出口产品或商品,一般适用零税率,即不计算销售收入应交纳的增值税。企业在办理报关出口手续后,凭出口报关单等凭证,向税务机关申报办理该项出口货物的进项税额的退税。企业在收到出口商品或产品退回的税款时,借记"银行存款"账户,贷记"应交税费——应交增值税(出口退税)"账户。对于出口商品或产品办理退税后发生的退货或者退关补交已退回税款,作相反的账务处理。

5)交纳增值税业务的账务处理

对企业来说,增值税的纳税期限一般为1个月,应自期满之日起15日内申报纳税。

在月份终了,企业应将本月应交未交或多交的增值税,从"应交增值税"明细账户有关栏目内转至"未交增值税"明细账户。结转本月应交未交的增值税时,应借记"应交税费——应交增值税(转出未交增值税)"账户,贷记"应交税费——未交增值税"账户;当月多交的增值税,借记"应交税费——未交增值税"账户,贷记"应交税费——应交增值税(转出多交增值税)"账户,经过结转后,月份终了,"应交税费——应交增值税"账户的余额,反映企业尚未抵扣的增值税。

交纳增值税时,企业当月交纳当月的增值税,仍然通过"应交税费——应交增值税(已交税金)"账户核算,借记"应交税费——应交增值税(已交税金)"账户,贷记"银行存款"账户;当月交纳以前各月未交的增值税,通过"应交税费——未交增值税"账户核算,不通过"应交税费——应交增值税(已交税金)"账户核算。

【例11-9】 20×1年9月12日,丙公司交纳上月未交纳的增值税55 000元,9月购进材料等发生的进项税额为1 020 000元,销售产品等发生的销项税额为1 360 000元,交纳当月增值税额为200 000元。丙公司应编制如下会计分录:

(1)9月12日,交纳上月未交纳的增值税时:

借:应交税费——未交增值税　　　　　　　　　　　　　55 000
　　贷:银行存款　　　　　　　　　　　　　　　　　　　55 000

(2)9月30日,交纳当月的增值税时:

借:应交税费——应交增值税(已交税金)　　　　　　　200 000
　　贷:银行存款　　　　　　　　　　　　　　　　　　200 000

(3)结转9月未交增值税时:

10月未交增值税=1 360 000-1 020 000-200 000=140 000(元)

借:应交税费——应交增值税(转出未交增值税)　　　　140 000
　　贷:应交税费——未交增值税　　　　　　　　　　　140 000

6)不得抵扣增值税业务的账务处理

一般纳税人购进货物、加工修理修配劳务、服务、无形资产或者不动产,用于简易计税方法计税项目、免征增值税项目、计提福利或个人消费等,即使取得的增值税专用发票上已注明增值税进项税额,该税额按照现行增值税制度规定也不得从销项税额中抵扣。取得增值税专用发票时,应将待认证的目前不可抵扣的增值税进项税额,借记"应交税费——待认证进项税额"账户,贷记"银行存款""应付账款"等账户。经税务机关认证为不可抵扣的增值税进项税额时,借记"应交税费——应交增值税(进项税额)"账户,贷记"应交税费——待认证进项税额"账户;同时,将增值税进项税额转出,借记相关成本费用或资产账户,贷记"应交税费——应交增值税(进项税额转出)"账户。

【例11-10】 20×1年10月20日,甲公司外购一批移动硬盘作为职工福利发放。取得的增值税专用发票上注明价款为200 000元,增值税额为26 000元,全部款项已通

过银行存款支付,增值税专用发票尚未经税务管理平台确认。甲公司应编制如下会计分录:

(1)购入移动硬盘时:

借:库存商品 200 000
　　应交税费——待认证进项税额 26 000
　　贷:银行存款 226 000

(2)经税务机关确认为不可抵扣增值税销项税额时:

借:应交税费——应交增值税(进项税额) 26 000
　　贷:应交税费——待认证进项税额 26 000

同时:

借:库存商品 26 000
　　贷:应交税费——应交增值税(进项税额转出) 26 000

(3)将移动硬盘发放给职工时:

借:应付职工薪酬——非货币性福利 226 000
　　贷:库存商品 226 000

4. 小规模纳税人增值税的核算

《中华人民共和国增值税暂行条例》规定,小规模纳税企业在购进货物或接受应税劳务时,不论是否取得增值税专用发票,其所支付的增值税都不能计入进项税额以抵扣销项税额,而应计入购进货物或应税劳务的成本。因此,**小规模纳税企业只需在"应交税费"账户下设置"应交增值税"明细账户**,不需要在"应交增值税"明细账户中设置专栏,"应交税费——应交增值税"账户的贷方登记应交纳的增值税,借方登记已交纳的增值税,期末贷方余额表示尚未交纳的增值税,借方余额表示多交纳的增值税。

【例 11-11】 某小规模纳税企业,20×1 年 1 月购进原材料一批,增值税专用发票上注明价款为 200 000 元,增值税额为 26 000 元,款项用银行存款支付,材料尚未到达(该企业原材料按实际成本法计价核算)。该企业 1 月销售产品一批,所开出的普通发票中注明的含税价款为 300 000 元,增值税征收率为 3%,货款尚未收到。1 月实际交纳增值税 8 000 元。该企业应作账务处理如下:

(1)购进原材料时:

借:在途物资 226 000
　　贷:银行存款 226 000

(2)销售产品时:

$$应交增值税 = [300\,000 \div (1 + 3\%)] \times 3\% = 8\,737.86(元)$$

借:应收账款 300 000.00
　　贷:主营业务收入 291 262.14
　　　应交税费——应交增值税 8 737.86

（3）实际交纳本月增值税时：

借：应交税费——应交增值税 8 000
　贷：银行存款 8 000

【知识拓展】

根据财政部和国家税务总局"营改增"的相关规定，对于企业发生的某些业务应采用差额征税方式。差额征税是指纳税人以取得的全部价款和价外费用扣除支付给规定范围纳税人的规定项目价款后的不含税余额为销售额进行征税的方法。这些业务包括金融商品转让、经纪代理服务、融资租赁和融资性售后回租业务、一般纳税人提供客运场站服务、试点纳税人提供旅游服务、选择简易计税方式提供建筑服务等。

企业发生转让金融商品之外的其他业务时，对于发生的成本费用，按应付或实际支付的金额，借记"主营业务成本"等账户，贷记"应付票据""银行存款"等账户，待取得合法增值税扣税凭证并经平台确认且纳税义务发生时，按可抵扣的税额，借记"应交税费——应交增值税（销项税额抵减）""应交税费——简易计税"账户，小规模纳税人应借记"应交税费——应交增值税"账户，贷记"主营业务成本"等账户。

企业转让金融商品按规定以盈亏相抵后的余额作为销售额，如产生转让收益，按应纳税额，借记"投资收益"账户，贷记"应交税费——转让金融商品应交增值税"账户；如为转让损失，按规定可结转下月抵扣税额，作相反会计分录，但年末仍出现负差，不得转入下一会计年度。年末，如果"应交税费——转让金融商品应交增值税"账户余额在借方，借记"投资收益"账户，贷记"应交税费——转让金融商品应交增值税"账户。交纳税额时，借记"应交税费——转让金融商品应交增值税"账户，贷记"银行存款"账户。

（二）应交消费税

1. 消费税的概述

消费税是指在我国境内生产、委托加工和进口应税消费品的单位和个人，按其流转额交纳的一种税。

我国目前列入消费税征税范围的应税消费品共有 15 个税目，分别是烟、酒、高档化妆品、贵重首饰及珠宝玉石、鞭炮焰火、成品油、摩托车、小汽车、高尔夫球及球具、高档手表、游艇、木制一次性筷子、实木地板、电池、涂料。不同的应税消费品，计征消费税的方式不同，我国消费税有从价定率征税、从量定额征税、从价定率和从量定额复合征税（简称复合计税）三种征税方法。

2. 应交消费税的计算

采用从价定率方法计征的消费税，以不含增值税的销售额为税基，按照税法规定的税率计算。企业的销售收入包含增值税的，应将其换算为不含增值税的销售额。

采取从量定额方法计征的消费税，根据税法确定的企业应消费品的数量和单位应税消费品应交纳的消费税计算确定。

采用复合计税方法计征的消费税，由以不含增值税的销售额为税基，按照税法规定的税率计算的消费税及按税法确定的企业应税消费品的数量和单位应税消费品应交纳的消费税计算的消费税合计确定。目前,我国对卷烟和白酒采用复合计税方法。

3. 应交消费税的核算

企业应在"应交税费"账户下设置"应交消费税"明细账户,核算应交消费税的发生、交纳情况。该账户贷方登记应交纳的消费税,借方登记已交纳的消费税;期末贷方余额反映企业尚未交纳的消费税,借方余额反映企业多交纳的消费税。

1)销售应税消费品

企业销售应税消费品应交纳的消费税,应借记"税金及附加"账户,贷记"应交税费——应交消费税"账户。

【例 11-12】 美美日化销售所生产的化妆品,价款 2 000 000 元(不含增值税),适用的消费税税率为 15%。假设不考虑其他相关税费,美美日化应编制如下会计分录:

$$应交消费税 = 2\,000\,000 \times 15\% = 300\,000(元)$$

```
借:税金及附加                                              300 000
    贷:应交税费——应交消费税                                    300 000
```

2)自产自用应税消费品

纳税人**自产自用的应税消费品,用于连续生产应税消费品的,不纳税;用于其他方面的,于移送使用时纳税**。企业将生产的应税消费品用于在建工程等非生产机构的,按规定应交纳的消费税,借记"在建工程"等账户,贷记"应交税费——应交消费税"账户。

【例 11-13】 腾飞公司在建厂房工程领用自产产品一批,成本为 50 000 元,市场价格为 60 000 元(不含增值税),适用的消费税税率为 10%,应纳消费税 6 000 元。腾飞公司应编制如下会计分录:

```
借:在建工程                                                56 000
    贷:库存商品                                                 50 000
        应交税费——应交消费税                                      6 000
```

下设的职工食堂享受公司提供的补贴,本月领用自产产品一批,该产品的账面价值为 40 000 元,市场价格为 60 000 元(不含增值税),增值税专用发票上注明增值税额为 7 800 元。公司应编制会计分录如下:

```
借:应付职工薪酬——职工福利费                                 69 600
    贷:主营业务收入                                             60 000
        应交税费——应交增值税(销项税额)                           7 800

借:税金及附加                                               6 000
    贷:应交税费——应交消费税                                      6 000

借:主营业务成本                                             40 000
    贷:库存商品                                                 40 000
```

3)委托加工应税消费品

企业如有应交消费税的委托加工物资,一般应由受托方代收代交税款(受托方是个人的除外)。委托加工物资收回后直接用于销售的,应将受托方代收代缴的消费税计入委托加工物资的成本,借记"委托加工物资"等账户,贷记"应付账款""银行存款"等账户;委托加工物资收回后用于连续生产应税消费品的,按规定准予抵扣消费税,应按已由受托方代收代交的消费税,借记"应交税费——应交消费税"账户,贷记"应付账款""银行存款"等账户。

【温馨提示】

委托加工业务是指委托方提供原料及主要材料,受托方按照委托方的要求,制造货物并收取加工费的业务,受托方应当开具提供"加工"劳务的增值税专用发票。如受托方提供主要原材料,或者受托方将原料及主要材料卖给委托方,然后再由受托方加工货物,交付委托方形成的受托加工业务,都不是委托加工业务,其实质为生产产品过程,没有发生加工劳务,属于销售货物行为,因此,受托方应按销售货物征税。

【例 11-14】 甲公司委托大宇公司代为加工一批应交消费税的材料(非金银首饰)。甲公司发出原材料成本为 1 000 000 元。大宇公司加工完毕,开具增值税专用发票记载加工费为 200 000 元,增值税额 26 000 元,由大宇公司代收代交的消费税为 80 000 元。材料由甲公司收回并验收入库,加工费尚未支付。甲公司采用实际成本法进行原材料的核算。

(1)如果甲公司收回的委托加工物资用于继续生产应税消费品,甲公司应编制如下会计分录:

借:委托加工物资	1 000 000	
贷:原材料		1 000 000

借:委托加工物资	200 000	
应交税费——应交增值税(进项税额)	26 000	
——应交消费税	80 000	
贷:应付账款		306 000

借:原材料	1 200 000	
贷:委托加工物资		1 200 000

(2)如果甲公司收回的委托加工物资直接用于对外销售,甲公司应编制如下会计分录:

借:委托加工物资	1 000 000	
贷:原材料		1 000 000

借:委托加工物资	280 000	
应交税费——应交增值税(进项税额)	26 000	
贷:应付账款		306 000

借:原材料	1 280 000	
贷:委托加工物资		1 280 000

【知识拓展】

根据《中华人民共和国消费税暂行条例实施细则》的规定,委托加工的应税消费品直接出售的,不再征收消费税。这是因为消费税属于单一环节征收的税种,其征收环节在生产环节和进口环节。委托加工收回的应税消费品如果连续生产应税消费品,会在最终销售时计征消费税;而如果直接出售,则退出了生产领域,税源控制难度增大。因此,消费税对委托加工的应税消费品实行了由委托方收回后销售时应纳的消费税提前到加工环节征收,其负担的消费税计入产品成本中,并且便于征管,由受托方代收代交税款。这样规定后,对委托方将委托加工的产品收回后直接销售的,就不再征收消费税了。

4)进口应税消费品

企业进口应税物资在进口环节交纳的消费税,计入该项物资的成本,借记"材料采购""固定资产"等账户,贷记"银行存款"等账户。

【例 11-15】 泰隆集团从国外进口一批需要交纳消费税的商品,商品价值 2 000 000 元,增值税额为 260 000 元,进口环节需交纳的消费税为 400 000 元,采购的商品已经验收入库,货款尚未支付,税款已经用银行存款支付。泰隆集团应编制如下会计分录:

借:库存商品	2 400 000
应交税费——应交增值税(进项税额)	260 000
贷:应付账款	2 000 000
银行存款	660 000

(三)其他应交税费

其他应交税费是指除上述应交税费以外的其他各种应上交国家的税费,包括应交资源税、应交城市维护建设税、应交土地增值税、应交企业所得税、应交房产税、应交城镇土地使用税、应交车船税、应交教育费附加、应交个人所得税等。企业应当在"应交税费"账户下设置明细账户进行核算,贷方登记应交纳的有关税费,借方登记已交纳的有关税费,期末贷方余额反映尚未交纳的有关税费。

1. 应交资源税

资源税是对在我国境内开采应税矿产品和生产盐的单位和个人,就其应税数量征收的一种税。资源税区别不同的资源产品,采用从价定率或从量定额的办法,分别以应税产品的销售额和具体的比例税率或者以应税产品的销售数量和规定的单位税额计算应纳税额。对外销售或自产自用应税资源产品,按其折算销售额或自用数量计算应交资源税。对外销售应税产品应交纳的资源税应记入"税金及附加"账户,借记"税金及附加"账户,贷记"应交税费——应交资源税"账户;自产自用应税产品交纳的资源税应记入"生产成本""制造费用"等账户,借记"生产成本""制造费用"等账户,贷记"应交税费——应交资源税"账户。

【例 11-16】 甲公司对外销售某种资源税应税矿产品 2 000 吨,将自产的资源税应税矿产品 500 吨用于企业的产品生产,每吨应交资源税 5 元。甲公司应编制如下会计分录：

（1）对外销售应税矿产品应交的资源税时：

$$企业对外销售应税矿产品应交的资源税 = 2\,000 \times 5 = 10\,000(元)$$

借：税金及附加   10 000
  贷：应交税费——应交资源税   10 000

（2）自产自用应税矿产品应交的资源税时：

$$企业自产自用应税矿产品应交的资源税 = 500 \times 5 = 2\,500(元)$$

借：生产成本   2 500
  贷：应交税费——应交资源税   2 500

（3）交纳资源税时：

借：应交税费——应交资源税   12 500
  贷：银行存款   12 500

【知识链接】

我国首部资源税法将于 2020 年 9 月 1 日实施。由"条例"到"法"，体现了我国"税收法定"原则，请再查阅资料，了解我国税收法律法规建设的历程及形成的各法律部门（层级），理解国家建设法治社会的决心和相关的举措。《中华人民共和国资源税法》的文件链接为 http://www.npc.gov.cn/npc/c30834/201908/d80a55c3e81d48ec861399d2c73fe0f6.shtml（请注意《中华人民共和国资源税法》是由全国人民代表大会通过的法律文件）。

2. 应交城市维护建设税

城市维护建设税是我国为了加强城市的维护建设，扩大和稳定城市维护建设资金的来源，对有经营收入的单位和个人征收的一个税种。其纳税人为交纳增值税、消费税的单位和个人，以纳税人实际交纳的增值税、消费税税额为计税依据，并分别与两项税金同时交纳。税率因纳税人所在地不同从 $1\%\sim7\%$ 不等。其计算公式为：

$$应纳税额 = (应交增值税 + 应交消费税) \times 适用税率$$

企业按规定计算出应交纳的城市维护建设税，借记"税金及附加"账户，贷记"应交税费——应交城市维护建设税"账户。企业交纳城市维护建设税时，借记"应交税费——应交城市维护建设税"账户，贷记"银行存款"账户。

【例 11-17】 甲公司本期实际应上交增值税 400 000 元、消费税 241 000 元。该公司适用的城市维护建设税税率为 7%。甲公司应编制如下会计分录：

（1）计算应交的城市维护建设税：

$$应交的城市维护建设税 = (400\,000 + 241\,000) \times 7\% = 44\,870(元)$$

借：税金及附加   44 870
  贷：应交税费——应交城市维护建设税   44 870

（2）用银行存款上交城市维护建设税时：

借：应交税费——应交城市维护建设税　　　　　　　　　　　　　44 870
　　贷：银行存款　　　　　　　　　　　　　　　　　　　　　　　　　44 870

3. 应交教育费附加

教育费附加是为了发展教育事业而向企业征收的附加费用。企业按规定计算出应交的教育费附加，借记"税金及附加"账户，贷记"应交税费——应交教育费附加"账户。

【例 11-18】　甲公司按税法规定计算 20×1 年第四季度应交纳教育费附加 300 000 元，款项已经用银行存款支付。甲公司应编制如下会计分录：

（1）计算应交的教育费附加：

借：税金及附加　　　　　　　　　　　　　　　　　　　　　　　　300 000
　　贷：应交税费——应交教育费附加　　　　　　　　　　　　　　　300 000

（2）用银行存款上交教育费附加：

借：应交税费——应交教育费附加　　　　　　　　　　　　　　　　300 000
　　贷：银行存款　　　　　　　　　　　　　　　　　　　　　　　　300 000

4. 应交土地增值税

土地增值税是对转让国有土地使用权、地上建筑物及其附着物（以下简称转让房地产）并取得增值性收入的单位和个人征收的一种税。

土地增值税按照转让房地产所取得的增值额和规定的税率计算征收。转让房地产的增值额是转让收入减去税法规定扣除项目金额后的余额，其中，转让收入包括货币收入、实物收入和其他收入；扣除项目主要包括取得土地使用权所支付的金额、房地产开发成本及费用、与转让房地产有关的税金、旧房及建筑物的评估价格、财政部确定的其他扣除项目等。

土地增值税采用四级超率累进税率，其中最低税率为 30%，最高税率为 60%。

根据企业对房地产的核算方法不同，计算征收企业应交土地增值税的账务处理也有所区别：企业转让的土地使用权连同地上建筑物及其附着物一并在"固定资产"账户核算的，转让时按应交的土地增值税，借记"固定资产清理"账户，贷记"应交税费——应交土地增值税"账户；土地使用权在"无形资产"账户核算的，按实际收到的金额，借记"银行存款""累计摊销""无形资产减值准备"账户，按应交的土地增值税，贷记"应交税费——应交土地增值税"账户，同时冲销土地使用权的账面价值，贷记"无形资产"账户，按其差额，借记或贷记"资产处置损益"账户。

【知识拓展】

　　房地产开发经营企业销售房地产应交纳的土地增值税，借记"税金及附加"账户，贷记"应交税费——应交土地增值税"账户。企业交纳土地增值税时，借记"应交税费——应交土地增值税"账户，贷记"银行存款"账户。

【例 11-19】　甲公司对外转让一栋厂房，根据税法规定计算的应交土地增值税为 27 000 元。甲公司应编制如下会计分录：

（1）计算应交纳的土地增值税：

借：固定资产清理   27 000

  贷：应交税费——应交土地增值税   27 000

（2）用银行存款交纳土地增值税：

借：应交税费——应交土地增值税   27 000

  贷：银行存款   27 000

5. 应交房产税、城镇土地使用税、车船税

房产税是国家对在城市、县城、建制镇和工矿区征收的由产权所有人交纳的一种税。房产税从价计征的，依照房产原值一次性扣除10％～30％后的余值计算交纳，没有房产原值作为依据的，由房产所在地税务机关参考同类房产核定；房产出租的，从租计征的，以房产租金收入为房产税的计税依据。

城镇土地使用税是以城市、县城、建制镇和工矿区范围内使用土地的单位和个人为纳税人，以其实际占用的土地面积和规定税额计算征收的一种税。

车船税由拥有并且使用车船的单位和个人按照适用单位税额计算交纳。

企业应交的房产税、城镇土地使用税、车船税记入"税金及附加"账户，借记"税金及附加"账户，贷记"应交税费——应交房产税（或城镇土地使用税、车船税）"账户。

【例11-20】 甲公司按税法规定本期应纳房产税160 000元，车船税38 000元，城镇土地使用税45 000元。甲公司应编制如下会计分录：

（1）计算应交纳的上述税金：

借：税金及附加   243 000

  贷：应交税费——应交房产税   160 000

      ——应交城镇土地使用税   45 000

      ——应交车船税   38 000

（2）用银行存款交纳上述税金：

借：应交税费——应交房产税   160 000

     ——应交城镇土地使用税   45 000

     ——应交车船税   38 000

  贷：银行存款   243 000

6. 应交个人所得税

企业职工按规定应交纳的个人所得税通常由单位代扣代交。企业按规定计算的代扣代交的职工个人所得税，借记"应付职工薪酬"账户，贷记"应交税费——应交个人所得税"账户；企业交纳个人所得税时，借记"应交税费——应交个人所得税"账户，贷记"银行存款"等账户。

【例11-21】 甲公司本月应付职工薪酬总额为200 000元，代扣职工个人所得税共计2 000元，实发工资198 000元。甲公司应编制如下会计分录：

（1）代扣个人所得税：

借：应付职工薪酬——工资　　　　　　　　　　　2 000
　　贷：应交税费——应交个人所得税　　　　　　　　　　2 000
（2）交纳个人所得税：
借：应交税费——应交个人所得税　　　　　　　2 000
　　贷：银行存款　　　　　　　　　　　　　　　　　　2 000

【知识链接】

　　个人所得税因其直接影响个人可支配收入,一直以来受到相当大的关注。我国现行的个人所得税处理执行的是 2019 年 1 月 1 日开始实施的《中华人民共和国个人所得税法》,相关文件链接为 http://www.chinatax.gov.cn/n810219/n810744/n3752930/index.html。

　　新的个人所得税采用综合与分类相结合的税制,将个人的工资薪金所得、劳务报酬所得、稿酬所得、特许权使用费所得归并为"综合所得",按年计征,适用统一的超额累进税率,而其他各项所得仍采用分类征税方式,按次计征。"新法贯彻以人民为中心的发展思想,注重保障纳税人的教育权、健康权、居住权等基本人权。在规定原有的个人基本养老保险、基本医疗保险、失业保险、住房公积金等专项扣除项目的同时,还规定了子女教育、继续教育、大病医疗、住房贷款利息或者住房租金、赡养老人支出等专项附加扣除。设立专项附加扣除不仅有助于进一步减轻纳税人税负,而且考虑了个人负担的差异性,彰显新法对公平原则的贯彻。这一做法有利于推动经济社会更加平衡充分发展,增强人民群众获得感、幸福感、安全感,并将对其他税种税法的制定和修改起到示范作用。"摘自 2018 年 12 月 04 日《人民日报》之《个人所得税改革迈出坚实一步》。

六、其他流动负债

1. 应付利息

　　应付利息是核算企业按照合同约定应支付的利息,包括企业分期付息到期还本的长期借款、企业债券等应支付的利息。该账户为负债类账户,其期末贷方余额,反映企业应付未付的利息。

【小思考】

　　利息是按合同利率计算还是按实际利率计算?

2. 应付股利

　　企业股东大会或类似机构审议批准的利润分配方案、宣告分派的现金股利或利润,在实际支付前,形成企业的负债。因此,应付股利是核算企业分配的现金股利或利润。该账户属于负债类账户,其期末贷方余额,反映企业应付未付的现金股利或利润。

　　企业根据股东大会或类似机构审议批准的利润分配方案,按应支付的现金股利或利润,借记"利润分配"账户,贷记"应付股利"账户。实际支付现金股利或利润,借记"应付股利"账户,贷记"银行存款"等账户。董事会或类似机构通过的利润分配方案中拟分配的现金股利或利润，不作账务处理，但应在附注中披露。

3. 其他应付款

其他应付款是指企业应付、暂收其他单位或个人的，与企业购销业务没有直接关系的款项，如应付经营租入固定资产和包装物租金、职工未按期领取的工资、存入保证金、应付、暂收所属单位、个人的款项；其他应付、暂收款项等，这些暂收应付款构成了企业的一项非经常性负债。

其他应付款的核算通过"其他应付款"账户进行。该账户的贷方反映企业应付、暂收的款项，借方反映企业其他应付款的减少；期末余额在贷方，反映企业尚未支付的其他应付款项。该账户应按应付和暂收款项的类别和单位或个人设置明细账户，进行明细核算。

企业发生的各种应付、暂收款项，借记"银行存款""管理费用"等账户，贷记"其他应付款"账户；支付时，借记"其他应付款"账户，贷记"银行存款"等账户。

【温馨提示】

值得注意的是，"其他应付款"账户是财务会计中的一个往来账户，通常情况下，该账户只核算企业应付其他单位或个人的零星款项的非经常性负债，然而，许多企业"其他应付款"这个账户金额较大，再查明细更是鱼龙混杂，很多不该进的费用都往里填。因此必须加强对其他应付款的管理。

任务 2 非流动负债的核算

一、长期借款

1. 长期借款概述

长期借款是指企业向银行或其他金融机构借入的期限在 1 年以上(不含 1 年)的各种借款，一般用于固定资产的购建、改扩建工程、大修理工程、对外投资以及为了保持长期经营能力等方面。它是企业长期负债的重要组成部分，必须加强管理与核算。

企业的长期借款，可以按照不同的标准进行分类。长期借款按借款的币种划分，可以分为人民币借款和外币借款；按借款的偿还方式划分，可以分为定期偿还借款和分期偿还借款。

2. 长期借款的利息

长期借款利息费用应当在资产负债表日按照实际利率法计算确定。实际利率与合同利率差异较小的，也可以采用合同利率计算确定利息费用。长期借款计算确定的利息费用应该按以下原则计入成本、费用：属于筹建期间的，记入"管理费用"账户；属于生产经营期间的，记入"财务费用"账户。如果长期借款用于购建固定资产的，在固定资产尚未达到预定可使用状态前，所发生的应当资本化的利息支出数，计入所购建或改扩建固定资产的价值，记入"在建工程"账户；固定资产达到预定可使用状态后发生的利息支出，以及按规定不能予以资本化的利息支出，记入"财务费用"账户。

3. 长期借款的核算

企业长期借款的取得,应计利息和归还本息的情况,应设置"长期借款"账户进行核算。该账户属于负债类账户,用来核算企业向银行或其他金融机构借入的期限在1年以上(不含1年)的各项借款。并可按贷款单位和贷款种类,分别"本金""利息调整"等进行明细核算。

(1) 企业借入长期借款,应按实际收到的现金净额,借记"银行存款"账户,贷记"长期借款(本金)"账户,按其差额,借记"长期借款(利息调整)"账户。

(2) 资产负债表日,应按摊余成本和实际利率计算确定的长期借款的利息费用,借记"在建工程""制造费用""财务费用""研发支出"等账户,按合同约定的名义利率计算确定的应付利息金额,贷记"长期借款(应计利息)"账户或"应付利息"账户,按其差额,贷记"长期借款(利息调整)"账户。

【温馨提示】

企业应根据借款合同约定,考虑不同的还本付息方式:分期付息、一次还本的借款按合同利率计算确定的应付未付利息,贷记"应付利息"账户;到期一次还本付息的借款按合同利率计算确定的应付未付利息,贷记"长期借款——应计利息"账户。

(3) 归还长期借款本金时,借记"长期借款(本金)"账户,贷记"银行存款"账户。同时,按应转销的利息调整、应计利息金额,借记或贷记"在建工程""制造费用""财务费用""研发支出"等账户,贷记或借记"长期借款(利息调整、应计利息)"账户。

【例 11-22】 某公司为购建一幢厂房,于 20×1 年 1 月 1 日向市建设银行取得借款 4 500 000 元,借款年利率 8%,每年以单利计息一次,期限为 3 年,采用合同约定的名义利率计算确定利息费用。该项工程建设时间为 2 年。借款到期时,企业以银行存款一次还本付息。请编制相应的会计分录。

企业应编制会计分录如下:

① 20×1 年 1 月 1 日,取得借款存入银行时:

借:银行存款   4 500 000
    贷:长期借款——本金   4 500 000

② 20×1 年,计算应付利息时:

$$4\ 500\ 000 \times 8\% = 360\ 000(元)$$

借:在建工程——新建厂房   360 000
    贷:长期借款——应计利息   360 000

③ 20×2 年,计算应付利息时:

借:在建工程——新建厂房   360 000
    贷:长期借款——应计利息   360 000

④ 20×3 年,计算应付利息时:

借:财务费用   360 000
    贷:长期借款——应计利息   360 000

⑤ 20×3 年 12 月偿还长期借款本息时：

借：长期借款——本金　　　　　　　　　　　　　　　　　　4 500 000
　　　　　　——应计利息　　　　　　　　　　　　　　　　1 080 000
　　贷：银行存款　　　　　　　　　　　　　　　　　　　　　　　5 580 000

二、应付债券

1. 应付债券概述

债券是企业为筹集资金而发行的一种书面凭证。它通过凭证上所记载的利率、期限、付息日、到期日等，表明发行债券的企业允诺在未来某一特定日期还本付息。债券作为一种重要的融资手段和金融工具，与股票相比，债券通常规定有固定的利率，与企业绩效没有直接联系，收益比较稳定，风险较小。债券的收益性主要表现在两个方面：一是投资债券可以给投资者定期或不定期地带来利息收入；二是投资者可以利用债券价格的变动，买卖债券赚取差额。此外，在企业破产时，债券持有者享有优先于股票持有者对企业剩余资产的索取权。

企业债券发行价格的高低一般取决于债券票面金额、债券票面利率、发行当时的市场利率以及债券期限的长短等因素。债券发行有面值发行、溢价发行和折价发行三种情况。企业债券按其面值出售的，称为面值发行。此外，债券还可能按低于或高于其面值的价格出售，即折价发行和溢价发行。溢价或折价是发行债券企业在债券存续期内对利息费用的一种调整。

【知识拓展】

折价发行是指债券以低于其面值的价格发行。债券发行价格低于债券面值的差额称为债券折价。债券在折价发行时，债券购买者因折价而少付出的价款，是对以后各期少得利息收入的预先补偿；而债券发行企业因折价少得的收入，实质上是预先付给债券购买者的利息，它可以从以后各期少付利息中获得补偿；而溢价发行则是指债券按高于其面值的价格发行。债券发行价格高于债券面值的差额称为债券溢价。债券在溢价发行时，债券购买者因溢价而多付出的价款，可以从以后各期多得的利息收入获得补偿；而债券发行企业因溢价多得的收入，实质上是在债券到期前对企业各期多付利息的一种补偿，也是对债券利息费用的一项调整。

2. 应付债券核算的账户设置

企业发行的长期债券应设置"应付债券""应付利息"等账户进行核算。

"应付债券"账户属于负债类账户，用来核算企业为筹集（长期）资金而发行债券的本金和利息。该账户可按"面值""利息调整""应计利息"等进行明细核算。另外，企业还须设置备查簿，登记债券的票面金额、票面利率、发行总额、发行日期、还款期限与方式、编号等项目。

企业采用分期付息时，其应付未付的利息通过"应付利息"账户核算。

3. 应付债券的核算

无论是按面值发行，还是溢价或折价发行，应付债券的核算主要涉及三个方面的问题,即债券发行的核算、债券利息的核算和债券还本付息的核算等。本任务主要介绍按照面值发行的应付债券的核算。

企业以面值发行债券时,应按票面金额,借记"银行存款""库存现金"账户,贷记"应付债券——债券面值"账户。

发行债券的企业,应按期计提利息。借记"在建工程""财务费用"等账户,贷记"应付利息""应付债券——应计利息"账户。

【温馨提示】

债券利息的计算要特别注意两个问题:一是借款费用资本化还是费用化,二是付息方式。利息支出符合资本化条件的,应计入资产的成本中;不符合资本化条件的,计入当期损益。例如,借款利息支出如果是在固定资产达到预定可使用状态前发生的,记入"在建工程"账户;而如果是达到了预定可使用状态之后发生的,则要记入"财务费用"账户。若债券发行合同中约定还本付息方式为分期付息、一次还本的,计算确定的应付未付利息,应贷记"应付利息"账户;到期一次还本付息的,应贷记"应付债券——应计利息"账户。

债券到期,企业支付债券本息时,借记"应付债券——债券面值"和"应付债券——应计利息"账户,贷记"银行存款"等账户。

【例 11-23】 企业 20×1 年 1 月 1 日溢价发行 3 年期债券一批(到期一次还本付息),面值为 5 000 000 元,票面利率为年利率 10%。假设发行债券所筹资金用于固定资产,至债券到期工程完工,不考虑债券发行费用。请编制相应的会计分录。

根据上述经济业务,企业应编制如下会计分录:

(1) 企业按面值发行,收到价款时:

借:银行存款　　　　　　　　　　　　　　　　　　　5 000 000
　　贷:应付债券——债券面值　　　　　　　　　　　　　　　　5 000 000

(2) 每年计提债券利息时:

每年应计债券利息 = 5 000 000×10% = 500 000(元)

借:在建工程　　　　　　　　　　　　　　　　　　　500 000
　　贷:应付债券——应计利息　　　　　　　　　　　　　　　　500 000

(3) 到期偿还本息时:

借:应付债券——债券面值　　　　　　　　　　　　　5 000 000
　　　　　　——应计利息(500 000×3)　　　　　　　　1 500 000
　　贷:银行存款　　　　　　　　　　　　　　　　　　　　6 500 000

【温馨提示】

债券发行费用的核算。债券发行费用是发行者支付给有关债券发行中介机构和服务机构的费用,债券发行者应尽量减少发行费用,在保证发行成功和有关服务质量的前提下,选择发行费用较低的中介机构和服务机构。当发行费用大于发行期间冻结资金所产生的利息收入,按发行费用减去发行期间冻结资金产生的利息收入后的差额,分别计入财务费用或相关资产成本。当发行费用小于发行期间冻结资金所产生的利息收入,差额视同发行债券的溢价收入,记入"利息调整"明细账户。

三、长期应付款

长期应付款是指企业除长期借款和应付债券以外的其他各种长期应付款项,包括应付融资租入固定资产的租赁费、以分期付款方式购入固定资产发生的应付款项、采用补偿贸易方式引进国外设备发生的应付款项等。长期应付款的特点在于数额较大、偿还期长,具有分期付款的性质,可以避免公司取得固定资产时一次性支付大量开支的困难。

为了总括地核算和监督长期应付款的发生和归还情况,企业应设置"长期应付款"账户。该账户的贷方登记发生的长期应付款,借方登记归还的长期应付款;期末贷方余额,表示企业尚未支付的各种长期应付款。企业应按长期应付款的种类和债权人进行明细核算。

企业采用融资租赁方式租入的固定资产,应按最低租赁付款额,确认长期应付款。

企业延期付款购买资产,如果延期支付的购买价款超过正常信用条件,实质上具有融资性质的,所购资产的成本应当以延期支付购买价款的现值为基础确定。实际支付的价款与购买价款的现值之间的差额,应当在信用期间内采用实际利率法进行摊销,计入相关资产成本或当期损益。

企业采用补偿贸易方式引进国外设备时,应按设备、工具、零配件等的价款以及国外运杂费的外币金额和规定的汇率折合为人民币确认长期应付款。

任务3 所有者权益的核算

所有者权益是指企业资产扣除负债后由所有者享有的剩余权益。其来源包括所有者投入的资本、直接计入所有者权益的利得和损失、留存收益等。其中,直接计入所有者权益的利得是指由企业非日常活动所形成的、会导致所有者权益增加的、与所有者投入资本无关的经济利益的流入。而直接计入所有者权益的损失是指由企业非日常活动所发生的、会导致所有者权益减少的、与向所有者分配利润无关的经济利益的流出。

【温馨提示】

所有者权益与负债比较,区别主要在于:一是所有者权益是投资人对净资产的所有权,负债是债权人对企业总资产的索偿权;二是投资人投资的资本在经营期内不得收回,负债到期必须偿还;三是投资人投资的资本按经营状况分配利润,负债必须支付利息,与生产经营状况无关。

所有者权益是一个涵盖了任何企业组织形式的净资产的广义概念,具体到某一特定形式的企业组织,所有者权益便以不同形式出现。从会计核算角度看,公司制企业中的股份有限公司对所有者权益的核算比其他类型的企业复杂。在独资企业和合伙企业,所有者权益以业主资本的形式出现;在有限责任公司(简称有限公司),所有者权益表现为投入资本、资本公积、盈余公积、未分配利润等;而在股份有限公司(简称股份公司)则表现为股本、资本公积、盈余公积、未分配利润等,公司的所有者权益又称为股东权益。本任务主要介绍公司制企业所有者权益的核算。

【知识拓展】

股份公司和有限公司与独资企业和合伙企业之间的最主要差别体现在所有者权益方面。在独资企业和合伙企业,只需为业主或各个合伙人设置一个资本账户和提款账户,用于记录资本和损益的增减变动情况。而股份公司和有限公司则受到公司法等法律法规的限制,公司必须对所有投入的资本和赚取的利润严格区别。公司制企业所有者权益的核算政策性很强,不仅要遵循国家相关法律,尤其是公司法的规定,而且涉及企业的筹资、利润分配等重大决策,因此,学习所有者权益会计核算的前提是熟悉上述有关规定来学习。

一、实收资本

1. 实收资本概述

企业要进行生产经营,总要有一定的"本钱"。企业申请开业的必要条件之一,是必须具备符合国家规定并与其生产经营和服务规模相适应的资金数额,投入资本是按照企业章程或合同、协议的约定投资者实际投入企业的资本,是企业注册登记的法定资本总额的来源,它表明所有者对企业的基本产权关系。

我国目前实行注册资本认缴登记制度。企业的实收资本与其注册资本相一致。资本金在不同类型的企业中有不同的表现形式,在股份有限公司称为股本,除股份有限公司之外的一般企业称为实收资本。实收资本或股本按投资实体可分为国家投入资本、法人投入资本和个人投入资本。投资者可以用货币出资,也可以用实物、知识产权、土地使用权等可以用货币估价并可以依法转让的非货币财产作价出资;但是,法律、行政法规规定不得作为出资的财产除外。所有者向企业投入的资本,在一般情况下无须偿还,可以长期周转使用。但在经营期间,投资者对投入公司的资本,除依法转让、减资外,不得以任何方式抽走。如擅自改变注册资本或抽逃资金等,要受到工商行政管理部门的处罚。投资者按其出资的比例对公司的净资产享有所有权,并按其出资的比例分享公司的利润,承担相应的风险和亏损。

【知识拓展】

为全面深化改革、加快政府职能转变、创新政府监管方式、建立公平开放透明的市场规则、保障创业创新,国务院2014年颁布了《注册资本登记制度改革方案》,改革工商登记制度,实行注册资本认缴登记制,公司实收资本不再作为工商登记事项。公司登记时,无须提交验资报告,进一步放松对市场主体准入的管制,降低准入门槛,优化营商环境,促进市场主体加快发展,增强经济发展内生动力。

公司股东认缴的出资总额或者发起人认购的股本总额(即公司注册资本)应当在工商行政管理机关登记。公司股东(发起人)应当对其认缴出资额、出资方式、出资期限等自主约定,并记载于公司章程。有限责任公司的股东以其认缴的出资额为限对公司承担责任,股份有限公司的股东以其认购的股份为限对公司承担责任。公司应当将股东认缴出资额或者发起人认购股份、出资方式、出资期限、缴纳情况通过市场主体信用信息公示系统向社会公示。公司股东(发起人)对交纳出资情况的真实性、合法性负责。

2. 有限公司实收资本的核算

有限公司是指由五十个以下股东出资设立,每个股东以其所认缴的出资额对公司承担有限责任,公司以其全部资产对其债务承担责任的法人。对有限公司投资者投入资本,应设置"实收资本"账户进行核算,核算企业实际收到的投资人投入的资本。其贷方发生额反映企业实收资本的增加数,借方发生额反映实收资本的减少数;期末贷方余额,反映企业实有的资本数额。

【知识链接】

《注册资本登记制度改革方案》放宽了注册资本登记条件。除法律、行政法规以及国务院决定对特定行业注册资本最低限额另有规定的外,取消有限责任公司最低注册资本 3 万元、一人有限责任公司最低注册资本 10 万元、股份有限公司最低注册资本 500 万元的限制。不再限制公司设立时全体股东(发起人)的首次出资比例,不再限制公司全体股东(发起人)的货币出资金额占注册资本的比例,不再规定公司股东(发起人)缴足出资的期限。相关文件链接为 http://www.gov.cn/xxgk/pub/govpublic/mrlm/201402/t20140218_66641.html。

1) 企业接受现金资产投资

企业收到投资者以现金投入的资本时,应当以实际收到或存入企业开户银行的金额作为实收资本入账,借记"银行存款"账户,贷记"实收资本"账户。对于实际收到或者存入企业开户银行的金额超过投资者在企业注册资本中所占份额的部分,应当贷记"资本公积"账户。

2) 企业接受非现金资产投资

企业收到投资者以非现金资产投入的资本时,应按照投资合同或协议约定的价值确定,但合同或协议约定价值不公允的除外作为实收资本入账,在办理完有关产权转移手续后,借记"固定资产""原材料""库存商品"等账户,贷记"实收资本"账户。对于投资各方确认的资产价值超过其在注册资本中所占份额的部分,应当记入"资本公积"账户。

【例 11-24】 某新建公司由 A、B、C 三方共同投资。A 投入 2 000 000 元现金;B 投入一项专利权,协议确定价值为 3 000 000 元;C 以设备作为投资,账面原值 3 500 000 元,已提折旧 400 000 元,合同确定的价值为 3 000 000 元。假设不考虑税费,请编制会计分录。

根据上述资料,公司应编制会计分录如下:

借：银行存款	2 000 000	
贷：实收资本——A		2 000 000
借：无形资产	3 000 000	
贷：实收资本——B		3 000 000
借：固定资产	3 000 000	
贷：实收资本——C		3 000 000

【温馨提示】

　　初建有限公司时,各投资者按照合同、协议或公司章程投入企业的资本,应全部记入"实收资本"账户,企业的实收资本应等于企业的注册资本。但在企业增资扩股时,如有新投资者介入,新介入的投资者认缴的出资额大于按其约定比例计算的其在注册资本中所占的份额部分,不记入"实收资本"账户,而作为资本公积,记入"资本公积"账户。

3. 股份公司股本的核算

　　股份公司是指全部资本由等额股份构成并通过发行股票筹集资本,股东以其所持股份对公司承担有限责任,公司以其全部资产对公司债务承担责任的企业法人。设立股份有限公司,应当有 2 人以上 200 人以下为发起人,其中须有半数以上的发起人在中国境内有住所。与其他企业相比,其显著特点在于将企业的资本划分为等额股份,并通过发行股票的方式来筹集资本。股票的面值与股份总数的乘积即为公司股本,股本等于股份有限公司的注册资本。

【温馨提示】

　　从理论上讲,股票发行有三种情况:一是溢价发行,即公司发行股票所得收入大于股本总额;二是折价发行,即公司发行股票所得收入小于股本总额;三是面值发行,亦称平价发行,即公司发行股票所得收入等于股本总额。但从实务来看,许多国家都不允许折价发行股票。在我国,企业不允许折价发行股票。

　　为了如实反映公司的股本情况,股份有限公司应设置"股本"账户进行核算。公司因发行股票、可转换债券转换成股票及发放股票股利等原因取得股本时,记入该账户的贷方;按法定程序报经批准减少注册资本的公司在实际发还股款时,记入该账户的借方;该账户贷方余额表示公司所拥有的股本总额。"股本"账户应按普通股和优先股设置明细账户进行明细核算。

　　【例 11-25】 某股份有限公司委托某证券公司代理发行普通股票 3 000 万股,每股面值 1 元,发行价格为 1.5 元,该公司与受托单位约定,按发行收入 3% 收取手续费。收到的股款已存入银行。请编制相关的会计分录。

$$发行费用 = 15\,000\,000 \times 3\% = 450\,000(元)$$

　　支付发行费用时:

借：资本公积——股本溢价	450 000	
贷：银行存款		450 000

收到发行收入时：

借：银行存款　　　　　　　　　　　　　　　　　　　　　　　45 000 000

　　贷：股本　　　　　　　　　　　　　　　　　　　　　　　　30 000 000

　　　　资本公积——股本溢价　　　　　　　　　　　　　　　　15 000 000

【温馨提示】

发行股票相关的手续费、佣金等交易费用，如果是溢价发行股票的，应从溢价中抵扣，冲减"资本公积——股本溢价"账户。无溢价发行股票或溢价金额不足以抵扣的，应将不足抵扣的部分冲减"盈余公积"账户和"未分配利润"明细账户。

4. 实收资本（或股本）增减变动的核算

我国有关法律规定，企业资本（或股本）除了下列情况外，不得随意变动：一是符合增资条件，并经有关部门批准增资；二是企业按法定程序报经批准减少注册资本。

1）当企业增资时

（1）企业通过接受投资者追加投入、资本公积和盈余公积转增资本、发放股票股利等方式实现增资。

企业接受投资者追加投入实现增资。在企业按规定接受投资者追加投入实现增资时，企业应当按实际收到的款项或其他资产，借记"银行存款"等账户，按增加的实收资本或股本金额，贷记"实收资本"或"股本"账户，按照两者之间的差额，贷记"资本公积——资本溢价"或"资本公积——股本溢价"账户。

【温馨提示】

企业接受新的投资者的投资可以增加资本。所有者权益增加的途径很多，净利润增加，所有者权益就增加了，但不能说所有者权益增加都是净利润的增加。接受新的所有者投资也可以使所有者权益增加。

（2）资本公积、盈余公积转增资本。在企业采用资本公积、盈余公积转增资本时，企业应按照转增的资本金额，借记"资本公积""盈余公积"账户，贷记"实收资本"或"股本"账户。

（3）采用发放股票股利方式增资。在股份有限公司股东大会或类似机构批准采用发放股票股利的方式增资时，公司应在实施该方案并办理完增资手续后，根据实际发放的股票股利数，借记"利润分配——转作股本的普通股股利"账户，贷记"股本"账户。

【温馨提示】

公司发放现金股利时，应借记"利润分配——分配普通股的股利"账户，贷记"应付股利"账户。这两种发放股利方式账务处理的区别在于：一个是会计分录不一样，一个是时间不一样。发放股票股利是在办完增资手续后进行账务处理，发放现金股利是在宣布分配方案进行账务处理。

2）当企业减资时

减少资本有两种情况：第一种是资本过剩要减资，第二个是发生重大亏损要减资。

【知识拓展】

资本过剩是指注册资本过剩,经批准以后可以减少资本。一是由于一些政策性的原因,如煤矿、煤炭行业,很多小的煤窑要把它减掉,出现减少注册资本。二是由于在搞上市公司,搞一个新的项目时盘子做得很大,资本筹起来后,很可能造成项目用不了这么多钱,造成资本过剩。资本过剩带来的问题,就是股东的投资肯定达不到当时承诺的投资回报率,因此将来开股东大会就可能提出各种议案。很多企业就会把盘子设计的小一些,跟这个项目相对应,然后再履行它的承诺。

公司在经营中由于特殊原因发生了重大亏损,在短期内是难以用利润和公积金弥补的。而按规定,公司如有未弥补的亏损,将不能发放股利。此时,公司如不进行减资,即使以后年度实现了利润,也必须首先用于弥补亏损,而不能先向投资者发放股利,这势必会动摇投资者的信念,影响其投资信誉。

企业减少实收资本应按法定程序报经批准,股份制公司可以采用股票回购本公司股票的方式减资。企业为减少注册资本而收购本公司股份时,应按实际支付的金额,借记"库存股"账户,贷记"银行存款"等账户。注销库存股时,应按股票面值和注销股数计算的股票面值总额,借记"股本"账户,按注销库存股的账面余额,贷记"库存股"账户,按其差额,借记"资本公积——股本溢价"账户,股本溢价不足冲减的,应借记"盈余公积""利润分配——未分配利润"账户。

【小思考】

"库存股"账户是什么性质的账户?用来核算哪些内容?

二、资本公积

1. 资本公积概述

资本公积是指由投资者或其他人(或单位)投入,所有权归属于投资者,但不构成实收资本的那部分资本或者资产。

资本公积的核算包括资本公积溢价(或股本溢价)的核算、其他资本公积的核算和资本公积转增资本的核算等内容。其中,资本溢价(或股本溢价)是指企业收到投资者出资额超出其在注册资本或股本中所占份额的投资。

【温馨提示】

资本公积从形成来源看,它是由投资者投入的资本金额中超过法定资本部分的资本,或者其他人(或单位)投入的不形成实收资本的资产的转化形式,它不是由企业实现的净利润转化而来的,从本质上讲应属于投入资本的范畴,因此,它与留存收益有本质区别,留存收益是由企业实现净利润的转化形式。在核算资本公积时,应当与收益项目区别开来。

资本公积与实收资本虽然都属于投入资本范畴,但两者又有区别。实收资本一般是指投资者投入的、为谋求价值增值的原始投资,属于法定资本,与企业的注册资本相一致,因此,实收资本无论在来源上,还是在金额上,都有比较严格的限制。资本公积在来源上并没有严格的限制,来源上也相对较多。

资本公积也要与其他综合收益的内容相区分。资本公积的核算与资本投入相关,是已经形成的所有者权益增加内容。而其他综合收益记录的是属于已经实现但暂时不能归入损益的过渡性内容,如外币报表折算差额。

2. 资本溢价(股本溢价)的核算

为了核算企业资本公积的增减变动情况,企业应设置"资本公积"账户,该账户的贷方核算企业资本公积增加数额,借方核算企业资本公积减少数额;期末贷方余额,反映企业实有的资本公积。该账户应当分别"资本溢价(股本溢价)""其他资本公积"设置明细账户,进行明细核算。

1) 资本溢价

除股份有限公司以外的其他类型的企业,在企业创立时,投资者认缴的出资额与注册资本一致,全部记入"实收资本"账户,一般不会产生资本公积。但在企业重组并有新的投资者加入时,为了维护原有投资者的权益,新加入的投资者的出资额,并不一定全部作为实收资本处理。这是因为,在企业正常经营后,其资本利润率通常要高于企业初创阶段,同时企业有内部积累,新投资者加入企业后,对这些积累也要分享,所以新加入的投资者往往要付出大于原投资者的出资额,才能取得与原投资者相同的出资比例,按其投资比例计算的出资额部分,记入"实收资本"账户,大于部分应记入"资本公积"账户。

【例11-26】 某公司由A、B两位股东各投资500 000元人民币设立。设立时的实收资本为100万元。经过几年的经营,有C、D两位投资者要加入该企业,经过协商,决定将企业的注册资本增加到2 000 000元,这两位投资者共出资1 400 000元,各拥有该企业25%的股份。在会计核算时,将C、D股东投入资金中的1 000 000元记入"实收资本"账户,其余的400 000元记入"资本公积——资本溢价"账户。请编制相关的会计分录。

该公司应编制会计分录如下:

借:银行存款　　　　　　　　　　　　　　　1 400 000
　　贷:实收资本——股东C　　　　　　　　　　500 000
　　　　　　　　——股东D　　　　　　　　　　500 000
　　　资本公积——资本溢价　　　　　　　　　400 000

2) 股本溢价

股份有限公司是以发行股票的方式筹集股本的,股票可按面值发行,也可按溢价发行,我国目前不准折价发行。在按面值发行股票的情况下,企业发行股票取得的收入,应全部作为股本处理;在溢价发行股票的情况下,企业发行股票取得的收入,等于股票面值部分作为股本处理,超出股票面值的溢价收入作为股本溢价处理。

股本溢价是指股份有限公司溢价发行股票时实际收到的款项超过股票面值总额的数额。我国规定,实收股本总额应与注册资本相等。因此,为提供企业股本总额及其构成及注册资本等信息,在采用与股票面值相同的价格发行股票的情况下,企业发行股票取得的收入,应全部记入"股本"账户;在采用溢价发行股票的情况下,企业发行股票取得的收入,相当于股票面值部分记入"股本"账户,超出股票面值的溢价收入记入"资本公积——股本溢价"账户。

至于发行股票相关的手续费、佣金等交易费用,如果是溢价发行股票的,应从溢价中抵扣,冲减资本公积(股本溢价),借记"资本公积——股本溢价"账户,贷记"银行存款"账户;无溢价发行股票或溢价金额不足以抵扣的,应将不足抵扣的部分冲减盈余公积和未分配利润。

【例 11-27】 某股份有限公司委托某证券公司代理发行普通股票 1 000 万股,每股面值 1 元,发行价格为 1 元,该公司与受托单位约定,每股支付证券公司佣金、手续费 0.1 元。收到的股款已存入银行。请编制会计分录。

该公司应编制会计分录如下:

借:银行存款	9 000 000
盈余公积	1 000 000
贷:股本	10 000 000

若该公司只有 700 000 元的盈余公积,则应编制会计分录如下:

借:银行存款	9 000 000
盈余公积	700 000
利润分配——未分配利润	300 000
贷:股本	10 000 000

三、留存收益

留存收益是指企业从历年实现的利润中提取或留存于企业的内部积累,它来源于企业生产经营活动所实现的利润,包括盈余公积和未分配利润两部分。

盈余公积是指企业按照规定从净利润中提取的积累资金。盈余公积根据其用途不同可分为法定盈余公积金和任意盈余公积金两项。未分配利润是企业实现的净利润经过弥补亏损、提取盈余公积和向投资者分配利润后留存在企业的、历年结存的利润。它是企业留待以后年度分配的利润或待分配的利润,其含义一是留待以后年度处理的利润,二是未指定特定用途的利润。由于未分配利润属于未确定用途的留存收益,所以,在使用上有较大的自主权,受国家法律法规的限制较少。

1. 利润分配的概述

1) 利润分配的程序

利润分配是指企业按照国家政策或合同协议、董事会决议等规定,对已实现的净利润在企业和投资人之间进行分配。

根据我国有关法规的规定,企业实现的净利润,应按下列顺序进行分配:

(1) 弥补以前年度亏损(指超过用所得税前的利润抵补亏损的期限后,仍未补足的部分)。

(2) 提取法定盈余公积。法定盈余公积应按本年净利润扣除第一项后余额的 10% 提取。企业提取的法定盈余公积累计额超过其注册资本的 50% 以上的,可不再提取。

(3) 向投资者分配利润。企业当期实现的净利润,加上年初未分配利润(减去年初未弥补亏损）、盈余公积弥补亏损后的余额，为可供分配的利润；可供分配的利润减去提取的法定盈余公积、任意盈余公积后，为可供投资者分配的利润，可按约定比例分配给投资者。

【知识拓展】

股份有限公司按上述三项程序分配后，按下列顺序分配：

① 支付优先股股利。

② 经股东会决议，提取任意盈余公积。

③ 支付普通股股利。

企业当年无利润时，不得向投资者分配利润。但是，股份有限公司在用盈余公积弥补亏损后，经股东大会特别决议，可按不超过股票面值 6% 的比例用盈余公积分配股利。股利分配后，企业法定盈余公积不得低于注册资本的 25%。

企业的净利润除国家另有规定外，应严格按以上顺序进行分配。企业以前年度的亏损未弥补完，不得提取法定盈余公积。在提取法定盈余公积前，不得向投资者分配利润。

2）利润分配的核算

企业应设置"利润分配"账户，进行利润分配的核算。该账户属于所有者权益类账户，用来核算企业利润的分配（或亏损的弥补）和历年分配（或弥补）后的余额。该账户的贷方反映年末从"本年利润"账户转入的本年净利润以及用盈余公积补亏的数额，借方反映按规定提取的盈余公积、向投资者分配的利润数额以及年末从"本年利润"账户转入的本年亏损数额；该账户年末余额，反映企业历年的未分配利润（或未弥补亏损）。在"利润分配"账户下应当分别"提取法定盈余公积""提取任意盈余公积""应付现金股利或利润""转作股本的股利""盈余公积补亏"和"未分配利润"等设置明细账户，进行明细核算。

利润分配的核算主要包括利润分配和利润结转等内容。

第一，提取盈余公积。

企业按规定提取的盈余公积，借记"利润分配——提取法定盈余公积、提取任意盈余公积"账户，贷记"盈余公积——法定盈余公积、任意盈余公积"账户。

经股东大会或类似机构决议，分配给股东或投资者的现金股利或利润，借记"利润分配——应付现金股利或利润"账户，贷记"应付股利"账户。

经股东大会或类似机构决议，分配给股东的股票股利，应在办理增资手续后，借记"利润分配——转作股本的股利"账户，贷记"股本"账户。

用盈余公积弥补亏损，借记"盈余公积——法定盈余公积或任意盈余公积"账户，贷记"利润分配——盈余公积补亏"账户。

第二，结转净利润。

年度终了，企业应将本年实现的净利润进行结转，自"本年利润"账户转入"利润分配"账户，借记"本年利润"账户，贷记"利润分配——未分配利润"账户，为净亏损的作相反的会计分录；同时，将"利润分配"账户所属其他明细账户的余额转入"利润分配——未分配利润"明细账户。结转后，"利润分配"账户除"未分配利润"明细账户外，其他明细账户应无余额。"未分配利润"明细账户的贷方余额，则表示未分配利润的数额；借方余额,则表示未弥补的亏损数额。

2. 盈余公积的核算

1) 盈余公积的组成

公司制企业和非公司制企业盈余公积包括法定盈余公积和任意盈余公积。按照《公司法》有关规定,公司制企业应当按照净利润(减弥补以前年度亏损,下同)的 10%提取法定盈余公积。但是,非公司制企业法定盈余公积的提取比例可超过净利润的10%。法定盈余公积累计额已达注册资本的 50%时可以不再提取。

【温馨提示】

法定盈余公积和任意盈余公积的区别在于其各自计提的依据不同,前者以国家的法律法规为依据;后者由企业的权力机构自行决定。

2) 盈余公积核算的账户设置

为了核算盈余公积的提取和使用等增减变动情况,企业应设置"盈余公积"账户,该账户为所有者权益类账户。该账户贷方反映企业提取的盈余公积,借方反映盈余公积的使用;期末贷方余额,反映企业盈余公积的实有数额。"盈余公积"账户应按盈余公积的种类设置"法定盈余公积""任意盈余公积""储备基金""企业发展基金""补充流动资金"和"购建固定资产"等三栏式明细账,进行明细分类核算。

3) 盈余公积使用的核算

一般盈余公积的使用不外乎三个用途。

用途一,转增资本。

转增资本时,应按照批准的转增资本数额,借记"盈余公积——法定盈余公积"账户,贷记"实收资本"或"股本"账户。

【知识拓展】

当企业提取的盈余公积累积比较多时,可以将盈余公积转增资本(股本),但是必须经股东大会或类似机构批准。而且用盈余公积转增资本(股本)后,留存的盈余公积不得少于注册资本的 25%。

用途二,弥补亏损。

企业经股东大会或类似机构决议,以盈余公积弥补亏损时,借记"盈余公积"账户,贷记"利润分配——盈余公积补亏"账户。

【知识拓展】

企业发生亏损时,应由企业自行弥补。弥补亏损的渠道主要的有三条:一是用以后年度税前利润弥补;二是用以后年度税后利润弥补;三是以盈余公积弥补亏损。根据企业会计准则和有关法规的规定,企业发生亏损,可以用发生亏损后 5 年内实现的税前利润来弥补,当发生的亏损在 5 年内仍不足弥补的,应使用随后所实现的所得税后利润弥补。通常,当企业发生的亏损在所得税后利润仍不足弥补的,可以用所提取的盈余公积来加以弥补,但是,用盈余公积弥补亏损应当由董事会提议,股东大会批准,或者由类似的机构批准。

企业以前两种方法弥补亏损时，无须为此作特别的会计分录，年末将"本年利润"账户贷方余额转入"未分配利润"明细账户的贷方后，该明细账户借方累积的亏损自然减少或消失。这两种方法所不同的是年末结转的本年利润，一个是税前利润，一个是税后利润。

用途三，发放股利。

股份公司经股东大会决议，用盈余公积派送新股时，按派送新股计算的金额，借记"盈余公积"账户，按股票面值和派送新股总数计算的金额，贷记"股本"账户，如有差额，贷记"资本公积——股本溢价"账户。

企业经股东大会或类似机构决议，用盈余公积分配现金股利或利润时，借记"盈余公积"账户，贷记"应付股利"账户；用盈余公积分配股票股利或转增资本，应当于实际分配股票股利或转增资本时，借记"盈余公积"账户，贷记"实收资本"或"股本"账户。

【知识拓展】

在特殊情况下，当企业累积的盈余公积比较多，而未分配利润比较少时，为了维护企业形象，给投资者以合理的回报，对于符合规定条件的企业，也可以用盈余公积分派现金利润或股利。因为盈余公积从本质上讲是由收益形成的，属于资本增值部分。

【例 11-28】 某企业 20×1 年实现净利润为 3 465 320 元，按当年实现净利润的 10% 和 5%，分别提取法定盈余公积和任意盈余公积。经董事会决议，按本期可向股东分配利润的 80% 向投资人分配利润。假设无年初未分配利润。请编制相应的会计分录。

企业应编制会计分录如下：

（1）年末，将"本年利润"账户累计实现的利润转入"利润分配"账户时：

借：本年利润　　　　　　　　　　　　　　　　　　　　3 465 320
　　贷：利润分配——未分配利润　　　　　　　　　　　　　　　3 465 320

（2）年末，进行利润分配时：

应提取法定盈余公积 ＝ 3 465 320×10% ＝ 346 532(元)
应提取任意盈余公积 ＝ 3 465 320×5% ＝ 173 266(元)
本期可供股东分配的利润 ＝ 3 465 320－346 532－173 266 ＝ 2 945 522(元)
应向投资人分配的利润 ＝ 2 945 522×80% ＝ 2 356 417.60(元)

借：利润分配——提取法定盈余公积　　　　　　　　　346 532.00
　　　　　　——提取任意盈余公积　　　　　　　　　173 266.00
　　　　　　——应付现金股利或利润　　　　　　　　2 356 417.60
　　贷：盈余公积——法定盈余公积　　　　　　　　　　346 532.00
　　　　　　　——任意盈余公积　　　　　　　　　　173 266.00
　　　　应付股利　　　　　　　　　　　　　　　　2 356 417.60

（3）将"利润分配"其他明细账户余额结转至"未分配利润"明细账户时：

借:利润分配——未分配利润　　　　　　　　　　　　　2 876 215.60
　　贷:利润分配——提取法定盈余公积　　　　　　　　　　346 532.00
　　　　　　——提取任意盈余公积　　　　　　　　　　　173 266.00
　　　　　　——应付现金股利或利润　　　　　　　　　2 356 417.60

　　经过年末结转后,该企业 20×1 年"本年利润"账户及"利润分配"账户的其他明细账户均无余额,只有"利润分配——未分配利润"账户有贷方余额 58 910.40 元,反映的是历年累计的未分配利润。

项目小结

序号	知识点	小结内容
任务1 流动负债 的核算	短期借款	
	应付票据	
	应付账款	
	预收账款	
	应付职工薪酬	
	应交税费	
	应付利息	
	应付股利	
	其他应付款	
任务2 非流动负 债的核算	长期借款	
	应付债券	
	长期应付款	
任务3 所有者权 益的核算	实收资本	
	资本公积	
	盈余公积	
	利润分配的程序	

项目训练

【训练资料】 承接项目九、项目十训练资料,公司 7 月份发生如下涉及负债和所有者权益的业务:

(1) 提取应计入本期损益的借款利息共 64 500 元,其中,短期借款利息 600 元,长期借款利息 2 000 元。

(2) 分配应支付的职工工资 900 000 元,其中,生产人员工资 825 000 元,车间管理人员工资 30 000 元,行政管理部门人员工资 45 000 元。

(3) 以银行存款支付职工福利费 90 000 元,其中,生产工人福利费 82 500 元,车间管理人员福利费 4 000 元,行政管理部门福利费 3 500 元。

(4) 公司计算本期应交纳的教育费附加 4 000 元和地方教育费附加 2 860 元。

(5) 宣告分派普通股现金股利 148 218 元。

【训练要求】 分析上述业务并编制会计分录。

项目十二   收入、费用和利润的核算

【学习目标】

了解企业收入取得的方式,掌握会计处理中收入确认的原则与步骤
了解企业收入核算的规定,思考交易方式对收入确认金额的影响
熟悉费用的归属性质,思考受益原则在费用会计处理中的重要作用
理解企业经营成果的形成过程,思考如何通过报表反映相关会计信息

【工作任务】

掌握收入确认原则和步骤
理解企业收入确认的账户设置及账务处理方式
掌握企业费用的账户设置及账务处理方式
掌握企业利润的形成及相关业务处理方式
运用复式记账的方法,对各内容进行会计核算

【思政引导】

李小康通过前面存货明细账的检查,发现公司在销售成本结转方面存在并非每个月结转的问题。这些问题会导致本期的收入和成本不能合理匹配,尤其是12月份的销售收入总会偏多,但是库存的商品却没有这么多的情况。同时,李小康在期末做账时发现原来的账套中收入和费用的明细都不够明确。比如,收入没有设置明细账户,管理费用虽然设置了"研发费用"明细账户,但是没有按照高新技术企业的要求设置二级明细账户等。李小康深知只有坚持准则,才能以准则作为自己的行动指南,以维护国家利益、社会公众利益和正常的经济秩序。所以他希望能够尽快解决公司的收入、费用等方面的历史遗留问题。通过本项目内容的学习,带领大家规范期末的账务处理业务,和李小康一起解决公司的问题。

任务 1   收 入 的 核 算

一、收入概述

从经济交易往来的形式和内容来看,收入的取得源于企业与客户之间订立的合同所产生的权利与义务,继而导致资产与负债的确认。

1. 收入的确认

1) 收入确认的原则

企业应当在履行了合同中的履约义务,即在客户取得相关商品控制权时确认收入。

取得相关商品控制权,是指能够主导该商品的使用并从中获得几乎全部的经济利益。

项目十二

【温馨提示】

　　合同是指双方或多方之间订立有法律约束力的权利义务的协议,可以采用书面形式、口头形式及其他形式。客户是指与企业订立合同以向该企业购买日常活动产出的商品并支付对价的一方。如果合同对方与企业订立合同的目的是共同参与一项活动,和企业一起分担或分享该活动产生的风险或收益,则合同对方不是企业的客户,也就不能确认收入。

　　2）收入确认的前提条件

　　企业与客户之间合同的存在是收入确认的前提。企业与客户之间的合同满足下列五项条件的,企业应当在客户取得相关商品控制权时确认收入:

　　(1)合同各方已批准该合同并承诺将履行各自的义务。

　　(2)该合同明确了合同各方与所转让商品相关的权利和义务。

　　(3)该合同有明确的与转让商品相关的支付条款。

　　(4)该合同具有商业实质,即履行该合同将改变企业未来现金流量的风险、时间分布或金额。

　　(5)企业因向客户转让商品而有权取得的对价很可能收回。

　　在合同开始日即满足前款条件的合同,企业在后续期间无须对其进行重新评估,除非有迹象表明相关事实和情况发生重大变化。合同开始日通常是指合同生效日。

　　对于不符合以上五项条件规定的合同,企业只有在不再负有向客户转让商品的剩余义务,且已向客户收取的对价无须退回时,才能将已收取的对价确认为收入;否则,应当将已收取的对价作为负债进行会计处理。没有商业实质的非货币性资产交换,不确认收入。

2. 收入计量的步骤

　　根据《企业会计准则第14号——收入》,收入的确认分为五个步骤,即五步法模型。

　　第一步,识别与客户订立的合同。

　　企业与客户之间的合同一经签订,企业即享有从客户取得与转移商品和服务对价的权利,同时负有向客户转移商品和服务的履约义务。在合同开始日(通常是生效日)即满足条件的合同,企业在后续期间无须对其进行重新评估,除非有迹象表明相关事实和情况发生重大变化。

　　第二步,识别合同中的单项履约义务。

　　履约义务是指合同中企业向客户转让可明确区分商品或服务的承诺。

　　企业应当将向客户转让可明确区分商品(或者商品的组合)的承诺以及向客户转让一系列实质相同且转让模式相同的、可明确区分商品的承诺作为单项履约义务。例如,企业与客户签订合同,向其销售商品并提供安装服务,该安装服务简单,除该企业外其他供应商也可提供此类安装服务,则该合同中销售商品和提供安装服务为两项单项履约义务。若该安装服务复杂且商品需要按客户定制要求修改,则合同中销售商品和提供安装服务合并为单项履约义务。

收入、费用和利润的核算

【小思考】

货到付款业务模式中的运输活动是否构成单项履约义务?

第三步,确定交易价格。

交易价格是指企业因向客户转让商品而预期有权收取的对价金额,不包括企业代第三方收取的款项(如增值税)以及企业预期将退还给客户的款项。合同条款所承诺的对价,可能是固定金额、可变金额或两者兼有。例如,甲公司与客户签订合同为其建造一栋厂房,约定的价款为 100 万元,4 个月完工,交易价格就是固定金额 100 万元;加入合同中约定若提前 1 个月完工,客户将额外奖励甲公司 10 万元,甲公司对合同估计工程提前 1 个月完工的概率为 95%,则甲公司预计有权收取的对价为 110 万元,因此交易价格包括固定金额 100 万元和可变金额 10 万元,总计为 110 万元。

【温馨提示】

企业通常是以与客户之间的单个合同为基础,以分配至各单项履约义务的交易价格来确认收入金额的。但合同标价并不一定代表交易价格。企业代第三方收取的款项以及企业预期将退还给客户的款项,应当作为负债进行会计处理,不能计入交易价格。

第四步,将交易价格分摊至各单项履约义务。

当合同中包含两项或多项履约义务时,需要将交易价格分摊至各单项履约义务。分摊的方法是在合同开始日,按照各单项履约义务所承诺商品的单独售价(企业向客户单独销售商品的价格)的相对比例,将交易价格分摊至各单项履约义务。通过分摊交易价格,使企业分摊至各单项履约义务的交易价格能够反映其因向客户转让已承诺的相关商品而有权收取的对价金额。

【课中练】

企业与客户签订 A、B、C 三种产品销售合同,交易价格 200 万元,其中各产品单独售价分别是 100 万元、90 万元、60 万元。在不考虑增值税的情况下,计算三种产品应分摊的交易价格。

第五步,履行各单项履约义务时确认收入。

当企业将商品转移给客户,客户取得了相关商品的控制权,意味着企业履行了合同履约义务,此时,企业应确认收入。企业将商品控制权转移给客户,可能是在某一时段内(即履行履约义务的过程中)发生,也可能在某一时点(即履约义务完成时)发生。企业应当根据实际情况,首先判断履约义务是否满足在某一时段内履行的条件,如不满足,则该履约义务属于在某一时点履行的履约义务。

在五步法模型中,第一、第二和第五步主要与收入的确认有关,第三、第四步主要与收入的计量有关。

【例 12-1】 甲公司是一家软件开发企业,20×1 年 12 月 25 日与客户订立软件许可合同,合同总价款为 200 万元。合同内容包括:为期两年的软件许可权(合同未要求且甲公司或客户也不能够合理预期甲公司将从事对该项知识产权有重大影响的活动);

标准安装服务;18 个月的售后技术支持服务。客户于 20×1 年 12 月 31 日向甲公司支付合同价款 200 万元。甲公司于 20×2 年 1 月 1 日为客户安装软件(工期 10 天),该服务为标准安装服务,不涉及对软件的重大修订。该安装服务亦经常由其他企业提供。甲公司也向其他客户单独销售上述项目,该软件许可权的单独售价为 195 万元,标准安装服务的单独售价为 3 万元,18 个月的售后技术支持服务的单独售价为 8 万元。

如何应用五步法确认收入?

第一步,识别与客户订立的合同:软件许可合同。

第二步,识别合同中的单项履约义务:为期两年的软件许可权;标准安装服务;18 个月的售后技术支持服务。

第三步,确定交易价格,200 万元。

第四步,将交易价格分配至合同中各单项履约义务,如表 12-1 所示。

表 12-1 交易价格分配表 金额单位:万元

履约义务	单独售价	比例	分摊交易价格
软件许可权	195	94.66%	189.32(200×94.66%)
标准安装服务	3	1.46%	2.92(200×1.46%)
18 个月的售后技术支持服务	8	3.88%	7.76(200×3.88%)
合计	206	100%	200

第五步,履行各单项履约义务时(某时点或某段期间)确认收入,见表 12-2 所示。

表 12-2 确认收入时点或期间表

单项履约义务	软件许可权	标准安装服务	18 个月的售后技术支持服务
确认收入时点或期间	授予时	提供服务时	提供服务时

收入确认金额如表 12-3 所示。

表 12-3 收入确认金额表 金额单位:万元

商品/服务	2019 年	2020 年	合计
为期两年的软件许可权	189.32	—	189.32
标准安装服务	2.92	—	2.92
18 个月的售后技术支持服务	5.17(7.76×12/18)	2.59(7.76×6/18)	7.76
合计	197.41	2.59	200

二、收入核算应设置的会计账户

企业一般应设置"主营业务收入""其他业务收入""主营业务成本""其他业务成本""合同取得成本""合同履约成本""合同资产""合同负债"等账户,核算企业与客户之间的合同产生的收入及相关的成本费用。

1. "主营业务收入"账户

该账户用来核算企业确认的销售商品、提供服务等主营业务的收入。该账户贷方登记企业主营业务活动实现的收入,借方登记期末转入"本年利润"账户的主营业务收入;期末结转后,该账户应无余额。该账户可按主营业务的种类进行明细核算。

2. "其他业务收入"账户

该账户用来核算企业确认的除主营业务活动以外的其他经营活动实现的收入,包括出租固定资产、出租无形资产、出租包装物、销售材料、用材料进行非货币性交换或债务重组等实现的收入。该账户贷方登记企业其他业务活动实现的收入,借方登记期末转入"本年利润"账户的其他业务收入;期末结转后,该账户应无余额。该账户可按其他业务的种类进行明细核算。

3. "主营业务成本"账户

该账户用来核算企业确认销售商品、提供劳务等主营业务收入时应结转的成本。该账户借方登记企业应结转的主营业务成本,贷方登记期末转入"本年利润"账户的主营业务成本;期末结转后,该账户应无余额。该账户可按主营业务的种类进行明细核算。

4. "其他业务成本"账户

该账户属于损益类账户,用来核算企业除主营业务活动以外的其他经营活动所发生的成本,包括销售材料的成本、出租固定资产的折旧额、出租无形资产的摊销额、出租包装物的成本或摊销额。该账户借方登记企业结转或发生的其他业务成本,贷方登记期末结转入"本年利润"账户的其他业务成本;期末结转后,该账户应无余额。

5. "合同取得成本"账户

该账户用来核算企业取得合同发生的、预计能够收回的增量成本。该账户借方登记发生的合同取得成本;贷方登记摊销的合同取得成本;期末借方余额,反映企业尚未结转的合同取得成本。该账户可按合同进行明细核算。

6. "合同履约成本"账户

该账户用来核算企业为履行当前或预期取得的合同所发生的、不属于其他企业会计准则规范范围且按照收入准则应当确认为一项资产的成本。该账户借方登记发生合同履约成本,贷方登记摊销的合同履约成本;期末借方余额,反映企业尚未结转的合同履约成本。该账户可按合同分别"服务成本""工程施工"等进行明细核算。

7. "合同资产"账户

该账户用来核算企业已向客户转让商品而有权收取对价的权利,且该权利取决于时间流逝之外的其他因素(如履行合同中的其他履约义务)。该账户借方登记因已转让商品而有权收取的对价金额,贷方登记取得无条件收款权的金额;期末借方余额,反映企业已向客户转让商品而有权收取的对价金额。该账户按合同进行明细核算。

【温馨提示】

合同资产与应收账款的区别。应收账款是企业无条件收取合同对价的权利,企业随着时间的流逝即可收款,企业仅承担信用风险。而合同资产的权利除了时间流逝之外,还取决于其他条件(例如,履行合同中的其他履约义务)才能收取相应的合同对价,企业除承担信用风险之外,还可能承担其他风险,如履约风险等。

8. "合同负债"账户

该账户用来核算企业已收或应收客户对价而向客户转让商品的义务。该账户贷方登记企业在向客户转让商品之前,已经收到货已经取得无条件收取合同对价权利的金额,借方登记企业向客户转让商品时冲销的金额;期末贷方余额,反映企业在向客户转让商品之前,已经收到的合同对价或已经取得的无条件收取合同对价权利的金额。该账户按合同进行明细核算。

企业发生减值的,还应当设置"合同履约成本减值准备""合同取得成本减值准备""合同资产减值准备"等账户进行核算。

三、在某一时点履行的履约义务确认收入的账务处理

(一) 一般规定

对于在某一时点履行的履约义务,企业应当在客户取得相关商品控制权时点确认收入。在判断客户是否已取得商品控制权时,企业应当考虑下列迹象:

(1) 企业就该商品享有现时收款权利,即客户就该商品负有现时付款义务。

(2) 企业已将该商品的法定所有权转移给客户,即客户已拥有该商品的法定所有权。

(3) 企业已将该商品实物转移给客户,即客户已实物占有该商品。

(4) 企业已将该商品所有权上的主要风险和报酬转移给客户,即客户已取得该商品所有权上的主要风险和报酬。

(5) 客户已接受该商品。

(6) 其他表明客户已取得商品控制权的迹象。

例如,企业与客户签订商品销售合同,约定客户在收到商品验收合格后10日内付款,当客户收到企业开具的发票,收到商品验收入库后,客户即拥有了对商品的法定所有权,承担了现时付款义务。

客户如果取得了商品的法定所有权,则可能表明其已经有能力主导该商品的使用并从中获得几乎全部的经济利益,或者能够阻止其他企业获得这些经济利益。如果企业仅仅是为了确保到期收回货款而保留商品的法定所有权,那么企业所保留的这项权利通常不会对客户取得对该商品的控制权构成障碍。

【温馨提示】

客户如果已经实际占有商品,则可能表明其有能力主导该商品的使用并从中获得其几乎全部的经济利益,或者使其他企业无法获得这些利益。客户占有了某项商品的实物并不意味着其就一定取得了该商品的控制权;反之亦然。因此要看经济业务的实质,而不能仅仅停留在形式上。

企业有时根据合同已经就销售的商品向客户收款或取得了收款权利,但是,由于客户因为缺乏足够的仓储空间或生产进度延迟等原因,直到在未来某一时点将该商品

交付给客户之前,企业仍然继续持有该商品实物,这种情况通常称为"售后代管商品"安排。

【例 12-2】 20×1 年 3 月 1 日,甲公司与客户签订合同,向其销售 A、B 两项商品,A 商品的单独售价为 6 000 元,B 商品的单独售价为 24 000 元,合同价款为 25 000 元。合同约定,A 商品于合同开始日交付,B 商品在 1 个月之后交付,只有当两项商品全部交付之后,甲公司方有权收取 25 000 元的合同对价。假定 A 商品和 B 商品分别构成单项履约义务,其控制权在交付时转移给客户。上述价格均不包含增值税,且假定不考虑相关税费影响。

分析:分摊至 A 商品的合同价款为 5 000 元{[6 000÷(6 000+24 000)]×25 000};分摊至 B 商品的合同价款为 20 000 元[24 000÷(6 000+24 000)×25 000]。

甲公司应编制会计分录如下:

(1) 交付 A 商品时:

借:合同资产   5 000
　　贷:主营业务收入   5 000

(2) 交付 B 商品时:

借:应收账款   25 000
　　贷:合同资产   5 000
　　　　主营业务收入   20 000

(二) 具体处理

1. 一般销售商品业务

一般情况下,**销售商品收入是在销售成立时确认收入**。确认销售商品收入时,企业应按已收或应收的合同或协议价款,加上应收取的增值税额,借记"银行存款""应收账款""应收票据"等账户,按确定的收入金额,贷记"主营业务收入""其他业务收入"等账户,按应收取的增值税额,贷记"应交税费——应交增值税(销项税额)"账户;同时或在资产负债表日,按应交纳的消费税、资源税、城市维护建设税、教育费附加等税费金额,借记"税金及附加"账户,贷记"应交税费——应交消费税(应交资源税、应交城市维护建设税等)"账户。

【温馨提示】

如果销售商品不符合收入确认条件,则不应确认收入,已经发出的商品,应当通过"发出商品"账户进行核算。

【例 12-3】 丙公司向丁公司销售 A 商品一批,开出的增值税专用发票上注明的销售价格为 150 000 元,增值税额为 19 500 元。该批商品成本为 120 000 元。公司在售出该批商品时已得知海星公司现金流转发生暂时困难,但为了减少存货积压,同时也为了维持与丁公司长期以来建立的商业关系,中天公司仍将商品发出并办妥托收手续。假定公司销售该批商品的纳税义务已经发生,不考虑其他因素。

公司应编制会计分录如下：

（1）发出商品时：

| 借：发出商品——甲产品 | 120 000 | |
| 贷：库存商品——甲产品 | | 120 000 |

同时，将增值税专用发票上注明的增值税额转入应收账款：

| 借：应收账款 | 19 500 | |
| 贷：应交税费——应交增值税（销项税额） | | 19 500 |

（2）得知丁公司经营情况出现好转，海星公司承诺近期付款时：

| 借：应收账款——海星公司 | 150 000 | |
| 贷：主营业务收入 | | 150 000 |

| 借：主营业务成本——甲产品 | 120 000 | |
| 贷：发出商品——甲产品 | | 120 000 |

2. 销售商品涉及现金折扣、商业折扣、销售折让业务

企业销售商品当出现商业折扣、现金折扣、销售折让等问题时，应当分别不同情况进行处理：

（1）销售商品涉及商业折扣的，应当按照扣除商业折扣后的金额确定销售商品收入金额。

（2）销售商品涉及现金折扣的，应当按照合同交易金额确定销售商品收入金额。现金折扣如发生在销售收入确认之后，则在实际发生时计入当期损益。

（3）销售商品涉及销售折让，是企业因售出商品的质量不合格等原因而在售价上给予的减让。通常情况下，销售折让发生在销售收入已经确认之后，因此，销售折让发生时，应直接冲减当期销售商品收入。但销售折让属于资产负债表日后事项的，适用《企业会计准则第29号——资产负债表日后事项》。

【例 12-4】 丙公司向乙公司销售 B 产品一批，开出的增值税专用发票上注明的销售价格为 80 000 元，增值税额为 10 400 元。乙公司在验收过程中发现商品质量不合格，要求在价格上给予 5% 的折让。假定丙公司已确认销售收入，款项尚未收到，发生的销售折让允许扣减当期增值税额，不考虑其他因素。

丙公司应编制会计分录如下：

① 销售实现时：

借：应收账款——乙公司	90 400	
贷：主营业务收入		80 000
应交税费——应交增值税（销项税额）		10 400

② 发生销售折让时：

借：主营业务收入	4 000	
应交税费——应交增值税（销项税额）	520	
贷：应收账款——乙公司		4 520

③ 实际收到款项时：

借：银行存款 85 880

    贷：应收账款——乙公司 85 880

3. 销售退回业务

销售退回是企业售出的商品由于质量、品种不符合要求等原因而发生的退货。企业应当分别不同情况处理：

(1) 未确认收入的售出商品发生销售退回的，企业应按已记入"发出商品"账户的商品成本金额，借记"库存商品"账户，贷记"发出商品"账户。采用计划成本或售价核算的，应按计划成本或售价记入"库存商品"账户，同时，计算产品成本差异或商品进销差价。

(2) 已确认收入的售出商品发生销售退回的，企业一般应在发生时冲减当期销售商品收入，同时冲减当期销售商品成本。如该项销售退回已发生现金折扣的，应同时调整相关财务费用的金额；已发生的如该项销售退回允许扣减增值税额，应同时调整"应交税费——应交增值税(销项税额)"账户的相应金额。

(3) 已确认收入的售出商品发生销售退回的属于资产负债表日后事项的，适用《企业会计准则第 29 号——资产负债表日后事项》的相关规定进行会计处理。

【例 12-5】 20×1 年 5 月 18 日，丙公司向甲公司销售 C 产品一批，开出的增值税专用发票上注明的销售价格为 50 000 元，增值税额为 6 500 元。该批商品的成本为 26 000 元。为及早收回货款，公司和甲公司约定的现金折扣条件为"2/10，1/20，n/30"。甲公司在 20×1 年 5 月 27 日支付货款。20×1 年 6 月 25 日，该批商品因质量问题被甲公司退回，丙公司当日支付有关款项。假定计算现金折扣时不考虑增值税及其他因素，销售退回不属于资产负债表日后事项。

丙公司应编制会计分录如下：

① 20×1 年 5 月 18 日，销售实现按销售总价确认收入时：

借：应收账款——甲公司 56 500

    贷：主营业务收入 50 000

        应交税费——应交增值税(销项税额) 6 500

借：主营业务成本——C 产品 25 000

    贷：库存商品——C 产品 25 000

② 在 20×1 年 5 月 27 日，收到货款，按销售总价 50 000 元的 2% 享受现金折扣 1 000 元(50 000×2%)，实际收款 55 500 元(56 500−1 000)时：

借：银行存款 55 500

   财务费用 1 000

    贷：应收账款——甲公司 56 500

③ 20×1 年 6 月 25 日，发生销售退回时：

借：主营业务收入   50 000
  应交税费——应交增值税（销项税额）   6 500
   贷：银行存款   55 500
    财务费用   1 000

借：库存商品——C产品   25 000
   贷：主营业务成本——C产品   25 000

【拓展任务】

  查阅资料，思考如果企业在销售时根据以往经验合理估计退货可能性，认为发出商品中有2%的部分会发生退货，应如何确认收入？

4. 预收款销售商品业务

  购买方在商品尚未收到前按合同或协议约定分期付款，销售方在收到最后一批款项时才交货的销售方式称为预收款销售。在这种方式下，企业通常在发出商品时确认收入，在此之前预收的货款应确认为负债，记入"合同负债"账户。

  【例12-6】 20×1年6月10日，丙公司于甲公司签订购销合同，规定3个月后丙公司向甲公司销售货物一批，价款为100 000元，增值税额为13 000元。丙公司预收货款100 000元并已存入银行，余款在商品发出时结清。

  丙公司应编制会计分录如下：

  ① 6月10日，收到预收款项时：

借：银行存款   100 000
   贷：合同负债   100 000

  ② 9月10日，发出商品时确认收入，收到余款时：

借：合同负债   100 000
  银行存款   13 000
   贷：主营业务收入   100 000
    应交税费——应交增值税（销项税额） 13 000

5. 销售材料等存货业务

  企业在日常活动中还可能发生对外销售不需用的原材料、随同商品对外销售单独计价的包装物等业务。企业销售原材料、包装物等存货也视同商品销售，其收入确认和计量原则比照商品销售。企业销售原材料、包装物等存货实现的收入作为其他业务收入处理，结转的相关成本作为其他业务成本处理。

  企业销售原材料、包装物等存货实现的收入以及结转的相关成本，通过"其他业务收入""其他业务成本"账户核算。

  【例12-7】 20×1年5月10日，丙公司销售给丁公司一批W材料，开出的增值税专用发票上注明的售价为128 000元，增值税额为16 640元，款项已由银行收妥。该批W材料的实际成本为100 000元。

  丙公司应编制会计分录如下：

借：银行存款	144 640

贷：其他业务收入　128 000

应交税费——应交增值税(销项税额)　16 640

同时,结转已销原材料的实际成本：

借：其他业务成本　100 000

贷：原材料——W 材料　100 000

四、在某一时段内履行的履约义务的收入

1. 期间履约义务的界定

满足下列条件之一的,属于在**某一时段内履行的履约义务,相关收入应当在该履约义务履行的期间内确认：**

(1) 客户在企业履约的同时即取得并消耗企业履约所带来的经济利益。企业在履约过程中是持续地向客户转移该服务的控制权的,该履约义务属于在某一时段内履行的履约义务,企业应当在提供该服务的期间内确认收入。企业在进行判断时,可以假定在企业履约的过程中更换为其他企业继续履行剩余履约义务,如果该继续履行合同的企业实质上无须重新执行企业累计至今已经完成的工作,则表明客户在企业履约的同时即取得并消耗了企业履约所带来的经济利益。

(2) 客户能够控制企业履约过程中在建的商品。企业在履约过程中创建的商品包括在产品、在建工程、尚未完成的研发项目、正在进行的服务等,如果客户在企业创建该商品的过程中就能够控制这些商品,应当认为企业提供该商品的履约义务属于在某一时段内履行的履约义务。

(3) 企业履约过程中所产出的商品具有不可替代用途,且该企业在整个合同期间内有权就累计至今已完成的履约部分收取款项。

2. 期间履约进度的判断

对于在某一时段内履行的履约义务,企业应当在该段时间内按照履约进度确认收入,履约进度不能合理确定的除外。企业应当考虑商品的性质,**采用产出法或投入法确定恰当的履约进度,**并且在确定履约进度时,应当扣除那些控制权尚未转移给客户的商品和服务。

1) 产出法

产出法主要是根据已转移给客户的商品对于客户的价值确定履约进度,主要包括按照**实际测量的完工进度、评估已实现的结果、已达到的里程碑、时间进度、已完工或交付的产品**等确定履约进度的方法。

当产出法所需要的信息可能无法直接通过观察获得,或者为获得这些信息需要花费很高的成本时,可采用投入法。

2) 投入法

投入法主要是根据企业履行履约义务的投入确定履约进度,主要包括以**投入的材料数量、花费的人工工时或机器工时、发生的成本和时间进度**等投入指标确定履约进度

的方法。

实务中，企业通常按照累计实际发生的成本占预计总成本的比例（即成本法）确定履约进度。累计实际发生的成本包括企业向客户转移商品过程中所发生的直接成本和间接成本，如直接人工、直接材料、分包成本以及其他与合同相关的成本。

资产负债表日，企业应当在按照合同的交易价格总额乘以履约进度扣除以前会计期间累计已确认的收入后的金额，确认为当期收入。

【知识拓展】

当履约进度不能合理确定时，企业已经发生的成本预计能够得到补偿的，应当按照已经发生的成本金额确认收入，直到履约进度能够合理确定为止。每一资产负债表日，企业应当对履约进度进行重新估计。当客观环境发生变化时，企业也需要重新评估履约进度是否发生变化，以确保履约进度能够反映履约情况的变化，该变化应当作为会计估计变更进行会计处理。

【例 12-8】 20×1 年 10 月，甲公司与客户签订合同，为客户装修一栋办公楼并安装一部电梯，合同总金额为 100 万元。甲公司预计的合同总成本为 80 万元，其中包括电梯的采购成本 30 万元。20×1 年 12 月，甲公司将电梯运达施工现场并经过客户验收，客户已取得对电梯的控制权，但是根据装修进度，预计到 20×2 年 2 月才会安装该电梯。截至 20×1 年 12 月，甲公司累计发生成本 40 万元，其中包括支付给电梯供应商的采购成本 30 万元以及因采购电梯发生的运输和人工等相关成本 5 万元。

假定该装修服务（包括安装电梯）构成单项履约义务，并属于在某一时段内履行的履约义务，甲公司是主要责任人，但不参与电梯的设计和制造。甲公司采用成本法确定履约进度。上述金额均不含增值税，假定不考虑增值税。

分析：截至 20×1 年 12 月，甲公司发生成本 40 万元（包括电梯采购成本 30 万元以及因采购电梯发生的运输和人工等相关成本 5 万元），甲公司认为其已发生的成本和履约进度不成比例，因此需要对履约进度的计算作出调整，将电梯的采购成本排除在已发生成本和预计总成本之外。在该合同中，该电梯不构成单项履约义务，其成本相对于预计总成本而言是重大的，甲公司是主要责任人，但是未参与该电梯的设计和制造，客户先取得了电梯的控制权，随后才接受与之相关的安装服务，因此，甲公司在客户取得该电梯控制权时，按照该电梯采购成本的金额确认转让电梯产生的收入。

因此，20×1 年 12 月，该合同的履约进度为 20%[(40-30)÷(80-30)×100%]，应确认的收入和成本金额分别为 44 万元[(100-30)×20%+30]和 40 万元[(80-30)×20%+30]。

甲公司应在 20×1 年 12 月应编制会计分录如下：

借：银行存款   440 000
    贷：主营业务收入   440 000
借：主营业务成本   400 000
    贷：银行存款   400 000

五、合同成本

1. 合同取得成本

企业为取得合同发生的增量成本预期能够收回的,应作为合同取得成本,确认为一项资产。增量成本是指企业不取得合同就不会发生的成本。

企业为取得合同发生的、预期能够收回的增量成本之外的其他支出,如无论是否取得合同均会发生的差旅费、投标费、为准备投标资料发生的相关费用等,应当在发生时计入当期损益,除非这些支出明确由客户承担。企业因现有合同续约或发生合同变更需要支付的额外佣金,也属于为取得合同发生的增量成本。

企业应设置"合同取得成本"账户进行核算,摊销期限不超过1年的,在发生时计入当期损益;摊销期限在1年或一个正常营业周期以上的,以明细账户中期末余额,减去"合同取得成本减值准备"账户和"合同履约成本减值准备"账户中相应的期末余额填列"其他非流动资产"项目。

2. 合同履约成本

企业为履行合同可能会发生各种成本,企业在确认收入的同时应当对这些进行分析,属于《企业会计准则第14号——收入》规范范围且同时满足下列条件的,应当作为合同履约成本确认为一项资产:

(1) 该成本与一份当前或预期取得的合同直接相关。

(2) 该成本增加了企业未来用于履行(包括持续履行)履约义务的资源。

(3) 该成本预期能够收回。

企业设置"合同履约成本"账户进行会计核算,并将明细账户中初始确认时摊销期限不超过1年或一个正常营业周期的期末余额合计,减去"合同履约成本减值准备"账户中相应的期末余额后的金额填列"存货"项目。

任务2 费用的核算

一、费用概述

1. 费用的内涵

费用是指企业在日常活动中发生的、会导致所有者权益减少的、与向所有者分配利润无关的经济利益的总流出。费用本质上是一种资源流出企业,它与资源流入企业所形成的收入相反。费用与资产有着密切的关系。一切费用至少是某一瞬间的资产。费用有广义和狭义之分。广义的费用是泛指企业各种日常活动中发生的所有耗费。狭义的费用仅指与本期营业收入相配比的那部分耗费。

【知识拓展】

费用与成本的关系如下:成本是指企业为生产产品、提供劳务而发生的各种耗费,是按一定产品或劳务对象所归集的费用,是对象化了的费用。成本与费用的突出区别在于,成本是针对一定成本计算对象(如某产品、某类产品、某批产品、某生产步骤等)而言的,费用则是针对一定的期间而言的。当期的成本并一定是当期的费用。也就是说,生产产品的生产成本在产品没有销售之前,只是一种资产(在制品或产成品),只有产品销售以后才能作为产品销售成本,转作当期费用。成本和费用的关系可以通过下列公式体现:

期初在产品成本＋本期生产费用－期末在产品成本 ＝ 本期完工产品成本
期初产成品成本＋本期完工产品成本－期末产成品成本 ＝ 本期销售产品成本

从以上公式可以看出,本期为生产产品而支付或消耗的资产,首先形成在制品的成本,待产品完工后形成产成品成本,只有产品销售时,才形成当期费用。

【知识拓展】

费用与损失的关系如下:从广义上讲,费用包括了损失。损失与费用一样都是对经济利益的减少,因此,费用和损失在性质上没有差别。但从狭义上讲,费用和损失是有区别的。费用是相对于收入而言的,两者存在着配比关系;而损失与利得是对应的,但两者不存在配比关系。也就是说,费用形成于企业日常活动,损失形成于企业非日常活动。企业从事或发生的某些活动或事项导致经济利益流出企业,要正确区分其形成是否属于企业的日常活动。例如,企业处置固定资产的净损失、因违约支付罚款、对外捐赠、因自然灾害等非常原因造成财产毁损等,这些活动或事项形成的经济利益的流出属于企业的损失,而不是费用。

2. 费用的分类

(1) 工业企业发生的各种费用按其经济内容(称之为费用要素)划分,主要有劳动对象方面的费用、劳动手段方面的费用和活劳动方面的费用三大费用要素。

为了具体地反映工业企业各种费用的构成和水平,还应在此基础上,将工业企业费用进一步划分为以下八个费用要素:

① 外购材料费用,是指企业为进行生产而耗费的一切从外部购入的原材料、半成品、辅助材料、包装物、修理用备件和低值易耗品等。

② 外购燃料费用,是指企业为进行生产而耗用的一切从外部购进的各种燃料。

③ 外购动力费用,是指企业为进行生产而耗用的一切从外部购进的各种动力。

④ 工资费用及职工福利费用,是指企业应计入生产费用的职工工资以及按照工资总额的一定比例提取的职工福利费。

⑤ 折旧费用,是指企业所拥有的或控制的固定资产按照使用情况计提的折旧费用。

⑥ 利息支出,是指企业为筹集生产经营资金而发生的利息支出。

⑦ 税金,是指企业应计入生产费用的各种税金,如房产税、车船税、土地使用税等。

⑧ 其他支出,是指不属于以上各费用要素的费用支出。

(2) 工业企业的各种费用按其经济用途分类,可以分为生产成本和期间费用两大类。

① 生产成本主要是指与生产产品直接有关的原材料、职工工资、福利费以及发生

在车间、分厂的管理费用,基本上相当于原来的车间成本。这类费用在企业生产过程中,有的直接为产品所消耗,有的与管理和组织生产直接相关,因此,需要进一步划分为直接材料、直接人工和制造费用等产品成本项目。

直接材料是指企业在生产产品和提供劳务过程中所消耗的直接用于产品生产并构成产品实体的原料、主要材料、外购半成品以及有助于产品形成的辅助材料。

直接人工是指企业在生产产品和提供劳务过程中,直接参加产品生产的工人工资以及按生产工人工资总额和规定的比例计算提取的职工福利费。

制造费用是指企业各生产单位(如生产车间)为组织和管理生产而发生的各项费用,包括工资和福利费、折旧费、修理费、办公费、水电费、机物料消耗、劳动保护费、季节性和修理期间的停工损失以及其他制造费用等。

② 期间费用是指与生产产品无直接关系或关系不密切的、在当期发生的、必须从当期收入中得到补偿的费用。由于它仅与当期实现的收入相关,因此必须计入当期损益。期间费用包括管理费用、财务费用和销售费用。

管理费用是指企业行政管理部门为管理和组织生产经营活动所发生的费用。

财务费用是指企业为筹集资金而发生的费用。

销售费用是指企业在销售商品、产品或提供劳务过程中发生的各项费用。

【知识拓展】

　　现代企业的成本、费用管理实行"制造成本法"。我国以往实行的是"完全成本法",即发生的全部成本、费用都一一分摊在产品上,库存的产成品按"完全成本"计价。这种方法除核算繁琐、不利于成本管理外,突出的一个弊端是为潜亏留下了制度上的缺口。"制造成本法"则把"完全成本"分解为生产成本和期间费用两部分,简化了成本计算;有利于对车间进行成本考核和管理;有利于企业按照制造成本进行决策;管理费用不再沉淀在库存产成品之中,堵住了挂账潜亏的漏洞。

3. 费用的确认与计量

企业发生费用如何进行确认,这是正确计算企业损益的重要前提。我国《企业会计准则——基本准则》规定,费用只有在经济利益很可能流出从而导致企业资产减少或者负债增加,且经济利益的流出额能够可靠计量时才能予以确认。符合费用定义和费用确认条件的项目,应当列入利润表。也就是说,确认费用的条件有两条:一是某项资产的减少或负债的增加,如果不会减少企业的经济利益,就不能作为费用。如生产产品领用材料、支付的工资和其他的支出,虽然已经减少了存货和货币资金,即某种资金已经减少,但是,它又转化为另一种资产形式,企业的经济利益并没有减少,因此,它只是成本而不是费用。只有产品已完工并销售时,才确认为费用。二是某项资产的减少或负债的增加必须能够准确地加以计量。如果某项资产的耗费不能够加以计量,也无法作出合理的估计,从而也就不能在利润表中确认为费用。

关于费用的计量,我国《企业会计准则——基本准则》规定,企业应当按照实际发生额核算成本和费用。采用定额计划成本方法的,应当合理计算成本差异,月终编制会计报表时,调整为实际成本。

二、生产成本

1. 成本计算的一般程序

成本计算是指按照成本计算对象分配和归集生产费用并计算其总成本和单位成本的过程,是会计核算的一种专门方法。

【温馨提示】

　　在企业生产经营过程的各个阶段中,成本计算和费用核算是同时进行的。各种费用发生后,先要按各成本计算对象在有关账户中进行归集、登记和分配,然后再计算出各该对象的成本。

尽管企业的类型不同,经济业务各异,但在成本计算的基本内容以及进行成本计算的一般程序方面却有相同之处,归纳起来,主要有以下几个方面。

1) 确定成本计算对象

成本计算对象即费用归属的对象。在进行成本计算时,只有要确定成本计算对象,才能按各该对象归集费用、计算成本。在生产过程中,为制造各种产品而发生的费用,应以各种产品为成本计算对象进行归集和计算各种产品的成本。

2) 确定成本计算期

成本计算期是指多少时间计算一次成本。一般来说,成本计算期应与产品的生产周期相一致,但这要取决于企业的生产特点。如果是反复不断地大量生产同一种产品或几种产品,就必须按月计算成本。

3) 确定成本项目

成本项目要按照有关制度规定并结合企业具体情况确定。产品的成本项目一般分为直接材料、直接人工、制造费用。制造费用指企业为生产产品和提供劳务而发生的各项间接费用,包含间接材料费、间接人工费用、折旧费等。

4) 正确归集和分配各种费用

成本计算的过程实际上就是费用的归集和分配过程。有些费用的发生直接与各该成本计算对象有关,称为直接费用,可以直接计入该对象的成本中,如直接材料、直接人工;有些费用的发生同几个成本计算对象有关,称为间接费用,就要按照一定的分配标准在几个成本对象之间进行分配,即制造费用。分配间接费用的标准对成本计算的正确性影响很大,企业应当根据制造费用的性质,合理地选择分配标准和方法将制造费用分配到各产品成本,分配标准和方法一经选用,不得随意变动,以保持各期成本计算口径的一致性。

5) 按成本计算对象登记费用明细账

计算成本必须按规定的成本项目为各个成本计算对象开设有关明细账,将发生的各种费用,按其经济用途在各明细账上记录归集和分配的过程,借以计算各成本对象的成本。

6) 编制成本计算单

根据费用明细账中提供的资料,按照规定的成本计算期与成本项目,分别计算各个成本计算对象的总成本和单位成本,编制成本计算单。

2. 生产成本核算的账户设置

企业进行产品生产成本的核算,通常应设置"生产成本"和"制造费用"等账户,现分别说明如下:

(1)"生产成本"账户。该账户属于成本类账户,用来核算企业为进行工业性生产而发生的各项生产费用。其借方登记企业发生的各项直接材料、直接人工和制造费用,贷方登记期末按实际成本计价的、生产完工入库的工业产品、自制材料、自制工具以及提供工业性的成本结转;期末余额一般在借方,表示期末尚未加工完成的在产品制造成本。

"生产成本"账户应按不同的成本计算对象(包括产品的品种、产品的批次和产品生产的步骤等)来设置明细分类账,并按直接材料、直接人工和制造费用等成本项目设置专栏,进行明细核算,以便于分别归集各成本计算对象所发生的各项生产费用和计算各成本计算对象的总成本、单位成本和期末在产品成本。

企业可以根据本身生产特点和管理要求,将"生产成本"账户分为"基本生产成本"和"辅助生产成本"两个明细账户。"基本生产成本"明细账户是为了归集进行基本生产所发生的各种生产费用和计算基本生产产品成本而设立的。"辅助生产成本"明细账户是为了归集企业为基本生产服务而进行的产品生产和劳务供应所发生的费用和计算辅助生产产品成本和劳务成本而设立的。该明细账户应按辅助生产车间和产品、劳务分设辅助生产成本明细账,账中按辅助生产的成本项目分设专栏和专行进行登记。

(2)"制造费用"账户。该账户属于成本类账户,用来归集和核算企业为生产产品和提供劳务而发生的各项间接费用。其借方登记企业月份发生的各项制造费用,贷方登记分配结转应由各种产品生产负担的制造费用;期末一般无余额。"制造费用"账户通常按不同的车间、部门设置明细账,账内按照费用项目设立专栏,分别反映各车间各项制造费用的发生和分配转出情况。

(3)"库存商品"账户。该账户属于资产类账户,用来核算企业生产完工、验收入库或购入的可供销售的商品实际成本。其借方登记已经完工、验收入库或购入的各种商品的实际生产成本,贷方登记已经出售的各种商品的实际成本;期末借方余额反映库存商品的实际成本。

【拓展任务】

结合产品制造企业生产工艺流程,思考企业由签订订单到采购材再到进行生产最后形成产品的完整过程中,各环节进行成本核算会用哪些账户?未投入生产的材料、未完工的在产品、完成某一工序正准备进入下一工序的半成品以及完成所有工序的产成品所占用的资金分别在哪个账户中体现?

3. 生产成本的计算方法

企业生产成本的计算方法包括基本方法和辅助方法。产品成本计算方法的确定,主要是为了适应企业的生产特点和管理要求,正确提供产品成本资料,为成本管理服务。

1）基本方法

（1）品种法。品种法是以产品品种为成本计算对象的产品成本计算方法。品种法一般适用于单步骤的大量大批生产，如发电等；也可用于管理上不需分步骤计算成本的多步骤的大量大批生产，如水泥厂等。其特点是：一是以产品品种为成本计算对象，设置产品成本明细账和成本计算单，归集生产费用；二是成本计算定期按月进行，即成本计算期与会计报告期一致，而与产品生产周期不一致；三是月末一般需要将生产费用在完工产品与在产品之间进行分配。

（2）分批法。分批法是以产品批别为成本计算对象的产品成本计算方法。分批法一般适用于单件、小批生产，如重型机械制造、船舶制造等。

（3）分步法。分步法是以产品生产步骤为成本计算对象的产品成本计算方法。分步法一般适用于大量大批且管理上要求分步骤计算成本的生产，如纺织、冶金等。

2）辅助方法

（1）分类法。分类法是以产品类别归集生产费用，再按一定标准在类内各产品之间进行分配，计算产品成本。分类法一般适用于产品品种、规格繁多的企业，如灯泡厂、钉厂等，可简化成本计算。

（2）定额法。定额法是以产品的定额成本为基础，加、减脱离定额差异和定额变动差异，进而计算产品实际成本的方法。此方法目的在于加强成本管理，进行成本控制。

4. 生产成本的归集和分配

下面以产品品种为成本计算对象为例，举例说明各种费用的归集与分配。

1）直接材料费用的归集和分配

生产产品所发生的直接材料，如果是分产品领用，则属于直接计入费用，应根据领料凭证直接计入该产品"生产成本——直接材料"成本项目；如果是为生产几种产品共同耗用、不能分产品计算，则属于间接费用计入制造费用，应采用适当的分配方法，分配计入这几种产品成本的直接材料成本项目。在分配时，一般采用按产品重量或产品体积比例分配，也可按材料的定额消耗量或定额费用比例分配。假定按定额消耗量比例进行分配，则其计算公式为：

材料费用分配率 =（材料实际消耗量 × 材料单价）÷ 各种产品定额消耗量总和

某种应分配的材料费用 = 某种产品定额消耗量 × 材料费用分配率

【例 12-9】 某公司某生产车间 20×1 年 3 月生产甲、乙产品。本月生产甲产品领用 A 材料 400 千克，单价 80 元；生产乙产品领用 B 材料 800 千克，单价 20 元；同时，领用 C 材料 630 千克，单价 40 元，系甲、乙两种产品共同耗用，已知甲、乙产品的定额消耗量分别为 200 千克和 400 千克；另外，车间一般耗用 D 材料 400 千克，单价 30 元；管理部门耗用 D 材料 200 千克。请进行相应的计算并编制会计分录。

计算材料费用分配率：

C 材料费用分配率 =（40 × 630）÷（200 + 400）= 42（元 / 千克）

甲产品应负担的 C 材料费用 = 42 × 200 = 8 400（元）

乙产品应负担的 C 材料费用 = 42 × 400 = 16 800（元）

根据生产甲、乙产品的领料凭证,编制会计分录如下:

```
借:生产成本——甲产品(32 000+8 400)                    40 400
          ——乙产品(16 000+16 800)                  32 800
    制造费用                                         12 000
    管理费用                                          6 000
    贷:原材料——A材料                                       32 000
            ——B材料                                     16 000
            ——C材料                                     25 200
            ——D材料                                     18 000
```

2) 直接人工费用的归集与分配

直接人工费用是指直接参加产品生产的工人工资以及按生产工人工资和规定比例计提的职工福利费。在只生产一种产品时,生产工人工资及福利费都属于直接计入费用,不需分配就可以直接记入"生产成本"账户的直接人工成本项目中。在生产多种产品时,如果实行计时工资制度,应按生产工时比例分配计入各种产品成本中;如果实行计件工资制度,则标准工资属于直接计入费用,而与产品生产无直接关系的奖金、津贴和补贴,以及特殊情况下支付的工资等属于间接计入费用,应根据直接计入的工资比例或生产工时比例,分配计入各有关产品成本中。

在按生产工时比例分配工资费用时,可以在实际工时或定额工时中任选一种,以何种资料准确为选择标准。其计算公式为:

直接人工费用分配率
= 生产工人工资总额÷各种产品实际(定额)工时之和
某种应分配的直接人工费用
= 该产品实际(定额)工时×直接人工费用分配率

【例 12-10】承[例 12-9],该公司采用计时工资制度,20×1 年 3 月发生的生产工人工资总额为 60 000 元,其中甲产品的定额工时为 15 000 小时,乙产品的定额工时为 25 000 小时;车间管理人员工资为 6 000 元,厂部管理人员工资为 8 000 元。请编制工资分配和计提福利费的会计分录。

根据定额工时分配直接人工费用如下:

直接人工费用分配率 = 60 000 ÷ (15 000 + 25 000) = 1.5(元 / 小时)
甲产品应分配的直接人工费用 = 1.5 × 15 000 = 22 500(元)
乙产品应分配的直接人工费用 = 1.5 × 25 000 = 37 500(元)

根据分配结果,应编制会计分录如下:

```
借:生产成本——甲产品                                    22 500
          ——乙产品                                   37 500
    制造费用                                          6 000
    管理费用                                          8 000
    贷:应付职工薪酬                                        74 000
```

3）制造费用的归集与分配

基本生产车间发生的直接用于产品生产、但没有专门设立成本项目的费用，以及间接用于产品生产的费用，应先记入"制造费用"账户及其相应明细账；月末，再将归集的全部制造费用转入"生产成本"账户。

在基本生产车间只生产一种产品的情况下，制造费用可以直接计入该种产品的成本。在生产多种产品的情况下，制造费用应采用适当的分配方法计入各种产品的成本。通常采用的方法有生产工人工时比例法、生产工人工资比例法、机器工时比例法和按年度计划分配率分配法等。企业具体选用哪种分配方法，由企业自行决定。分配方法一经确定，不得随意变更。如需变更，应当在会计报表附注中予以说明。

【知识拓展】

这里简单说明生产工人工资比例法，是按照计入各种产品成本的生产工人实际工资的比例分配制造费用的方法，由于工资费用分配表中有生产工人工资资料，因而核算工作很简便。但是采用该方法，各种产品生产的机械化程度应该相差不大，否则机械化程度高的产品，由于工资费用少，负担的制造费用也少，会影响费用分配的合理性。如果生产工人工资都是按照生产工时比例分配计入各种产品成本的，那么，按照生产工人工资比例分配制造费用，实际上也就是按照生产工人工时比例分配制造费用。

"制造费用"账户如果有年末余额，就是全年制造费用的实际发生额与计划分配额的差额，一般应在年末调整计入 12 月份的产品成本，借记"生产成本"账户，贷记"制造费用"账户。如果实际发生额大于计划分配额，用蓝字补加；反之，则用红字冲减。

【例 12-11】 承[例 12-10]，假设该公司 20×1 年 3 月共发生制造费用 54 000 元，请按生产工人的工资比例将发生的制造费用金额分配到甲、乙两种产品成本中，并编制会计分录。

$$每元工资应负担的制造费用 = 54\,000 \div (22\,500 + 37\,500) = 0.9(元)$$
$$甲产品应分摊的制造费用 = 22\,500 \times 0.9 = 20\,250(元)$$
$$乙产品应分摊的制造费用 = 37\,500 \times 0.9 = 33\,750(元)$$

借：生产成本——甲产品	20 250
——乙产品	33 750
贷：制造费用	54 000

通过上述制造费用的归集和分配，除采用按年度计划分配率分配法的企业以外，"制造费用"账户及所属明细账应无月末余额。

5. 在产品成本的计算和完工产品的结转

通过上述要素费用的归集和分配，在"生产成本——基本生产成本"账户和所属各种产品成本明细账的各个成本项目中，归集了应由本月基本生产车间的各种产品负担的全部生产费用。将这些费用加上月初在产品成本，在完工产品和月末在产品之间进行分配，就可算出各种完工产品和月末在产品的成本。

完工产品成本的计算基本公式为：

本期完工产品成本 ＝ 期初在产品成本＋本期发生的生产费用－期末在产品成本

从上述公式可以看出,计算月末在产品成本是计算完工产品成本的条件。在实际工作中,正确计算在产品成本是正确计算完工产品成本的关键。

【温馨提示】

某种产品在没有在产品的情况下,计入该种产品成本的全部生产费用,就是本期完工产品的成本;如果本月没有完工产品,计入该种产品的全部生产费用就是期末在产品成本;如果既有完工产品,又有在产品,那么该种产品本月发生的生产费用加月初在产品的生产费用,需要采用适当的分配方法,在本月完工产品和期末在产品之间进行分配,分别计算出完工产品成本和月末在产品成本。

1) 在产品成本的计算

在产品是企业已投产、但尚未完工的在制品和半成品。

一般来说,在产品成本计算的方法通常有以下几种:不计算在产品成本法、在产品按固定成本计价法、在产品按所耗直接材料费用计价法、约当产量比例法、在产品按定额成本计价法、定额比例法等。例如,约当产量比例法是将月末在产品数量按照完工程度折算为相当于完工产品的产量,即约当产量,再按照完工产品产量与月末在产品约当产量的比例分配计算完工产品成本和月末在产品成本。这种方法适用于月末在产品数量较多,各月在产品数量变化也较大,且产品成本中直接材料费用和直接人工等加工费用的比重相差不大的产品。

2) 完工产品成本的结转

企业完工产品经产成品仓库验收入库以后,其成本应从"生产成本"账户及所属产品成本明细账的贷方转出,转入"库存商品"账户的借方。"生产成本"账户的月末余额,就是基本生产在产品的成本。

【例 12-12】 承[例 12-9][例 12-10]及[例 12-11],该公司 20×1 年 3 月甲产品 100 台全部制造完工,并已验收入库。按实际生产成本 83 150 元结转。另外,乙产品尚未制造完工。根据甲产品、乙产品的基本生产成本明细账(略),编制成本计算单如表 12-4 所示。

表 12-4　　　　　　　　　　　产品生产成本计算单

20×1 年 3 月　　　　　　　　　　　　　　　单位:元

项　目	甲产品		乙产品	
	总成本(100 台)	单位成本	总成本(200 台)	单位成本
直接材料	40 400	404.00	32 800	164.00
直接人工	22 500	225.00	37 500	187.50
制造费用	20 250	202.50	33 750	168.75
产品生产成本	83 150	831.50	104 050	520.25

请根据资料编制会计分录。

公司应编制会计分录如下：

借：库存商品——甲产品　　　　　　　　　　　　　　　　　　83 150
　　贷：生产成本——甲产品　　　　　　　　　　　　　　　　　　83 150

另外，月末"生产成本——乙产品"账户的借方余额 104 050 元为乙产品的在产品实际成本。

三、期间费用

企业的费用主要包括主营业务成本、其他业务成本、税金及附加、销售费用、管理费用和财务费用等。其中，销售费用、管理费用和财务费用属于期间费用。

【温馨提示】

企业为生产产品、提供劳务等发生的可归属于产品成本、劳务成本的费用，在确认销售收入时，确认为销售成本，即主营业务成本或其他业务成本。而税金及附加是企业在经营活动中负担的各项税费，包括消费税、城市维护建设税、教育费附加、资源税、房产税、城镇土地使用税、车船税、印花税，等。这些税费一般会在计算确认时，借记"税金及附加"账户，贷记"应交税费"账户，但印花税比较特殊，在不需要预计应纳税金额时，直接借记"管理费用"账户，贷记"银行存款"账户。

1. 销售费用的核算

1）销售费用的内容

销售费用是指企业在销售商品和材料、提供劳务过程中发生的各项费用。它包括企业在销售商品过程中发生的包装费、保险费、展览费和广告费、商品维修费、预计产品质量保证损失、运输费、装卸费等费用，以及企业发生的为销售本企业商品而专设的销售机构的职工薪酬、业务费、折旧费、固定资产修理费等费用。

商品流通企业在进货过程中发生的运输费、装卸费、包装费、运输途中的合理损耗和入库前的挑选整理费用，也作为销售费用处理。

2）销售费用的核算

企业发生的销售费用在"销售费用"账户中核算，并按费用项目如运输费、广告费、保险费等设置明细账户，进行明细核算。

（1）企业在销售商品过程中发生的包装费、保险费、展览费和广告费、运输费、装卸费等费用，借记"销售费用"账户，贷记"库存现金""银行存款"等账户。

（2）企业发生的为销售本企业商品而专设的销售机构的职工薪酬、业务费等经营费用，借记"销售费用"账户，贷记"应付职工薪酬""银行存款""累计折旧"等账户。

（3）期末，应将该账户的发生额转入"本年利润"账户中，结转后该账户一般无余额。

【例 12-13】　某企业 20×1 年 8 月份发生的销售费用如下：以银行存款支付广告费 6 000 元；分配专设销售机构的职工工资 4 000 元，分配福利费 560 元；以现金支付应由企业负担的销售 A 产品的运输费 900 元。月末结转销售费用。假设不考虑相关税费,请编制相关的会计分录。

企业应编制会计分录如下:

① 支付广告费时:

借:销售费用——广告费　　　　　　　　　　　　　　　　6 000
　　贷:银行存款　　　　　　　　　　　　　　　　　　　　　　6 000

② 分配职工工资及提取福利费时:

借:销售费用——工资及福利费　　　　　　　　　　　　4 560
　　贷:应付职工薪酬——工资　　　　　　　　　　　　　　4 000
　　　　　　　　　　——福利费　　　　　　　　　　　　　　560

③ 支付运输费时:

借:销售费用——运输费　　　　　　　　　　　　　　　　900
　　贷:银行存款　　　　　　　　　　　　　　　　　　　　　　900

④ 月末结转销售费用时:

借:本年利润　　　　　　　　　　　　　　　　　　　　11 460
　　贷:销售费用　　　　　　　　　　　　　　　　　　　　11 460

2. 管理费用的核算

1) 管理费用的内容

管理费用是指企业为组织和管理生产经营活动而发生的各种管理费用。管理费用包括企业在筹建期间发生的开办费、董事会和行政管理部门在企业的经营管理中发生的或者应由企业统一负担的公司经费(包括行政管理部门职工薪酬、物料消耗、低值易耗品摊销、办公费和差旅费等)、工会经费、董事会费(包括董事会成员津贴、会议费和差旅费等)、聘请中介机构费、咨询费(含顾问费)、诉讼费、业务招待费、技术转让费、研究费用、排污费以及企业生产车间(部门)和行政管理部门发生的固定资产修理费等。

2) 管理费用的核算

企业发生的管理费用在"管理费用"账户核算,并按费用项目进行明细核算。

(1) 企业在筹建期间内发生的开办费,包括人员工资、办公费、培训费、差旅费、印刷费、注册登记费以及不计入固定资产成本的借款费用等在实际发生时,借记"管理费用"账户(开办费),贷记"银行存款"等账户。

(2) 行政管理部门人员的职工薪酬,借记"管理费用"账户,贷记"应付职工薪酬"账户。

(3) 行政管理部门计提的固定资产折旧,借记"管理费用"账户,贷记"累计折旧"账户。

(4) 发生的办公费、水电费、业务招待费、聘请中介机构费、咨询费、诉讼费、技术转让费、研究费用,借记"管理费用"账户,贷记"银行存款""研发支出"等账户。

(5) 期末,应将本账户的余额转入"本年利润"账户,结转后"管理费用"账户无余额。

【例 12-14】 某企业 20×1 年 8 月份发生的管理费用如下:以银行存款支付业务招待费 8 900 元;分配管理人员工资 15 000 元,分配职工福利费 2 100 元。月末结转管理费用。请编制相关的会计分录。

企业应编制会计分录如下:

① 支付业务招待费时:

借:管理费用——业务招待费　　　　　　　　　　　　　　　　　　　8 900
　　贷:银行存款　　　　　　　　　　　　　　　　　　　　　　　　　　8 900

② 分配职工工资及提取福利费时:

借:管理费用——工资及福利费　　　　　　　　　　　　　　　　　　17 100
　　贷:应付职工薪酬——工资　　　　　　　　　　　　　　　　　　　15 000
　　　　　　　　　　——福利费　　　　　　　　　　　　　　　　　　2 100

③ 月末结转管理费用时:

借:本年利润　　　　　　　　　　　　　　　　　　　　　　　　　　26 000
　　贷:管理费用　　　　　　　　　　　　　　　　　　　　　　　　　26 000

3. 财务费用的核算

1) 财务费用的内容

财务费用是指企业为筹集生产经营所需资金等而发生的筹资费用。财务费用包括利息支出(减利息收入)、汇兑损益以及相关的手续费、企业发生的现金折扣或收到的现金折扣等。

2) 财务费用的核算

企业发生的财务费用在"财务费用"账户核算,并按费用项目进行明细核算。企业为购建或生产满足资本化条件的资产发生的应予资本化的借款费用,在"在建工程"等账户核算。

企业发生的财务费用,借记"财务费用"账户,贷记"银行存款""未确认融资费用"等账户。发生的应冲减财务费用的利息收入、汇兑损益、现金折扣,借记"银行存款""应付账款"等账户,贷记"财务费用"账户。期末,应将该账户的余额转入"本年利润"账户中,结转后该账户一般无余额。

【例 12-15】 某企业 20×1 年 8 月份发生的财务费用如下:预提本月短期借款利息 6 500 元;当月取得利息收入 3 500 元。月末结转财务费用。请编制相关的会计分录。

企业应编制会计分录如下:

① 预提本月利息时:

借:财务费用　　　　　　　　　　　　　　　　　　　　　　　　　　6 500
　　贷:应付利息　　　　　　　　　　　　　　　　　　　　　　　　　6 500

② 当月取得利息收入时:

借:银行存款　　　　　　　　　　　　　　　　　　　　　　　　　　3 500
　　贷:财务费用　　　　　　　　　　　　　　　　　　　　　　　　　3 500

③ 月末结转财务费用时：

借：本年利润　　　　　　　　　　　　　　　　　　　　　　　　　3 000

　　贷：财务费用　　　　　　　　　　　　　　　　　　　　　　　　　3 000

任务3　利润的核算

一、利润的构成

1. 利润的含义

利润是指企业在一定会计期间的经营成果。利润包括收入减去费用后的净额、直接计入当期利润的利得和损失等。直接计入当期利润的利得和损失，是指应当计入当期损益、会导致所有者权益发生增减变动的、与所有者投入资本或者向所有者分配利润无关的利得或者损失。

对利润进行核算，可以及时反映企业在一定会计期间的经营业绩和获利能力，反映企业的投入产出效率和经济效益，有助于企业投资者和债权人据此进行盈利预测，评价企业经营绩效，作出正确的决策。因此，利润的核算是企业会计核算的重要组成部分。企业一般应按月计算利润，按月计算利润有困难的企业，可以按季或者按年计算利润。

2. 利润的计算公式

利润的金额取决于收入和费用、直接计入当期利得和损失金额的计量。在利润表中，利润分为营业利润、利润总额和净利润三个层次。

1）营业利润

营业利润是指企业在一定期间的日常活动取得的利润。营业利润具体构成可用公式表示如下：

营业利润 ＝ 营业收入－营业成本－税金及附加－销售费用－管理费用－研发费用－

　　　　　　财务费用＋其他收益＋投资收益(－投资损失)＋

　　　　　　净敞口套期收益(－净敞口套期损失)＋

　　　　　　公允价值变动收益(－公允价值变动损失)－信用减值损失－

　　　　　　资产减值损失＋资产处置收益(－资产处置损失)

其中，营业收入是指企业经营业务所确认的收入总额，包括主营业务收入和其他业务收入；营业成本是指企业经营业务所发生的实际成本总额，包括主营业务成本和其他业务成本；研发费用是指企业进行研究与开发过程中发生的费用化支出以及计入管理费用自行开发无形资产的摊销；其他收益主要是指与企业日常活动相关，除冲减相关成本费用以外的政府补助；投资收益(或损失)是指企业以各种方式对外投资所取得的收益(或损失)；公允价值变动收益(或损失)是指企业交易性金融资产等公允价值变动形成的应计入当期损益的利得(或损失)；信用减值损失是指企业计提的各项金融工具减值准备所形成的预期信用损失；资产减值损失是指企业计提有关资产减值准备所计提的损失；资产处置收益(或损失)反映企业出售划分为持有待售的非流动资产(金融工具、长期股权投资和投资性房地产除外)或处置组(子公司和业务除外)时确认的处置利得或损失,以及处置未划分为持有待售的固定资产、在建工程、生产性生物资产及无形资产而产生的处置利得或损失,还包括债务重组中因处置非流动资产产生的利得或损失和非货币性资产交换中换出非流动资产产生的利得或损失。

2)利润总额

利润总额是指企业一定期间的营业利润,加上营业外收入减去营业外支出后的所得税前利润总额。利润总额构成可用公式表示如下:

利润总额 = 营业利润 + 营业外收入 - 营业外支出

其中,营业外收入和营业外支出是指企业发生的与其经营活动无直接关系的收支项目,如处置固定资产净损益、债务重组损益、非货币性资产交换损益、罚款收入或支出等。

3)净利润

净利润是指企业在一定期间的利润总额减去所得税费用后的净额。用公式表示如下:

净利润(税后利润) = 利润总额 - 所得税费用

其中,所得税费用是指根据企业会计准则的要求确认的应从当期利润总额中扣除的当期所得税费用和递延所得税费用。

二、营业外收入和营业外支出的核算

营业外收支亦称营业外利得和损失,或简称利得与损失。

【知识拓展】

这些收入和支出偶发性很强,前后不发生联系,而且每项收入和支出往往是彼此孤立的。收入没有相应的成本和费用,支出没有相应的收入。在企业经营活动中,难免会遇到一些与企业经营无直接联系的经济业务,如发生自然灾害、非常事项或其他客观因素造成的财产损失,以及其他各种意外的收入和支出等。在计算企业利润总额时,应把与经营活动无直接联系的收支与营业收入、成本和费用区分开来,在报表上单独列出,目的是为了对企业经营成果进行合理的考核,同时加强各期利润信息的可比性和预测性,向报表用户提供更多的有用信息。

1. 营业外收入

营业外收入是指企业发生的与其生产经营活动无直接关系的各项收入。营业外收入包括非流动资产处置利得、非货币性资产交换利得、债务重组利得、政府补助、盘盈利得、捐赠利得等。

营业外收入的核算通过"营业外收入"账户进行。该账户属于损益类账户,其贷方登记本期实际发生的各项营业外收入,借方登记期末转入"本年利润"账户的营业外收入;期末结转后,该账户无余额。该账户应当按照营业外收入的具体项目设置明细账户。

【温馨提示】

营业外收入并不是由企业的经营资金耗费所产生的,不需要企业付出代价,是一种纯收入,因此不需要与费用配比。

2. 营业外支出

营业外支出是指企业发生的与其生产经营活动无直接关系的各项支出。营业外支出包括非流动资产处置损失、非货币性资产交换损失、债务重组损失、公益性捐赠支出、非常损失、盘亏损失等。

营业外支出的核算通过"营业外支出"账户进行,该账户属于损益类账户,其借方登记本期实际发生的营业外支出,贷方登记期末转入"本年利润"账户的营业外支出;期末结转后,该账户无余额。该账户应当按照营业外支出的具体项目设置明细账户。

【例 12-16】 某企业以银行存款支付违约金 1 500 元。请编制相关的会计分录。

企业应编制会计分录如下:

借:营业外支出   1 500
  贷:银行存款   1 500

三、所得税费用的核算

1. 当期应交所得税的计算

按照《中华人民共和国所得税法》的规定,企业取得利润后,应先向国家缴纳所得税。由于财务会计和税收分别遵循不同的原则,服务于不同的目的,从而形成了会计利润和纳税所得的差异,因此,按会计准则确认的所得税费用与按税法计算的应交所得税并不完全一致。为了规范企业所得税的确认、计量和相关信息的列报,我国《企业会计准则第 18 号——所得税》要求企业采用资产负债表债务法进行所得税会计处理。资产负债表债务法是以资产负债表为重心,按企业资产、负债的账面价值与税法规定的计税基础之间的差额,计算暂时性差异,据以确认递延所得税负债或资产,再确认所得税费用的会计核算方法。

【知识拓展】

所得税费用在会计处理过程中要区分当期所得税费用和递延所得税费用,简单的说,递延所得税费用就是暂时性差异的所得税影响金额。在[例 10-14]无形资产摊销的内容中,就涉及所得税调整的内容,假设题中公司无形资产为外购,评估价格为 88 万元,会计按 8 年计算每年摊销 11 万元,则第一年末无形资产账面价值为 77 万元;但按税法规定应当按 10 年计算,每年摊销 8 万元,则第一年末无形资产计税基础应为 80 万元,这时就产生了可抵扣暂时性差异,这类差异的特征是在确定未来收回资产或清偿负债期间的应纳税所得额时,将导致产生可抵扣金额,对所得税的递延影响形成递延所得税资产。

企业在确定当期所得税时,可以采用直接法,以应税收入扣减税法允许扣除的成本费用损失的余额作为应纳税所得税计算当期应纳所得税额;也可以采用间接法,对于当期发生的交易或事项,在已有的经过会计处理计算得到的会计利润的基础上,按照适用税收法规的要求进行调整会计处理与税收处理不同的差异,计算出当期应纳税所得额,按照应纳税所得额与适用所得税税率计算确定当期应交所得税。一般情况下,企业会采用间接法,即应纳税所得额可在会计利润的基础上,考虑会计与税收之间的差异,按照以下公式计算确定:

应交所得税 = 应纳税所得额 × 所得税税率

应纳税所得额 = 会计利润 + 按照会计准则规定计入利润表但计税时不允许税前扣除的费用 ±
计入利润表的费用与按照税法规定可予税前抵扣的金额之间的差额 ±
计入利润表的收入与按照税法规定应计入应纳税所得额的收入之间的差额 −
税法规定的不征税收入 ± 其他需要调整的因素

【知识拓展】

会计处理与税收处理一定是会存在差异的,这是因为两者所提供的信息的服务对象不同、法律依据不同。会计处理是基于企业会计准则,向投资者、债权人等报送信息,而税收处理则是依据国家税法,向国家报送信息。因此,当两者处理方法不一致时,应以税法为准进行所得税事项的调整,以此计算当期所得税费用。例如企业发生违法行为缴纳税了罚款,会计上作为营业外支出,计算会计利润时进行了扣减,但税法规定这类罚款不能扣除,因此在会计利润基础上要加回这部分金额,计算应纳税所得额;再如企业购买国库券进行投资,取得收益,按照税法规定这属于免税收入,因此在会计利润的基础上要把这部分收益减去,以余额作为应纳税所得额;再比如税法规定企业发生的业务招待费按照发生额的 60% 扣除,但最高不得超过当年销售收入的 0.5%,因此也需要进行所得税调整。

2. 所得税费用的会计处理

企业应根据会计准则的规定,对当期所得税加以调整计算后,据以确认应从当期利润总额中扣除的所得税费用。

企业应设置"所得税费用"账户,核算企业确认的应从当期利润总额中扣除的所得税费用。该账户属于损益类账户,可按"当期所得税费用""递延所得税费用"设置明细账户,进行明细核算。资产负债表日,企业按照税法规定计算确定的当期应交所得税,借记"所得税费用——当期所得税费用"账户,贷记"应交税费——应交所得税"账户。期末,应将"所得税费用"账户的余额转入"本年利润"账户,结转后"所得税费用"账户无余额。

【例 12-17】 某企业于某年 12 月 31 日计算当年应纳所得税额,利润总额为 300 000元,假设无纳税调整项目,所得税税率为 25%。请编制相应的会计分录。

企业应编制会计分录如下:

借:所得税费用   75 000

    贷:应交税费——应交所得税   75 000

【拓展任务】

寻找会计利润与应税所得差异的还有哪些项目,并思考如何在会计利润的基础上调整这些差异得到应纳税所得额。

四、本年利润的核算

企业实现的利润(或亏损)一律通过"**本年利润**"账户进行核算。该账户属于所有者权益类账户,用来核算企业实现的净利润(或发生的净亏损)。会计期末,企业应将各收益类账户的余额转入该账户的贷方,将各成本、费用或支出类账户的余额转入该账户的借方。结转后,"本年利润"账户如为贷方余额,表示企业当年实现的净利润;如为借方余额,表示企业当年发生的净亏损。

年度终了,企业应将"本年利润"账户的全部累计余额,转入"利润分配——未分配利润"账户,如为净利润,借记"本年利润"账户,贷记"利润分配"账户;如为净亏损,作相反会计分录。年度结账后,"本年利润"账户无余额。

【例 12-18】 某企业 20×1 年 8 月 31 日各损益类账户如表 12-5 所示。

表 12-5 损益类账户余额表

账户名称	借或贷	结账前余额
主营业务收入	贷	6 000 000
其他业务收入	贷	700 000
公允价值变动损益	贷	150 000
投资收益	贷	600 000
营业外收入	贷	50 000
主营业务成本	借	4 250 000
其他业务成本	借	400 000
税金及附加	借	80 000
销售费用	借	500 000
管理费用	借	770 000
财务费用	借	200 000
资产减值损失	借	100 000
营业外支出	借	250 000

根据以上资料,企业月末请按规定将损益类账户余额结转到"本年利润"账户。

企业应编制会计分录如下:

(1) 将各损益类账户年末余额结转入"本年利润"账户:

① 结转各项收入、利得类账户:

借:主营业务收入   6 000 000
    其他业务收入   700 000
    公允价值变动损益   150 000
    投资收益   600 000
    营业外收入   50 000
    贷:本年利润   7 500 000

② 结转各项费用、损失类账户：

借：本年利润	6 300 000
贷：主营业务成本	4 000 000
其他业务成本	400 000
税金及附加	80 000
销售费用	500 000
管理费用	770 000
财务费用	200 000
资产减值损失	100 000
营业外支出	250 000

（2）经过上述结转后，"本年利润"账户的贷方发生额合计 7 500 000 元减去借方发生额合计 6 300 000 元，即为税前会计利润 1 200 000 元。

（3）假设该公司 20×1 年度不存在所得税纳税调整因素。

（4）应交所得税＝1 200 000×25％＝300 000（元）

① 确认所得税费用：

借：所得税费用	300 000
贷：应交税费——应交所得税	300 000

② 将所得税费用结转至"本年利润"账户：

借：本年利润	300 000
贷：所得税费用	300 000

（5）将"本年利润"账户年末余额 900 000 元（7 500 000－6 300 000－300 000）转入"利润分配——未分配利润"账户：

借：本年利润	900 000
贷：利润分配——未分配利润	900 000

项目小结

序号	知识点	小结内容
任务 1 收入的核算	收入的确认	
	收入的计量	
	收入核算的账户设置	
	时点履约业务收入的确认	
	时段履约业务收入的确认	
	合同成本	

(续表)

序号	知识点	小结内容
任务2 费用的 核算	费用的确认与计量	
	生产成本	
	管理费用	
	财务费用	
	销售费用	
	营业成本	
任务3 利润的 核算	利润的构成	
	营业外收支业务	
	所得税费用的核算	
	本年利润的核算	

项目训练

【训练资料】 承接本篇项目九至项目十一的训练资料,公司7月份还发生如下涉及经营成果的业务:

(1) 经统计,公司基本生产领用原材料405 000元,领用低值易耗品57 500元,周转材料采用一次摊销法摊销。

(2) 以银行存款支付基本生产车间固定资产修理费270 000元。

(3) 用银行存款支付产品展览费、广告费210 500元。未取得可抵扣税款的票据。

(4) 期末将本期制造费用转入生产成本。同时,计算并结转本期完工产品成本847 200元。公司本期没有期初在产品,本期生产的产品全部完工入库。

(5) 公司计算本期应交纳的教育费附加9 000元和地方教育费附加6 000元。

(6) 结转本期未交增值税。

(7) 期末结转本期主营业务成本635 000元。

(8) 期末将各损益类账户的发生额转入"本年利润"账户。

(9) 计算本年应交企业所得税额并将"所得税费用"账户的发生额转入"本年利润"账户。不考虑纳税调整项目。计算出净利润。

(10) 根据净利润的10%提取法定盈余公积。

【训练要求】 分析上述业务并编制会计分录。

CHAPTER 5

第五篇

零基础读懂报表——报表及分析

项目十三　资 产 负 债 表

【学习目标】

掌握资产负债表的结构,思考如何通过数据对比说明企业财务状况

【工作任务】

掌握资产负债表的构成及数据来源

掌握资产负债表编制的方法,能够进行简单分析

【思政引导】

李小康在查看公司的期末资产负债表时,特别关注到几个项目有些异常,分别是其他应收款、存货、预收账款、长期应付款等,他发现其中的其他应收款、预收账款项目金额很大,存货金额只增不减,长期应付款一直挂账未进行处理,这些情况意味着什么呢?为什么这些项目出现异常可能是处理不当呢? 李小康想到:"企业的会计记录或会计报告,从编制分录、登记账簿到编制会计报表全过程都不允许弄虚作假、隐瞒谎报。只有会计资料真实,才能正确反映每个企业的经营活动情况,才能正确地考核其经济效益,才能为正确地制定财政经济政策提供正确的资料,也才能真正满足社会各方利用会计信息的需要。"接下来,让我们通过学习下面的内容,帮助大家一起揭开资产负债表的神秘面纱。

任务 1　资产负债表基础知识

一、资产负债表概述

资产负债表是反映企业某一特定日期财务状况的报表。它反映企业在某一特定日期所拥有或控制的经济资源、所承担的现时义务和所有者对净资产的要求权。它是根据资产、负债和所有者权益(或股东权益,下同)之间的相互关系,按照一定的分类标准和一定的顺序,把企业一定日期的资产、负债和所有者权益各项目予以适当排列,并对日常工作中形成的大量数据进行高度浓缩整理后编制而成的。由于资产负债表反映的是某一时点的情况(例如,公历每年 12 月 31 日的财务状况),因此它是一张静态会计报表。

资产负债表可以提供某一日期资产的总额及其结构,表明企业拥有或控制的资源及其分布情况;可以提供某一日期的负债总额及其结构,表明企业未来需要用多少资产或劳务清偿债务以及清偿时间;可以反映所有者所拥有的权益,据以判断资本保值、增值的情况以及对负债的保障程度。资产负债表还可以提供进行财务分析的基本资料,如将流动资产与流动负债进行比较,计算出流动比率;将速动资产与流动负债进行比

较,计算出速动比率等。这些资料可以表明企业的变现能力、偿债能力和资金周转能力,从而有助于财务报表使用者作出经济决策。因此,资产负债表所提供的信息,对于企业管理部门、上级主管部门、投资者、债权人、银行及其他金融机构、税务部门来讲,都具有重要的作用。

二、资产负债表的结构

资产负债表一般有表首、正表两部分。其中,表首概括地说明报表名称、编制单位、编制日期、报表编号、货币名称及计量单位等。正表是资产负债表的主体。**资产负债表是根据"资产＝负债＋所有者权益"会计等式的原理设计的,**格式主要有账户式和报告式两种。报告式是上下平衡,账户式是左右平衡。**我国企业资产负债表采用账户式,**根据资产、负债、所有者权益(或股东权益,下同)之间的勾稽关系,按照一定的分类标准和顺序,把企业一定日期的资产、负债和所有者权益各项目予以适当排列。

账户式资产负债表左方为资产,按其流动性大小排列,流动性大的资产,如"货币资金""交易性金融资产"等排在前面,流动性小的资产,如"长期股权投资""固定资产"等排在后面。**右方为负债和所有者权益,**负债按偿还期长短和先后顺序进行列示,具体分为流动负债和非流动负债等,如"短期借款""应付票据""应付账款"等需要在 1 年以内或者长于 1 年的一个正常营业周期内偿还的流动负债排在前面,"长期借款"等在 1 年以上才需偿还的非流动负债排在中间;在企业清算之前不需要偿还的所有者权益项目排在后面。所有者权益则按其永久性递减的顺序进行列示,具体按"实收资本""资本公积""盈余公积""未分配利润"等项目分项列示。这种排列方式反映了企业资产、负债、所有者权益的总体规模和结构,直观地反映出企业财务状况的优劣、负债水平和偿债能力的强弱。

我国企业资产负债表的一般格式如表 13-1 所示。

表 13-1 　　　　　　　　　　　资产负债表　　　　　　　　　　会企 01 表

编制单位:　　　　　　　　　　　年　月　日　　　　　　　　　　单位:元

项目	期末余额	上年年末余额	项目	期末余额	上年年末余额
流动资产			流动负债		
货币资金			短期借款		
交易性金融资产			交易性金融负债		
衍生金融资产			衍生金融负债		
应收票据			应付票据		
应收账款			应付账款		
应收款项融资			预收款项		
预付款项			合同负债		
其他应收款			应付职工薪酬		
存货			应交税费		
合同资产			其他应付款		

项目	期末余额	上年年末余额	项目	期末余额	上年年末余额
一年内到期的非流动资产			一年内到期的非流动负债		
其他流动资产			其他流动负债		
流动资产合计			流动负债合计		
非流动资产			非流动负债		
债权投资			长期借款		
其他债权投资			应付债券		
长期应收款			其中:优先股		
长期股权投资			永续债		
其他权益工具投资			租赁负债		
其他非流动金融资产			长期应付款		
投资性房地产			预计负债		
固定资产			递延收益		
在建工程			递延所得税负债		
生产生物资产			其他非流动负债		
油气资产			非流动负债合计		
使用权资产			负债总计		
无形资产			所有者权益(或股东权益)		
开发支出			实收资本(或股本)		
商誉			其他权益工具		
长期待摊费用			其中:优先股		
递延所得税资产			永续债		
其他非流动资产			资本公积		
非流动资产合计			减:库存股		
			其他综合收益		
			专项储备		
			盈余公积		
			未分配利润		
			所有者权益(或股东权益)合计		
资产总计			负债和所有者权益(或股东权益)总计		

法定代表人：　　　　主管会计工作的负责人：　　　　会计机构负责人：

任务 2　资产负债表的编制

一、资产负债表项目的填列方法

资产负债表的各项目均需填列"上年年末余额"和"期末余额"两栏。

资产负债表"上年年末余额"栏内各项数字,应根据上年年末资产负债表的"期末余额"栏内所列数字填列。如果上年度资产负债表规定的各个项目的名称和内容与本年度不一致,应对上年年末资产负债表各项目的名称和数字按照本年度的规定进行调整,填入本表"上年年末余额"栏内。

资产负债表的"期末余额"栏内各项数字,其填列方法如下。

1. 根据总账账户的余额填列

资产负债表中的有些项目,可直接根据有关总账账户的余额填列,如"短期借款"等项目;有些项目,则需根据几个总账账户的余额计算填列,如"货币资金"项目,需根据"库存现金""银行存款"和"其他货币资金"三个总账账户余额合计填列。

2. 根据有关明细账户的余额计算填列

资产负债表中的有些项目,需要根据明细账户余额填列,如"应付账款"项目,需要分别根据"应付账款"和"预收账款"账户所属明细账户的期末贷方余额计算填列。

3. 根据总账账户和明细账户的余额分析计算填列

资产负债表中的有些项目,需要依据总账账户和明细账户两者的余额分析填列,如"长期借款"项目,应根据"长期借款"总账账户余额扣除"长期借款"账户所属的明细账户中将在资产负债表日起 1 年内到期且企业不能自主地将清偿义务展期的长期借款后的金额填列。

4. 根据有关账户余额减去其备抵账户余额后的净额填列

如资产负债表中的"应收票据""长期股权投资"等项目,应根据"应收票据""长期股权投资"等账户的期末余额减去"坏账准备""长期股权投资减值准备"等账户余额后的净额填列;"固定资产"项目,应根据"固定资产"账户期末余额减去"累计折旧""固定资产减值准备"账户余额后的净额填列;"无形资产"项目,应根据"无形资产"账户期末余额减去"累计摊销""无形资产减值准备"账户余额后的净额填列。

5. 综合运用上述填列方法分析填列

如资产负债表中的"存货"项目,需根据"原材料""库存商品""委托加工物资""周转材料""材料采购""在途物资""发出商品"及"材料成本差异"等总账账户期末余额的分析汇总数,再减去"存货跌价准备"等账户余额后的金额填列。

二、资产负债表项目的填列说明

资产负债表中资产、负债和所有者权益主要项目的填列说明如下。

1. 资产项目的填列说明

(1)"货币资金"项目,反映企业库存现金、银行结算户存款、外埠存款、银行汇票存款、银行本票存款、信用卡存款、信用证保证金存款等的合计数。本项目应根据"库存现金""银行存款"及"其他货币资金"账户期末余额的合计数填列。

（2）"交易性金融资产"项目，反映资产负债表日企业分类为以公允价值计量且其变动计入当期损益的为交易目的金融资产，以及企业持有的指定为以公允价值计量且变动计入当期损益的金融资产的期末账面价值。本项目应根据"交易性金融资产"账户所属明细账户的期末余额分析填列。自资产负债表日超过1年到期且预期持有超过1年的以公允价值计算且其变动计入当期损益的非流动金融资产的期末账面价值，在"其他非流动资产"项目反映。

（3）"应收票据"项目，反映资产负债表日以摊余成本计量、企业因销售商品、提供劳务等经营活动应收取的商业汇票，包括银行承兑汇票和商业承兑汇票。本项目应根据"应收票据"的期末余额，减去"坏账准备"账户中相关坏账准备期末余额后的金额填列。

（4）"应收账款"项目，反映资产负债表日以摊余成本计量、企业因销售商品、提供劳务等经营活动应收取的款项。本项目应根据"应收账款"账户和"预收账款"账户所属明细账的期末借方余额合计，减去"坏账准备"账户中相关坏账准备期末余额后的金额填列。如"应收账款"账户所属各明细账户期末有贷方余额的，应在资产负债表"预收款项"项目内填列。

（5）"预付款项"项目，反映企业按照购货合同规定预付给供应单位的款项等。本项目应根据"预付账款"和"应付账款"账户所属各明细账户的期末借方余额合计数，减去"坏账准备"账户中有关预付款项计提的坏账准备期末余额后的净额填列。如"预付账款"账户所属各明细账户期末有贷方余额的，应在资产负债表"应付账款"项目内填列。

（6）"其他应收款"项目，反映企业应收取的债券投资等的利息、应收取的现金股利和应收取其他单位分配的利润以及除应收票据、应收账款、预付款项、应收股利、应收利息等经营活动以外的其他各种应收、暂付的款项。本项目应根据"应收利息""应收股利""其他应收款"账户的期末余额，减去"坏账准备"账户中有关应收利息计提的坏账准备期末余额后的净额填列。

（7）"存货"项目，反映企业期末在库、在途和在加工中的各种存货的可变现净值或成本（成本与可变现净值孰低）。存货包括各种材料、商品、在产品、半成品、包装物、低值易耗品、委托代销商品等。本项目应根据"材料采购""原材料""低值易耗品""库存商品""周转材料""委托加工物资""委托代销商品"和"生产成本"等账户的期末余额合计，减去"受托代销商品款""存货跌价准备"账户期末余额后的净额填列。材料采用计划成本核算，以及库存商品采用计划成本核算或售价核算的企业，还应按加或减材料成本差异、商品进销差价后的金额填列。

（8）"合同资产"项目，反映企业按照《企业会计准则第14号——收入》的相关规定，根据本企业履行履约义务与客户付款之间的关系在资产负债表中列示的合同资产。本项目应根据"合同资产"账户各明细账户期末余额分析填列，同一合同下的合同资产和合同负债应当以净额列示，其中净额为借方余额的，应当根据其流动性在"合同资产"或"其他非流动资产"项目中填列，已计提减值准备的，还应以减去"合同资产减值准备"

账户中相关的期末余额后的金额填列;其中净额为贷方余额的,应当根据其流动性在"合同负债"或"其他非流动负债"项目中填列。

(9)"一年内到期的非流动资产"项目,反映企业预计自资产负债表日起1年内变现的非流动资产项目。对于按照相关会计准则采用折旧(或摊销、折耗)方法进行后续计量的固定资产、无形资产和长期待摊费用等非流动资产,折旧(或摊销、折耗)年限(或期限)只剩1年或不足1年的,或预计在1年内(含1年)进行折旧(或摊销、折耗)的部分,不得归类为流动资产,仍在各该非流动资产项目中填列,不转入"一年内到期的非流动资产"项目。

(10)"债权投资"项目,反映资产负债表日企业以摊余成本计量的长期债权投资的期末账面价值。本项目应根据"债权投资"账户的相关明细账户期末余额,减去"债权投资减值准备"账户中相关减值准备的期末余额后的金额分析填列。自资产负债表日起1年内到期的长期债权投资的期末账面价值,在"一年内到期的非流动资产"项目反映。企业购入的以摊余成本计量的1年内到期的债权投资的期末账面价值,在"其他流动资产"项目反映。

(11)"其他债权投资"项目,反映资产负债表日企业分类为以公允价值计量且其变动计入其他综合收益的长期债权投资的期末账面价值。本项目应根据"其他债权投资"账户所属明细账户期末余额分析填列。自资产负债表日起1年内到期的长期债权投资的期末账面价值,在"一年内到期的非流动资产"项目反映。企业购入的以公允价值计量且其变动计入其他综合收益的1年内到期的债权投资的期末账面价值,在"其他流动资产"项目反映。

(12)"长期应收款"项目,反映企业融资租赁产生的应收款项和采用递延方式分期收款、实质上具有融资性质的销售商品和提供劳务等经营活动产生的应收款项。本项目应根据"长期应收款"账户的期末余额,减去相应的"未实现融资收益"账户和"坏账准备"账户所属相关明细账户期末余额后的金额填列。

(13)"长期股权投资"项目,反映企业持有的对子公司、联营企业和合营企业的长期股权投资。本项目应根据"长期股权投资"账户的期末余额,减去"长期股权投资减值准备"账户期末余额后的净额填列。

(14)"其他权益工具投资"项目,反映资产负债表日企业指定为以公允价值计量且其变动计入其他综合收益的非交易性权益工具投资的期末账面价值。本项目应根据"其他权益工具投资"账户的期末余额填列。

(15)"投资性房地产"项目,反映为赚取租金或资本增值或者两者兼有而持有的房地产,主要包括已经出租的土地使用权、持有并准备增值后转让的土地使用权和已经出租的建筑物。本项目应根据"投资性房地产"账户的期末余额,减去"投资性房地产累计折旧(摊销)"和"投资性房地产减值准备"账户期末余额后的净额填列。

(16)"固定资产"项目,反映资产负债表日企业固定资产的期末账面价值和企业尚未清理完毕的固定资产清理净损益。本项目应根据"固定资产"账户的期末余额,减去"累计折旧"和"固定资产减值准备"账户的期末余额后的金额以及"固定资产清理"账户的期末余额填列。

(17)"在建工程"项目,反映企业期末各项未完工程的实际支出,包括交付安装的设备价值、未完建筑安装工程已经耗用的材料、工资和费用支出、预付出包工程的价款、已经建筑安装完毕但尚未交付使用的工程等的账面余额以及企业尚未使用的各项工程物资的实际成本。本项目应根据"在建工程""工程物资"账户的期末余额,减去"在建工程减值准备"以及"工程物资减值准备"账户期末余额后的净额填列。

(18)"使用权资产"项目,反映资产负债表日承租人企业持有的使用权资产的期末账面价值。本项目应根据"使用权资产"账户的期末余额,减去"使用权资产累计折旧"和"使用权资产减值准备"账户的期末余额后的金额填列。

(19)"无形资产"项目,反映企业持有的无形资产,包括专利权、非专利技术、商标权、著作权、土地使用权等。本项目应根据"无形资产"的期末余额,减去"累计摊销"和"无形资产减值准备"账户期末余额后的金额填列。

(20)"开发支出"项目,反映企业开发无形资产过程中能够资本化形成无形资产成本的支出部分。本项目应当根据"研发支出"账户中所属的"资本化支出"明细账户期末余额填列。

(21)"长期待摊费用"项目,反映企业已经发生但应由本期和以后各期负担的分摊期限在1年以上的各项费用。长期待摊费用中在1年内(含1年)摊销的部分,在资产负债表"一年内到期的非流动资产"项目填列。本项目应根据"长期待摊费用"账户的期末余额减去将于1年内(含1年)摊销的数额后的金额分析填列。

(22)"递延所得税资产"项目,反映企业根据所得税准则确认的可抵扣暂时性差异产生的所得税资产,本项目应根据"递延所得税资产"账户的期末余额填列。

(23)"其他非流动资产"项目,反映企业除长期股权投资、固定资产、在建工程、无形资产等以外的其他非流动资产。本项目应根据有关账户的期末余额填列。

2. 负债项目的填列说明

(1)"短期借款"项目,反映企业向银行或其他金融机构等借入的期限在1年以下(含1年)的各种借款。本项目应根据"短期借款"账户的期末余额直接填列。

(2)"交易性金融负债"项目,反映企业持有的以公允价值计量且其变动计入当期损益的金融负债。本项目应根据"交易性金融负债"账户和在初始确认时指定为以公允价值计量且其变动计入当期损益的金融负债账户的期末余额填列。

(3)"应付票据"项目,反映企业购买材料、商品和接受劳务供应等而开出、承兑的商业汇票,包括银行承兑汇票和商业承兑汇票。本项目应根据"应付票据"账户的期末贷方余额填列。

(4)"应付账款"项目,反映企业购买材料、商品和接受劳务供应等经营活动应支付的款项。本项目应根据"应付账款"和"预付账款"账户所属各明细账户的期末贷方余额合计数填列。如"应付账款"账户所属明细账户期末有借方余额的,应在资产负债表"预付款项"项目内填列。

(5)"预收款项"项目,反映企业按照销货合同规定预收供应单位的款项。本项目应根据"预收账款"和"应收账款"账户所属各明细账户的期末贷方余额合计数填列。

(6)"应付职工薪酬"项目,反映企业根据有关规定应付给职工的工资、职工福利、社会保险费、住房公积金、工会经费、职工教育经费、非货币性福利、辞退福利等各种薪酬。本项目应根据"应付职工薪酬"账户的期末余额填列。

(7)"应交税费"项目,反映企业按照税法规定计算应交纳的各种税费,包括增值税、消费税、企业所得税、资源税、土地增值税、城市维护建设税、房产税、城镇土地使用税、车船税、教育费附加等。企业代扣代交的个人所得税,也通过本项目列示。本项目应根据"应交税费"账户的期末贷方余额填列;"应交税费"账户期末如为借方余额,应以"一"号填列。

(8)"其他应付款"项目,反映企业按照规定应当支付的利息,包括分期付息到期还本的长期借款应支付的利息、企业发行的债券应支付的利息等以及企业应付的现金股利或利润和企业除应付票据、应付账款、预收款项、应付职工薪酬、应付股利、应付利息、应交税费等经营活动以外的其他各项应付、暂收的款项。本项目应根据"应付利息""应付股利""其他应付款"账户的期末余额填列。企业分配的股票股利不通过本项目列示。

(9)"一年内到期的非流动负债"项目,反映企业非流动负债中将于资产负债表日后1年内到期部分的金额,如将于1年内偿还的长期借款。本项目应根据有关账户的期末余额分析填列。

(10)"长期借款"项目,反映企业向银行或其他金融机构借入的期限在1年以上(不含1年)的各项借款。本项目应根据"长期借款"账户的期末余额减去其明细账户中将于1年内到期的数额后填列。

(11)"应付债券"项目,反映企业为筹集长期资金而发行的债券本金(和利息)。本项目应根据"应付债券"账户的期末余额填列。

(12)"长期应付款"项目,反映除了长期借款和应付债券以外的其他各项长期应付款的期末账面价值。本项目应根据"长期应付款"账户的期末余额,减去相关的"未确认融资费用"账户的期末余额后的金额,以及"专项应付款"账户的期末余额填列。

(13)"预计负债"项目,反映企业根据或有事项等相关准则确认的各项预计负债,包括对外提供担保、未决诉讼、产品质量保证、重组义务以及固定资产和矿区权益弃置义务等产生的预计负债。本项目应根据"预计负债"账户的期末余额填列。

(14)"递延收益"项目中摊销期限只剩1年或不足1年的,或预计在1年内(含1年)进行摊销的部分,不得归类为流动负债,仍在该项目填列,不转入"一年内到期的非流动负债"项目。

(15)"递延所得税负债"项目,反映企业根据所得税准则确认的应纳税暂时性差异产生的所得税负债。本项目应根据"递延所得税负债"账户的期末余额填列。

(16)"其他非流动负债"项目,反映企业除长期借款、应付债券等项目以外的其他非流动负债。本项目应根据有关账户的期末余额填列。其他非流动负债项目应根据有关账户期末余额减去将于1年内(含1年)到期偿还数后的余额分析填列。非流动负债各项目中将于1年内(含1年)到期的非流动负债,应在"一年内到期的非流动负债"项目内反映。

3. 所有者权益项目的填列说明

(1)"实收资本(或股本)"项目,反映企业各投资者实际投入的资本(或股本)总额。

本项目应根据"实收资本"(或"股本")账户的期末余额直接填列

（2）"其他权益工具"项目，反映企业发行的除普通股以外的归类为权益工具的优先股、永续债的价值。本项目应根据"其他权益工具"账户的期末余额填列。"其他权益工具"项目下设的"优先股"和"永续债"两个项目，分别反映企业发行的分类为权益工具的优先股和永续债的账面价值。

（3）"资本公积"项目，反映企业资本公积的期末余额。本项目应根据"资本公积"账户的期末余额填列

（4）"其他综合收益"项目，反映企业其他综合收益的期末余额。本项目应根据"其他综合收益"账户的期末余额填列

（5）"盈余公积"项目，反映企业盈余公积的期末余额。本项目应根据"盈余公积"账户的期末余额填列

（6）"未分配利润"项目，反映企业尚未分配的利润。本项目应根据"本年利润"账户和"利润分配"账户的余额计算填列。未弥补的亏损在本项目内以"－"号填列

（7）"专项储备"项目，反映高危行业企业按国家规定提取的安全生产费的期末账面价值。该项目国际"专项储备"账户的期末余额填列。

【例 13-1】 甲公司 20×1 年 12 月 31 日部分账户余额表见表 13-2。

表 13-2　　　　　　　　　　20×1 年 12 月 31 日部分账户余额表

编制单位：甲公司　　　　　　　　　　　　　　　　　　　　　　　　　单位：元

总分类账户	明细分类账户	借或贷	余额
原材料		借	320 000
在途物资		借	60 000
生产成本		借	100 000
库存商品		借	280 000
应收账款	总账	借	186 000
	天华公司	借	210 000
	诚信公司	贷	24 000
应付账款	总账	贷	210 000
	联华公司	贷	230 000
	海达公司	借	20 000
预收账款	总账	贷	80 000
	百通公司	贷	100 000
	华盛公司	借	20 000
预付账款	总账	借	49 000
	昌联公司	借	67 000
	天翼公司	贷	18 000

(续表)

总分类账户	明细分类账户	借或贷	余额
固定资产		借	500 000
累计折旧		贷	160 000
应交税费		借	2 400
本年利润		贷	270 000
利润分配		借	108 000

用公司资产负债表中"存货""应收票据及应收账款""预付款项""应付票据及应付账款""预收款项""固定资产""应交税费""未分配利润"等项目的金额如下：

(1)"存货"项目

="原材料"账户余额＋"在途物资"账户余额＋"生产成本"账户余额＋"库存商品"账户余额－"存货跌价准备"账户余额

＝320 000＋60 000＋100 000＋280 000＝760 000(元)

(2)"应收账款"项目

="应收账款"账户所属明细账户借方余额＋"预收账款"账户所属明细账户借方余额－"坏账准备"相应的账户余额

＝210 000＋20 000＝230 000(元)

(3)"预付款项"项目

="预付账款"账户所属明细账户借方余额＋"应付账款"账户所属明细账户借方余额－坏账准备

＝67 000＋20 000＝87 000(元)

(4)"应付账款"项目

="应付账款"账户所属明细账户贷方余额＋"预付账款"账户所属明细账户贷方余额

＝230 000＋18 000＝248 000(元)

(5)"预收款项"项目

="预收账款"账户所属明细账户贷方余额＋"应收账款"账户所属明细账户贷方余额

＝100 000＋24 000＝124 000(元)

(6)"固定资产"项目

="固定资产"账户余额－"累计折旧"账户余额

＝500 000－160 000＝340 000(元)

(7)"应交税费"项目

="应交税费"总账账户余额

＝－2 400(元)

(8)"未分配利润"项目

="本年利润"账户余额-"利润分配"账户余额
=270 000-108 000=162 000(元)

【案例回顾】

　　钱小小从公司的资产负债表上发现的那几个项目异常主要原因是：其他应收款的金额过大主要是由于股东经常从公司借款进行周转导致；预收账款是向其他代理商收取的代理费用，一般不需要归还，原则上应该作为收入处理，但是为了避免产生所得税，所以一直挂在"预收款项"项目中；存货金额之所以一直居高不下，是因为企业未及时进行销售成本结转；长期应付款长期挂账是由于政府补贴的高新技术企业的专项资金未及时在每1年进行结转。

序号	知识点	小结内容
任务1 资产负债表基础知识	作用	
	结构	
任务2 资产负债表的编制	资产项目的填列	
	负债项目的填列	
	所有者权益项目的填列	

【训练要求】

　　承接第四篇训练资料，编制公司7月份的资产负债表。

项目十四　利　润　表

【学习目标】

掌握利润表的编制过程,思考企业经营成果及综合收益的形成过程

【工作任务】

掌握利润表的构成及基本编制要求

掌握利润表编制的方法,能够进行简单分析

【思政引导】

李小康在查看公司的利润表时,仔细查看了每一个项目,结果发现销售成本好几个月都是零,管理费用金额庞大,但是研发费用下面并未设置二级明细账户,无法判断研发费用的构成,也无法明确研发人员工资以什么基数计提,这些情况反映出做账时的一些不符合要求的地方。李小康明白只有使会计人员具备了依法从业的法治精神才能保证其不会出现滥用职权或监守自盗的情况。依法从业首先要求会计人员熟练地掌握与会计相关的法律法规,尤其是对于新出现的会计法规中修订的法律条款变化一定要做到心中有数。那么,接下来请通过学习下面的内容,帮助大家一起揭开利润表的神秘面纱。

任务 1　利润表基础知识

一、利润表概述

利润表是反映企业在一定会计期间的经营成果的报表。

通过利润表,可以反映企业在一定会计期间收入、费用、利润(或亏损)、其他综合收益的数额、构成情况,帮助财务报表使用者全面了解企业的经营成果,分析企业的获利能力及盈利增长趋势,从而为其作出经济决策提供依据。

二、利润表的结构

利润表由表首、正表两部分组成。其中,表首的内容有报表名称、编制单位、编报时期、报表编号、货币名称和计量单位;正表是利润表的主体,反映形成经营成果的各个项目和计算过程。正表的内容主要包括两部分:一是企业在生产经营过程中获得的各种收入;二是与收入相配比的投入及各项费用。两部分相配比,反映利润的计算过程与结果。正表的格式一般有两种:单步式和多步式。

(1)单步式利润表的格式在排列上完全按照"收入－费用＝利润"这一会计等式及

顺序,用本期所有收入合计数减去本期所有费用成本合计数,计算出当期净利润或净亏损。单步式利润表结构比较简单,但不便于分析利润的形成过程及各项目的配比关系。因此,我国企业会计准则规定利润表采用多步式格式

(2) 多步式利润表通过对当期收入、费用、支出项目按性质加以归类,按利润形成的主要环节列示一些中间性利润指标,如营业利润、利润总额、净利润,分步计算当期净损益。

利润表的结构和内容见表14-1。

表 14-1　　　　　　　　　　　　利润表　　　　　　　　　　会企02表

编制单位:　　　　　　　　　　　　　　年　　　　　　　　　　单位:元

项　目	本期金额	上期金额
一、营业收入		
减:营业成本		
税金及附加		
销售费用		
管理费用		
研发费用		
财务费用		
其中:利息费用		
利息收入		
加:其他收益		
投资收益(损失以"－"号填列)		
其中:对联营企业和合营企业的投资收益		
以摊余成本计量的金融资产终止确认收益(损失以"－"号填列)		
净敞口套期收益(损失以"－"号填列)		
公允价值变动收益(损失以"－"号填列)		
信用减值损失(损失以"－"号填列)		
资产减值损失(损失以"－"号填列)		
资产处置收益(损失以"－"号填列)		
二、营业利润(亏损以"－"号填列)		
加:营业外收入		
减:营业外支出		
三、利润总额(亏损总额以"－"号填列)		
减:所得税费用		
四、净利润(净亏损以"－"号填列)		

项　目	本期金额	上期金额
（一）持续经营净利润(净亏损以"－"号填列)		
（二）终止经营净利润(净亏损以"－"号填列)		
五、其他综合收益的税后净额		
（一）不能重分类进损益的其他综合收益		
1. 重新计量设定受益计划变动额		
2. 权益法下不能转损益的其他综合收益		
3. 其他权益工具投资公允价值变动		
4. 企业自身信用风险公允价值变动		
……		
（二）将重分类进损益的其他综合收益		
1. 权益法下可转损益的其他综合收益		
2. 其他债权投资公允价值变动		
3. 金融资产重分类计入其他综合收益的金额		
4. 其他债权投资信用减值准备		
5. 现金流量套期		
6. 外币财务报表折算差额		
……		
六、综合收益总额		
七、每股收益		
（一）基本每股收益		
（二）稀释每股收益		

任务 2　利润表的编制

一、利润表项目的填列方法

我国企业利润表的主要编制步骤和内容如下：

第一步，以营业收入为基础,减去营业成本、税金及附加、销售费用、管理费用、研发费用、财务费用、信用减值损失、资产减值损失,加上其他收益、投资收益(减去投资损失)、公允价值变动收益(减去公允价值变动损失)和资产处置收益(减去资产处置损失),计算出营业利润。

第二步,以营业利润为基础,加上营业外收入,减去营业外支出,计算出利润总额。

第三步,以利润总额为基础,减去所得税费用,计算出净利润(或净亏损)。

第四步,以净利润(或亏损)和其他综合收益为基础,计算综合收益总额。

第五步,以净利润(或亏损)为基础,计算每股收益。

利润表各项目均需填列"本期金额"和"上期金额"两栏。其中"上期金额"栏内各项数字,应根据上年该期利润表的"本期金额"栏内所列数字填列。"本期金额"栏内各项数字,除"基本每股收益"和"稀释每股收益"项目外,应当按照相关账户的发生额分析填列。

二、利润表项目的填列说明

(1)"营业收入"项目,反映企业经营主要业务和其他业务所确认的收入总额。本项目应根据"主营业务收入"和"其他业务收入"账户的发生额分析填列。

(2)"营业成本"项目,反映企业经营主要业务和其他业务所发生的成本总额。本项目应根据"主营业务成本"和"其他业务成本"账户的发生额分析填列。

(3)"税金及附加"项目,反映企业经营业务应负担的消费税、城市维护建设税、资源税、土地增值税和教育费附加等。本项目应根据"税金及附加"账户的发生额分析填列。

(4)"销售费用"项目,反映企业在销售商品过程中发生的包装费、广告费等费用和为销售本企业商品而专设的销售机构的职工薪酬、业务费等经营费用。本项目应根据"销售费用"账户的发生额分析填列。

(5)"管理费用"项目,反映企业为组织和管理生产经营发生的管理费用。本项目应根据"管理费用"账户的发生额分析填列。

(6)"研发费用"项目,反映企业进行研究与开发过程中发生的费用化支出以及计入管理费用的自行开发无形资产的摊销。本项目应根据"管理费用"科目下的"研发费用"明细账户的发生额以及"管理费用"账户下"无形资产摊销"明细账户的发生额分析填列。

(7)"财务费用"项目,反映企业为筹集生产经营所需资金等而发生的应予费用化的利息支出。本项目应根据"财务费用"账户各明细账户发生额分析填列。其中,"利息费用"项目,反映企业为筹集生产经营所需资金等而发生的应予费用化的利息支出,本项目应根据"财务费用"账户的相关明细账户发生额分析填列;"利息收入"项目,反映企业应冲减财务费用的利息收入,本项目应根据"财务费用"账户的相关明细账户发生额分析填列。

(8)"其他收益"项目,反映计入其他收益的政府补助,以及其他与日常活动相关且计入其他收益的项目。本项目应根据"其他收益"账户的发生额分析填列。企业作为个人所得税的扣缴义务人,根据《中华人民共和国个人所得税法》收到的扣缴税款手续费,应作为其他与日常活动相关的收益在本项目中填列。

(9)"投资收益"项目,反映企业以各种方式对外投资所取得的收益。本项目应根据"投资收益"账户的发生额分析填列。如为投资损失,本项目用"一"号填列。

(10)"净敞口套期收益"项目,反映净敞口套期下被套期项目累计公允价值变动转入当期损益的金额或现金流量套期储备转入当期损益的金额。本项目应根据"净敞口套期损益"账户的发生额分析填列;如为套期损失,本项目以"-"号填列。

(11)"公允价值变动收益"项目,反映企业应当计入当期损益的资产或负债公允价值变动收益。本项目应根据"公允价值变动损益"账户的发生额分析填列。如为净损失,本项目以"-"号填列。

(12)"信用减值损失"项目,反映企业按照《企业会计准则第22号——金融工具确认和计量》(2018)的要求计提的各项金融工具信用减值准备所确认的信用损失。本项目应根据"信用减值损失"账户的发生额分析填列。

(13)"资产减值损失"项目,反映企业各项资产发生的减值损失。本项目应根据"资产减值损失"账户的发生额分析填列。

(14)"资产处置收益"项目,反映企业出售划分为持有待售的非流动资产(金融工具、长期股权投资和投资性房地产除外)或处置组(子公司和业务除外)时确认的处置利得或损失,以及处置未划分为持有待售的固定资产、在建工程、生产性生物资产及无形资产而产生的处置利得或损失。债务重组中因处置非流动资产(金融工具、长期股权投资和投资性房地产除外)产生的利得或损失和非货币性资产交换中换出非流动资产(金融工具、长期股权投资和投资性房地产除外)产生的利得或损失也包括在本项目内。本项目应根据"资产处置损益"账户的发生额分析填列;如为处置损失,本账户以"-"号填列。

(15)"营业利润"项目,反映企业实现的营业利润。如为亏损,本项目以"-"号填列。

(16)"营业外收入"项目,反映企业发生的与经营业务无直接关系的各项收入。本项目应根据"营业外收入"账户的发生额分析填列。

(17)"营业外支出"项目,反映企业发生的与经营业务无直接关系的各项支出。本项目应根据"营业外支出"账户的发生额分析填列。

(18)"利润总额"项目,反映企业实现的利润。如为亏损,本项目以"-"号填列。

(19)"所得税费用"项目,反映企业应从当期利润总额中扣除的所得税费用。本项目应根据"所得税费用"账户的发生额分析填列。

(20)"净利润"项目,反映企业实现的净利润。如为亏损,本项目以"-"号填列。

(21)"其他综合收益的税后净额"项目,反映企业根据企业会计准则规定未在损益中确认的各项利得和损失扣除所得税影响后的净额。

(22)"综合收益总额"项目,反映企业净利润与其他综合收益(税后净额)的合计金额。

(23)"每股收益"项目,包括基本每股收益和稀释每股收益两项指标,反映普通股或潜在普通股已公开交易的企业,以及正在公开发行普通股或潜在普通股过程中的企业的每股收益信息。

【例14-1】 根据甲公司20×1年1~12月份损益类账户累计发生额(见表14-2),计算甲公司20×1年的营业利润、利润总额和净利润。

表 14-2 　　　　　　　　　　　　各损益账户累计发生额

单位:元

账户名称	1~12 月累计发生额
主营业务收入	2 250 000
主营业务成本	1 560 000
税金及附加	152 000
销售费用	160 000
其他业务收入	82 000
其他业务成本	71 000
管理费用	120 000
财务费用	−5 800
投资收益	180 000
营业外收入	48 300
营业外支出	27 600
所得税费用	118 875

甲公司 20×1 年的营业利润、利润总额和净利润计算如下:

(1) 营业利润＝主营业务收入＋其他业务收入－主营业务成本－其他业务成本－
税金及附加－销售费用－管理费用－财务费用＋投资收益
＝2 250 000＋82 000－1 560 000－71 000－152 000－160 000－
120 000－(−5 800)＋180 000＝454 800(元)

(2) 利润总额＝营业利润＋营业外收入－营业外支出
＝454 800＋48 300－27 600＝475 500(元)

(3) 净利润＝利润总额－所得税费用
＝475 500－118 875＝356 625(元)

项目小结

序号	知识点		小结内容
任务1 利润表 基础知识	作用		
	结构		
任务2 利润表 的编制	营业利润		
	利润总额		
	净利润		

项目训练

【训练要求】

承接第四篇训练资料,编制公司 7 月份的利润表。

项目十五　现金流量表

【学习目标】

掌握现金流量表的编制过程,思考其编制基础对企业信息管理的重要作用

【工作任务】

掌握现金流量表的构成及基本编制要求

掌握现金流量表编制的方法,能够进行简单分析

【思政引导】

李小康每月只需要报送资产负债和利润表两张主要报表,现金流量表属于自选报表,但是对于现金流的情况往往是公司很关注的一项指标,因此公司领导希望李小康也能通过编制现金流量表分析企业的现金流入和流出情况。李小康想到,会计人员要树立强烈的服务意识,为管理者服务、为所有者服务、为社会公众服务、为人民服务。于是,李小康通过对照现金流量表的编制要求,对公司的广义现金进行了流入流出的编制,比较清晰地分析了企业的主要现金流出是管理费用的开支,而并非是购买存货的支出,流入主要来自销售收入,通过学习下面的内容,帮助大家一起学习现金流量表的编制。

任务 1　现金流量表基础知识

一、现金流量表概述

现金流量表是反映企业在一定会计期间现金和现金等价物流入和流出情况的报表。企业从银行提取现金、用现金购买短期到期的国库券等现金和现金等价物之间的转换不属于现金流量。

【温馨提示】

现金是企业库存现金以及可以随时用于支付的存款,包括库存现金、银行存款和其他货币资金(如外埠存款、银行汇票存款、银行本票存款)等。不能随时用于支付的存款不属于现金。

现金等价物是企业持有的期限短、流动性强、易于转换为已知金额现金、价值变动风险很小的投资。期限短一般是指从购买日起3个月内到期。现金等价物通常包括3个月内到期的债券投资等。权益性投资变现的金额通常不确定,因而不属于现金等价物。企业应当根据具体情况,确定现金等价物的范围,一经确定不得随意变更。

现金流量表可以为报表使用者提供企业一定会计期间内现金和现金等价物流入和流出的信息,便于使用者了解和评价企业获取现金和现金等价物的能力,据以预测企业的未来现金流量。

企业产生的现金流量分为三类活动。

(一) 经营活动产生的现金流量

经营活动是企业投资活动和筹资活动以外的所有交易和事项。经营活动主要包括销售商品或提供劳务、购买商品、接受劳务、支付工资和交纳税款等流入和流出现金及现金等价物的活动或事项。

(二) 投资活动产生的现金流量

投资活动是企业长期资产的购建和不包括在现金等价物内的投资及其处置活动。投资活动主要包括购建固定资产、处置子公司及其他营业单位等流入和流出现金及现金等价物的活动或事项。

(三) 筹资活动产生的现金流量

筹资活动是导致企业资本及债务规模和构成发生变化的活动。筹资活动主要包括吸收投资、发行股票、分配利润、发行债券、偿还债务等流入和流出现金及现金等价物的活动或事项。偿付应付账款、应付票据等商业应付款属于经营活动,不属于筹资活动。

二、现金流量表的结构

我国企业现金流量表采用报告式结构,分类反映经营活动产生的现金流量、投资活动产生的现金流量和筹资活动产生的现金流量,最后汇总反映企业某一期间现金及现金等价物的净增加额。现金流量表结构见表15-1。

表 15-1 　　　　　　　　　　　现金流量表 　　　　　　　　　　会企 03 表

编制单位: 　　　　　　　　　　年度 　　　　　　　　　　　　单位:元

项　目	本期金额	上期金额
一、经营活动产生的现金流量		
销售商品、提供劳务收到的现金		
收到的税费返还		
收到其他与经营活动有关的现金		
经营活动现金流入小计		
购买商品、接受劳务支付的现金		
支付给职工以及为职工支付的现金		
支付的各项税费		
支付其他与经营活动有关的现金		
经营活动现金流出小计		
经营活动产生的现金流量净额		

项　目	本期金额	上期金额
二、投资活动产生的现金流量		
收回投资收到的现金		
取得投资收益收到的现金		
处置固定资产、无形资产和其他长期资产收回的现金净额		
处置子公司及其他营业单位收到的现金净额		
收到其他与投资活动有关的现金		
投资活动现金流入小计		
购建固定资产、无形资产和其他长期资产支付的现金		
投资支付的现金		
取得子公司及其他营业单位支付的现金净额		
支付其他与投资活动有关的现金		
投资活动现金流出小计		
投资活动产生的现金流量净额		
三、筹资活动产生的现金流量		
吸收投资收到的现金		
取得借款收到的现金		
收到其他与筹资活动有关的现金		
筹资活动现金流入小计		
偿还债务支付的现金		
分配股利、利润或偿付利息支付的现金		
支付其他与筹资活动有关的现金		
筹资活动现金流出小计		
筹资活动产生的现金流量净额		
四、汇率变动对现金及现金等价物的影响		
五、现金及现金等价物净增加额		
加:期初现金及现金等价物余额		
六、期末现金及现金等价物余额		
补充资料		
1. 将净利润调节为经营活动的现金流量:		
净利润		
加:资产减值准备		

(续表)

项　目	本期金额	上期金额
固定资产折旧、油气资产折耗、生产性生物资产折旧		
无形资产摊销		
长期待摊费用摊销		
处置固定资产、无形资产和其他长期资产的损失(收益以"－"号填列)		
固定资产报废损失(收益以"－"号填列)		
公允价值变动损失(收益以"－"号填列)		
财务费用(收益以"－"号填列)		
投资损失(收益以"－"号填列)		
递延所得税资产减少(增加以"－"号填列)		
递延所得税负债增加(减少以"－"号填列)		
存货的减少(增加以"－"号填列)		
经营性应收项目的减少(增加以"－"号填列)		
经营性应付项目的增加(减少以"－"号填列)		
其他		
经营活动产生的现金流量净额		
2. 不涉及现金收支的重大投资和筹资活动:		
债务转为资本		
一年内到期的可转换公司债券		
融资租入固定资产		
3. 现金及现金等价物净变动情况:		
现金的期末余额		
减:现金的期初余额		
加:现金等价物的期末余额		
减:现金等价物的期初余额		
现金及现金等价物净增加额		

任务2　现金流量表的编制

一、现金流量表的填制方法

我国企业会计准则规定,企业应当采用直接法列示经营活动产生的现金流量。采用直接法具体编制现金流量表时,可以采用工作底稿法或"T"形账户法,也可以根据有关账户记录分析填列。

【知识拓展】

编制现金流量表时,列示经营活动现金流量的方法有两种:一是直接法,二是间接法。这两种方法通常也称为编制现金流量表的直接法和间接法。直接法和间接法各有特点。

在直接法下,一般是以利润表的营业收入为起算点,调节与经营活动有关项目的增减变动,然后计算出经营活动产生的现金流量。在间接法下,则是以净利润为起算点,调整不涉及现金的收入、费用、营业外收支等项目,别除投资活动、筹资活动对现金流量的影响,据此计算出经营活动产生的现金流量。相对而言,采用直接法编制的现金流量表,便于分析企业经营活动产生的现金流量的来源,预测企业现金流量的未来前景;而采用间接法不易做到这一点。

工作底稿法是以工作底稿为手段,以利润表和资产负债表数据为基础,结合有关账户的记录,对现金流量表的每一项目进行分析并编制调整分录,从而编制现金流量表的一种方法。工作底稿法的步骤包括:第一步,将资产负债表项目的上年年末余额和期末余额过入工作底稿中与之对应项目的上年年末余额栏和期末余额栏。第二步,对当期业务进行分析并编制调整分录。编制调整分录时,要以利润表项目为基础,从"营业收入"开始,结合资产负债表项目逐一进行分析。在调整分录中,有关现金和现金等价物的事项,并不直接借记或贷记"库存现金",而是分别记入"经营活动产生的现金流量""投资活动产生的现金流量""筹资活动产生的现金流量"有关项目,借记表示现金流入,贷记表示现金流出。第三步,将调整分录过入工作底稿中的相应部分。第四步,核对调整分录,借方、贷方合计数均已经相等,资产负债表项目期初数加减调整分录中的借贷金额以后,也等于期末数。第五步,根据工作底稿中的现金流量表项目部分编制正式的现金流量表。

现金流量表各项目均需填列"本期金额"和"上期金额"两栏。现金流量表"上期金额"栏内各项数字,应根据上一期间现金流量表"本期金额"栏内所列数字填列。

二、现金流量表主要项目说明

1. 经营活动产生的现金流量

(1)"销售商品、提供劳务收到的现金"项目,反映企业本期销售商品、提供劳务实际收到的现金,以及前期销售商品、提供劳务本期收到的现金(包括应向购买者收取的增值税销项税额)和本期预收的款项,减去本期销售本期退回的商品和前期销售本期退回的商品支付的现金。企业销售材料和代购代销业务收到的现金,也在本项目反映。

(2)"收到的税费返还"项目,反映企业收到返还的各种税费,如收到的增值税、所得税、消费税、关税和教育费附加等各种税费的返还款。

(3)"收到其他与经营活动有关的现金"项目,反映企业经营租赁收到的租金等其他与经营活动有关的现金流入,金额较大的应当单独列示。

(4)"购买商品、接受劳务支付的现金"项目,反映企业购买商品、接受劳务实际支付的现金(包括增值税进项税额),以及本期支付前期购买商品、接受劳务的未付款项和本期预付款项,减去本期发生的购货退回收到的现金。企业购买材料和代购代销业务支付的现金也在本项目反映。

(5)"支付给职工以及为职工支付的现金"项目,反映企业实际支付给职工的现金以及为职工支付的现金,包括企业为获得职工提供的服务,本期实际给予职工的各种形式的报酬以及其他相关支出(包括代扣代交的职工个人所得税),如支付给职工的工资、奖金、各种津贴和补贴等,以及为职工支付的其他费用。

(6)"支付的各项税费"项目,反映企业按规定支付的各项税费,包括本期发生并支付的税费,以及本期支付以前各期发生的税费和预交的税费,如支付的所得税、增值税、消费税、印花税、房产税、土地增值税、车船税、教育费附加等。

(7)"支付其他与经营活动有关的现金"项目,反映企业除上述各项目外,支付的其他与经营活动有关的现金,如罚款支出、支付的差旅费、业务招待费、保险费、经营租赁支付的租金等。其他与经营活动有关的现金,如果金额较大的,应单列项目反映。

2. 投资活动产生的现金流量

(1)"收回投资收到的现金"项目,反映企业出售、转让或到期收回除现金等价物以外的短期投资、长期股权投资而收到的现金,但处置子公司及其他营业单位收到的现金净额除外。

(2)"取得投资收益收到的现金"项目,反映企业除现金等价物以外的对其他企业的长期股权投资等分回的现金股利和利息等。

(3)"处置固定资产、无形资产和其他长期资产收回的现金净额"项目,反映企业出售、报废固定资产、无形资产和其他长期资产所取得的现金(包括因资产毁损而收到的保险赔偿收入),减去为处置这些资产而支付的有关费用后的净额。

(4)"处置子公司及其他营业单位收到的现金净额"项目,反映企业处置子公司及其他营业单位所取得的现金,减去子公司或其他营业单位持有的现金和现金等价物以及相关处置费用后的净额。

(5)"购建固定资产、无形资产和其他长期资产支付的现金"项目,反映企业购买、建造固定资产、取得无形资产和其他长期资产支付的现金(含增值税税款等),包括购买机器设备所支付的现金、建造工程支付的现金、支付在建工程人员的工资等现金支出。

(6)"投资支付的现金"项目,反映企业取得除现金等价物以外的对其他企业的长期股权投资等所支付的现金以及支付的佣金、手续费等附加费用,但取得子公司及其他营业单位支付的现金净额除外。

(7)"取得子公司及其他营业单位支付的现金净额"项目,反映企业取得子公司及其他营业单位购买出价中以现金支付的部分,减去子公司或其他营业单位持有的现金和现金等价物后的净额。

(8)"收到其他与投资活动有关的现金""支付其他与投资活动有关的现金"项目,反映企业除上述(1)至(7)项目外收到或支付的其他与投资活动有关的现金,金额较大的应当单独列示。

3. 筹资活动产生的现金流量

（1）"吸收投资收到的现金"项目，反映企业以发行股票、债券等方式筹集资金实际收到的款项（发行收入减去支付的佣金等发行费用后的净额）。

（2）"取得借款收到的现金"项目，反映企业举借各种短期、长期借款而收到的现金，以及发行债券实际收到的款项净额（发行收入减去直接支付的佣金等发行费用后的净额）。

（3）"偿还债务支付的现金"项目，反映企业以现金偿还债务的本金，包括归还金融企业的借款本金、偿付企业到期的债券本金等。

（4）"分配股利、利润或偿付利息支付的现金"项目，反映企业实际支付的现金股利、支付给其他投资单位的利润或用现金支付的借款利息、债券利息。

（5）"收到其他与筹资活动有关的现金""支付其他与筹资活动有关的现金"项目，反映企业除上述（1）至（4）项目外收到或支付的其他与筹资活动有关的现金，金额较大的应单独列示。

4. 汇率变动对现金及现金等价物的影响

该项目反映下列两个金额之间的差额：

（1）企业在将外币现金流量折算为记账本位币时，采用现金流量发生日的即期汇率或按照系统合理的方法确定的、与现金流量发生日即期汇率近似的汇率折算的金额（编制合并现金流量表时折算境外子公司的现金流量，应当比照处理）。

（2）企业外币现金及现金等价物净增加额按资产负债表日即期汇率折算的金额。

项目小结

序号	知识点	小结内容
任务1 现金流量表基础知识	作用	
	结构	
任务2 现金流量表的编制	经营活动现金流量项目	
	投资活动现金流量项目	
	筹资活动现金流量项目	

项目十六　报 表 分 析

【学习目标】

掌握基本报表分析指标,思考财务分析对企业经营管理的重要作用

【工作任务】

熟悉表内数据勾稽关系和表间数据勾稽关系
掌握常见财务分析指标,能够进行简单分析

【思政引导】

李小康通过努力钻研业务,熟悉财经法规和相关制度,将公司现金流量表与资产负债表放在一起进行数据比对,发现上年度现金净流量与流动负债的比为 0.2,而本年度现金净流量与流动负债的比为 0.4。"现金净流量是以收付实现制为基础计算的公司实有现金额度,以此与流动负债进行比较可以反映公司的短期偿债能力。而从最后的比值来看,本年度可以用来偿还流动负债的现金量增多了。"李小康懂得提高会计业务技能,是为了参与公司管理打下坚实的基础。更是为了服务经营活动和业务流程,使得管理活动更具针对性和有效性。李小康对自己的一系列分析很满意。李小康所计算的这个指标是什么? 还有哪些分析指标? 可以得出哪些结论? 通过学习下面的内容,我们一起来进行简单的财务报表分析。

任务 1　财务报表分析概述

一、财务报表分析的意义

企业常见的需要对外报送的财务报表主要有资产负债表、利润表、现金流量表以及所有者权益变动表,这四张财务报表之间并不是彼此孤立的,而是具有一定的内在逻辑关系与数量对应关系,这个关系被称为报表勾稽关系。

简单地说,资产负债表反映企业期初、期末两个时点的财务状况,现金流量表是对其中货币资金以及现金等价物期间变化情况的局部说明,而利润表可以说明资产负债表中的未分配利润期间变化,也对所有者权益变动表中净利润形成过程进行了说明。股东权益变动表是对股东权益期间变化情况的局部放大特写。只有全面深入的分析四张财务报表,才能深入认识企业的现状。

【知识拓展】

利润表清晰地描述了收入费用以及计入当期权益的当期损益的利得与损失情况,详细地反映出这些要素对净利润的影响,同时,净利润也是连接期初未分配利润

与期末未分配利润的重要桥梁和纽带,因此在实际编制报表时,只有首先计算出净利润,编制了利润表才能编制股东权益变动表以及资产负债表。

通过分析财务报表表内及表间的勾稽关系,借助一些财务指标,可以简单验证报表编制的可靠性,以便于更加深入透彻的理解财务信息,科学评价其经营业绩,合理预测其未来发展趋势,对信息使用者的预测、控制、分析以及决策都具有重要意义。此外,财务报表中的数字是经过高度抽象概括之后的结果,还需要认真阅读分析财务报表附注,以充分了解报表数据信息。第一篇中已对财务报表的勾稽关系作了一些说明,因此本项目将介绍一些常见财务分析指标,以便于大家初步掌握一些财务分析方法。

二、财务报表分析的方法

在进行财务报表分析时,存在一些固定的分析工具与方法。通常在具体分析企业的财务数据之前,首先要对企业进行战略分析、环境分析,之后再对企业自身的财务数据进行分析。这些分析可以将前后各期数据对比进行趋势分析,也可以将企业数据与同行业其他竞争对手或行业平均水平进行对比分析,还可以对不同报表的主要项目进行数据关联分析。财务报表分析的基本方法包括比较分析法、比率分析法、因素替代分析法等。例如案例中钱小小进行的分析就是将现金流量表的数据与资产负债表的数据进行关联数据的比率分析。

1. 结构分析法

这种分析方法主要是计算同类项目在整体中的权重或份额以及同类项目之间的比例,以此来揭示它们之间的结构关系。

2. 比较分析法

这个比较包括与竞争对手的差异比较、与历史数据的趋势比较,可以是绝对数比较,也可以是相对数比较。

3. 比率分析法

这种分析方法是通过一些固定的指标比率来进行分析,我国目前将财务比率分为反映偿债能力的比率、反映盈利能力的比率和反映营运能力的比率三类。

4. 因素替代分析法

这种分析方法是将分析指标进行因素分解,顺次用各因素的比较值替代基准值,据以测定各因素对分析指标的影响。例如,在分析企业某一期间某产品的销售收入时,分别替换销售量、销售单价,与基准进行对比,以此说明数量、单价对收入的影响。

任务 2　常见财务分析指标

一、反映企业偿债能力的指标

1. 流动比率

流动比率是企业流动资产与流动负债的比率,反映企业流动资产偿还短期内到期债务的能力。其计算公式为：

$$流动比率 = \frac{流动资产}{流动负债}$$

一般来说,流动比率越高,说明资产的流动性越强,短期偿债能力越强;流动比率越低,说明资产的流动性越差,短期偿债能力越弱。

【小思考】

流动比率过高,企业财务状况就很好吗?

2. 速动比率

速动比率是指速动资产同流动负债的比率,反映企业短期内可变现资产偿还短期内到期债务的能力。其计算公式为：

$$速动比率 = \frac{速动资产}{流动负债}$$

【知识拓展】

速动资产是企业在短期内可变现的资产,等于流动资产减去存货后的金额,包括货币资金、短期投资和应收账款等。

一般而言,速动比率越高,说明资产的流动性越强,短期偿债能力越强;速动比率越低,说明资产的流动性越差,短期偿债能力越弱。

3. 现金比率

现金比率是企业现金与流动负债的比率,反映企业立即偿还到期债务的能力。其计算公式为：

$$现金比率 = \frac{现金及现金等价物}{流动负债}$$

一般来说,现金比率越高,说明资产的流动性越强,短期偿债能力越强,但是可能会降低企业的获利能力;现金比率越低,说明资产的流动性越差,短期偿债能力越弱。

4. 资产负债率

资产负债率也称负债比率,是指负债总额对全部资产总额之比,用来衡量企业利用债权人提供资金进行经营活动的能力,反映债权人发放贷款的安全程度。其计算公式为：

$$资产负债率 = \frac{负债总额}{资产总额} \times 100\%$$

一般来说,资产负债比率越高,说明企业利用债权人提供资金进行经营活动的能力越强,而债权人发放贷款的安全程度越低,企业偿还债务的能力越弱。若企业资产负债率大于100%,说明企业资不抵债,债权人的本金可能都不能收回。

5. 产权比率

产权比率也称负债对所有者权益的比率,是负债总额与所有者权益总额的比率,表

明由债权人提供的和由投资者提供的资金来源的相对关系,反映企业基本财务结构是否稳定。其计算公式为:

$$产权比率 = \frac{负债总额}{所有者权益总额} \times 100\%$$

产权比率越高,说明企业偿还长期债务的能力越弱;产权比率越低,说明企业偿还长期债务的能力越强。

6. 已获利息倍数

已获利息倍数是企业息税前利润与利息费用的比率,反映企业用经营所得支付债务利息的能力。其计算公式为:

$$已获利息倍数 = \frac{息税前利润}{利息费用}$$

【温馨提示】

利息费用是支付给债权人的全部利息,包括财务费用中的利息和计入固定资产的利息。已获利息倍数。

一般来说,已获利息倍数至少应等于1,该项指标越大,说明支付债务利息的能力越强;指标越小,说明支付债务利息的能力越弱。

二、反映企业盈利能力的指标

1. 销售净利润率

销售净利润率是企业净利润与销售收入净额的比率。其计算公式为:

$$销售净利润率 = \frac{净利润}{销售收入净额} \times 100\%$$

该指标是反映企业获利能力的一项重要指标,指标越高,说明企业从销售收入中获取净利润的能力越强;指标越低,说明企业从销售收入中获取净利润的能力越弱。影响销售净利润率的因素主要有商品质量、成本、价格、销售数量、期间费用及税金等。

2. 资产净利润率

资产净利润率是企业净利润与资产平均总额的比率。其计算公式为:

$$资产净利润率 = \frac{净利润}{资产平均总额} \times 100\%$$

$$资产平均总额 = (期初资产总额 + 期末资产总额) \div 2$$

资产净利润率越高,说明企业利用全部资产的获利能力越强;资产净利润率越低,说明企业利用全部资产的获利能力越弱。资产净利润率与净利润成正比,与资产平均总额成反比。

3. 净资产利润率

净资产利润率也称为所有者权益利润率、净资产收益率、净值报酬率等,是净利润与所有者权益平均余额之比。其计算公式为:

$$净资产利润率 = \frac{净利润}{所有者权益平均余额} \times 100\%$$

该指标反映所有者全部投资的获利能力,也是综合性最强的财务比率。净资产利润率越高,说明企业所有者权益的获利能力越强;净资产利润率越低,说明企业所有者权益的获利能力越弱。影响净资产利润率的因素除了企业的获利水平和所有者权益大小以外,企业负债的多少也影响它的高低,一般来说负债增加会导致净资产利润率上升。

4. 基本获利率

基本获利率,也称资产息税前利润率,是企业的息税前利润与总资产平均余额之比,反映企业总体的获利能力。其计算公式为:

$$基本获利率 = \frac{息税前利润}{总资产平均余额}$$

5. 每股盈余

每股盈余,也称每股收益,是企业净利润总额与普通股股数的比率,影响每股盈余的因素有两个:一是企业的获利水平;二是企业的股票数量。其计算公式为:

$$每股盈余 = \frac{净利润总额}{普通股股数}$$

该指标是反映股份公司的盈利能力最常用的指标。每股盈余越多,说明每股获利能力越强,投资者的回报越多;每股盈余越少,说明每股获利能力越弱。

6. 市盈率

市盈率是普通股每股市价与每股盈余的比率。其计算公式为:

$$市盈率 = \frac{每股市价}{每股盈余}$$

市盈率越高,表明投资者对公司的未来充满信心,企业的市场价值越高;市盈率越低,表明投资者对公司的未来丧失信心,企业的市场价值越低。但是,由于股市受到不正常因素干扰时,股票价格会出现异常,所以在利用该指标时要注意。

三、反映企业营运能力的指标

1. 应收账款周转率

应收账款周转率是反映应收账款周转速度的比率,有两种表示方法:应收账款周转次数和应收账款周转天数。

(1) 应收账款周转次数

应收账款周转次数是一个正指标,周转次数越多,说明应收账款的变现能力越强,企业应收账款的管理水平越高;周转次数越少,说明应收账款的变现能力越弱,企业应收账款的管理水平越低。其计算公式为:

$$应收账款周转次数 = \frac{销售收入净额}{应收账款平均余额}$$

其中,销售收入净额=销售收入-销售退回、折让、折扣

$$应收账款平均余额 = \frac{期初应收账款 + 期末应收账款}{2}$$

【温馨提示】

应收账款平均余额是指未扣除坏账准备的应收账款余额。

（2）应收账款周转天数

应收账款周转天数是一个反指标，反映年度内应收账款平均变现一次所需要的天数。周转天数越少，周转次数越多，说明应收账款的变现能力越强，企业应收账款的管理水平越高；周转天数越多，周转次数越少，说明应收账款的变现能力越弱，企业应收账款的管理水平越低。其计算公式为：

$$应收账款周转天数 = \frac{360}{应收账款次数} = \frac{应收账款平均余额 \times 360}{销售收入净额}$$

2. 存货周转率

存货周转率是反映存货周转速度的比率，也有两种表示方法：存货周转次数和存货周转天数。

（1）存货周转次数

存货周转次数指标，反映了年度内存货平均周转的次数。存货周转次数越多，说明存货周转快，企业实现的利润会相应增加，企业的存货管理水平越高；存货周转次数越少，说明企业占用在存货上的资金越多，存货管理水平越低。其计算公式为：

$$存货周转次数 = \frac{销货成本}{平均存货}$$

$$平均存货 = \frac{期初存货 + 期末存货}{2}$$

（2）存货周转天数

存货周转天数指标反映年度内存货平均周转一次所需要的天数。存货周转天数越少，周转次数越多，说明存货周转快，企业实现的利润会相应增加，企业的存货管理水平越高；存货周转天数越多，周转次数越少，说明企业占用在存货上的资金越多，存货管理水平越低。其计算公式为：

$$存货周转天数 = \frac{360}{存货周转次数} = \frac{平均存货 \times 360}{销货成本}$$

项目小结

序号	知识点	小结内容
任务1 财务报表 分析概述	意义	
	方法	

(续表)

序号	知识点	小结内容
任务2 常见财务 分析指标	反映偿债能力的指标	
	反映盈利能力的指标	
	反映营运能力的指标	

【训练要求】

承项目十三、项目十四训练要求所编制的资产负债表和利润表,简单分析公司偿债能力和盈利能力。